AF557987

UNTER *freiem* HIMMEL EUROPA

AUFREGENDE SPOTS FÜR GLAMPING, CAMPING, WILDCAMPEN, CABINS, TIPIS UND HÜTTEN

INHALT

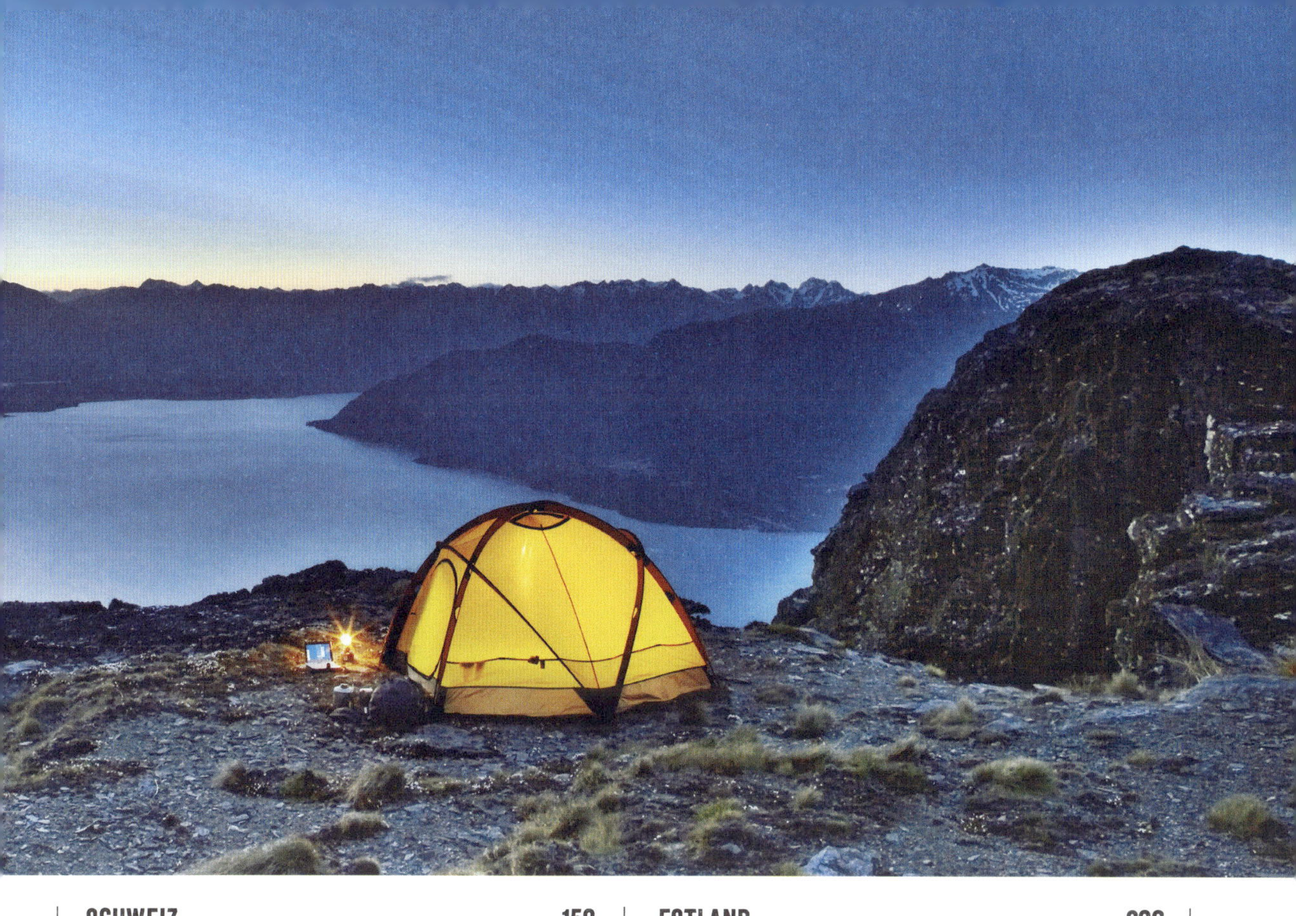

EINLEITUNG

Der Ruf der Wildnis ist vielleicht lauter als je zuvor. Immer mehr Menschen zieht es aus ihren Häusern und Wohnungen hinaus in die Natur. Für die einen besteht das perfekte Outdoor-Erlebnis darin, wochenlang durch das Gelände zu streifen, ob auf einer Hüttenwanderung, beim Bikepacking oder auf einem Paddeltrip mit Wildcampen. Die anderen träumen von einem Wochenende Glamping im Wald. Wildnis kann für jeden etwas ganz anderes bedeuten, je nach persönlicher Komfortzone. Aber eines scheint allgemeingültig: Je öfter man in die Natur eintaucht, desto größer wird die Sehnsucht danach. Sich ins Grüne zu begeben ist nicht nur eine wunderbare Art abzuschalten – der gesundheitliche Nutzen wurde jüngst auch in Studien nachgewiesen. Und wie Jordana Manchester ganz großartig schildert (S. 7), schafft gemeinsame Outdoor-Zeit mit der Familie bleibende Erinnerungen.

Für Wildnis-Trips und erst recht die besten Schlafplätze in der Natur braucht es gute Tipps. Das war der Ausgangspunkt zu diesem Buch. Wir haben die besten Orte in Europa gesammelt, an denen du unterm Sternenhimmel schlummern kannst. Herausgekommen sind 203 inspirierende Ideen, von echter Wildnis – Camps auf abgelegenen Inseln, Zelten in der Arktis, einsamen Almhütten – bis zu originellen Quartieren, die an Steilküsten, in Baumwipfeln und an Seeufern in die Landschaft eingebettet sind. Und auch klassische Campingplätze, die für Familien einfach besonders viel zu bieten haben, sind darunter. So wirst du garantiert etwas finden, das deiner Vorstellung von Naturerlebnis entspricht. Plus: Wir liefern Tipps für die besten Aktivitäten, die sich in dein Zurück-zur-Natur-Abenteuer einbauen lassen, seien es Transportmittel von einem Camp zum nächsten oder Unternehmungen, um zwischen den Übernachtungen die fantastische Umgebung voll auszukosten.

Matt Phillips

ÜBER DIESES BUCH

Jedes der 22 Kapitel ist einem europäischen Land gewidmet, in dem du besonders gut unter freiem Himmel schlafen kannst.

Zu jedem Land stellen wir die besten Regionen zum Draußenschlafen vor, ob Camping, Glamping oder ungewöhnliche Schlafplätze. Wir informieren darüber, wie das Wildcampen geregelt ist, sagen etwas zu Sicherheitsaspekten, geben Budget-Tipps und Hinweise dazu, wo du dich vor Ort mit allem Nötigen eindecken kannst.

Jedes der 203 Topziele für Übernachtungen unter freiem Himmel ist ausführlich beschrieben und bewertet. Dazu gibt es praktische Infos zur besten Jahreszeit, zu Ausstattung, Anreise und Anbindung ans öffentliche Verkehrsnetz sowie Kontaktinformationen. Mit Symbolen kennzeichnen wir die Preiskategorie der Orte und markieren, ob sie speziell für Familien geeignet oder besonders umweltfreundlich sind.

SYMBOLE

- Familienfreundlich
- Umweltfreundlich
- Kostenlos
- Günstig
- Mittelteuer
- Teuer

GESCHICHTEN AM LAGERFEUER

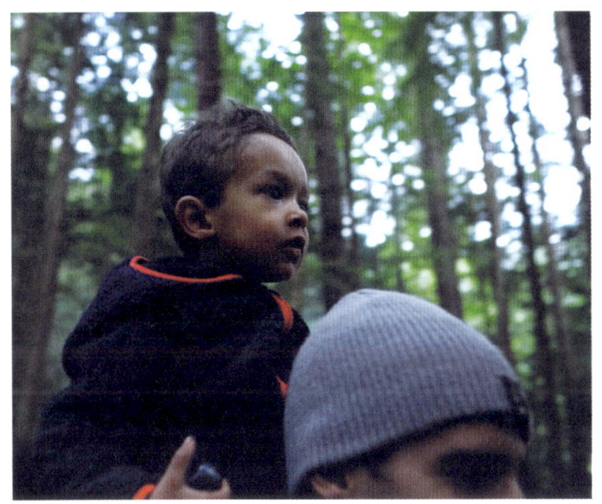

An einem ungewöhnlich milden Juniabend knatterte unser Motorrad zu der felsigen Steilküste hoch, die für die kommenden Nächte unser Lager sein würde. Wir hatten eine lange Fahrt hinter uns, und das Rauschen der Wellen, die sich am Ufer weiter unterhalb brachen, war geradezu ohrenbetäubend, aber eine willkommene Abwechslung zum satten Brummen der Honda XL250. Mein müdes, zwölf Jahre altes Ich kletterte von der Maschine und beäugte den Platz. Als ich mich an die Kante des Steilufers stellte, schlug der Wind das Gras gegen meine Stiefel. Über mir kreischte ein Schwarm Möwen. Ich sah nach oben, wo sie beinahe bewegungslos im Aufwind segelten.

Dad riss mich aus meinen Gedanken: „Sieht ganz nach einem Gewitter aus."

Er hatte recht. Die anfangs zarten Wolken über uns sahen jetzt dick und unheilvoll aus. Wir machten uns daran, unsere Sachen vom Gepäckträger abzuschnallen. Eine halbe Stunde später hatten wir das Zelt aufgebaut, unsere Schlafsäcke ausgerollt und ein kleines Feuer entfacht. Ich setzte mich im Schneidersitz auf den bemoosten Boden und hielt die Hände über das rauchende Kleinholz. Die Sonne verschwand hinter dem Horizont. Dad stellte eine kleine Kupferkanne auf einen behelfsmäßigen Kocher und reichte mir eine Tasse mit dampfendem Tee.

In den folgenden Stunden unterhielt sich eine sorgenbeladene Teenagerin mit ihrem nachdenklichen Vater, als seien sie die beiden letzten Menschen auf der Welt. Auf einer Felsenbühne so alt wie die Zeit, vor der endlosen Kulisse des Meeres, gab Dad mir seine Lebensweisheiten weiter und machte mir mit seinen Geschichten Mut. Und als sich der Himmel öffnete und es in Strömen regnete, fühlte ich mich seltsam getröstet von der Wucht, mit der die Natur gegen unsere Zeltwände schlug und alle Last wegspülte, die ich mit mir herumgeschleppt hatte.

In meinen kühnsten Träumen hätte ich mir nicht vorstellen können, dass ich 26 Jahre später am Feuer neben meinem dreijährigen Sohn sitzen würde, der staunend durch das Blätterdach des Waldes zum Sternenhimmel hinaufblickt. Uns gegenüber schürte sein Vater ein loderndes Feuer, im Dunkeln lagen schmutzige Gummistiefel und Wanderstöcke, die Zeugen eines Tages voller Entdeckungen in der Natur. Über den Geruch feuchter Erde legte sich der Duft von Grillspießen und Maiskolben, und mit hungrigen Bäuchen versammelten wir uns zu einem üppigen Open-air-Festmahl. Mein Sohn kicherte vor Freude, als sein erstes Marshmallow Feuer fing, und erschrak, als es geschmolzen zu Boden fiel.

Später kuschelte ich meinen Kleinen in seinen Schlafsack ein. Begleitet vom Plätschern und Quaken vom nahen See, sprachen wir leise über die Abenteuer, die wir an diesem Tag erlebt hatten. Das Knistern des Feuers ließ ihn in einen tiefen Schlaf sinken, und bevor ich aus unserem gemütlichen Familienzelt in die frische Abendluft hinausschlüpfte, sah ich seine roten Backen und spürte eine überwältigende Freude. Das Vermächtnis der Geschichten und der Liebe zur Natur würde weiterbestehen. Mein Vater wäre stolz.

Jordana Manchester

NORWEGEN

Von den zerklüfteten Fjorden im Südwesten bis zur arktischen Wildnis des von Rentieren durchstreiften Nordens bietet Norwegen traumhaftes Camping.

Wann: April–Okt. (Camping); ganzjährig (Hüttenurlaub)
Beste Nationalparks: NP Jotunheimen, NP Hardangervidda, NP Dovrefjell-Sunndalsfjella
Beste Fernwanderwege: Østerdalsleden (320 km), Finnskogleden (240 km), Nordkalottleden (800 km)
Wild zelten: erlaubt
Nützliche Adressen: Norwegischer Wanderverein (DNT; https://deutsch.dnt.no), Visit Norway (www.visitnorway.de), Norsk Camping (www.camping.no/de)

Was für eine Natur! Norwegens Landschaft ist der Wahnsinn: versunkene Täler, surreal blaue Fjorde mit schroffen Felswänden und Wasserfällen, vergletscherte Granitgipfel wie aus dem Bilderbuch. Eine unwiderstehliche Einladung, in die Wanderstiefel, auf Skier oder ins Kajak zu steigen. Und dann erst der arktische Norden mit seinen unirdischen Schneelandschaften und Polarlichtern!

Ein Campingparadies? Auf jeden Fall. Wild Campen ist fast überall erlaubt, dem *allemannsretten* (S. 47) sei Dank! Zum weiten Netz an Wander- und Skitourenwegen gehören 550 Hütten des Norwegischen Wandervereins (DNT), die im Sommer bewirtschaftet werden, während man sich im Winter mit einem Schlüssel selbst einlässt. Hinzu kommen Glamping-Angebote von modernen Sami-Iglus bis zu Baumhäusern hoch überm Fjord.

WILD ZELTEN

Ist fast überall erlaubt, aber es gibt Regeln: Beim Campen mindestens 150 m Abstand von Häusern und Hütten halten, nicht auf Agrarland campen und allen Müll wieder mitnehmen. In belebten Gegenden darf man maximal zwei Tage zelten – danach sollte man den Grundeigentümer fragen. In abgelegenen Gebieten kann man auch länger bleiben.

AUSRÜSTUNG

In Norwegen gibt es jede Menge Outdoor-Geschäfte mit hochwertiger Ausrüstung von Campingkochern und Gaskartuschen bis zu Thermokleidung. Wichtig sind mückendichte Materialien. Rustikales *fjellbrød* (Bergbrot) aus Roggen, *fiskeboller* (Fischklöße) aus der Dose, *brunost* (karamelliger Molkenkäse) und geräucherte Dorschrogen-Paste sind praktische Leckerbissen fürs Camping.

SICHERHEIT

Achtung: Das Wetter im Gebirge kann rasch umschlagen (aktuelle Prognosen unter: www.yr.no/en). Man sollte einen Kompass, ein Handy und eine gute topografische Karte dabeihaben, wie z. B. die detaillierten Karten des DNT im Maßstab 1:25 000 (www.dntbutikken.no). Bei winterlichen Skitouren sind Gebiete mit Lawinengefahr zu meiden und ein Biwak- bzw. Windsack, ein Schlafsack und eine Schaufel mitzunehmen.

SPARTIPPS

Mit der CampingCard ACSI (www.campingcard.com/de) bekommt man auf manchen offiziellen Campingplätzen Nebensaisonrabatte; DNT-Mitglieder nächtigen zum Sonderpreis in den Hütten. Wer früh bucht, bekommt Zugtickets zum *minipris* (Spartarif).

DIE BESTEN REGIONEN

Lofoten

Die karge, bergige Inselgruppe weit nördlich des Polarkreises ist ein tolles Abenteuer für alle, die wildes Camping lieben. Düster gezackte Bergrücken, oftmals mit Schnee befleckt, überragen weiße Sandstrände, vor denen Wale im tiefblauen Meer planschen.

Spitzbergen

Eisbären durchstreifen diese Inselgruppe in der Hocharktis. Ihre Wildnis ist umwerfend, ganz gleich, ob man unter der Mitternachtssonne oder im tiefsten Winter unterm Polarlicht sein Lager aufschlägt.

Südwestliche Fjorde

Von steilwandigen Fjorden durchzogen und von Gletschern gekrönt: Diese Region mit Lysefjord und Hardangerfjord bietet bestes Wander-, Kajak- und Zeltterrain.

Hoher Norden

Unwiderstehlich lockt der Ruf der Wildnis in Troms und Finnmark: schier unendliche Weiten, farbenreiches Licht und dichte Wälder.

Westliche Fjorde

Die ungezähmte Natur der schroffen, von Gletschern gefrästen Westfjorde wartet mit schwindelnden Höhen wie Trollstigen und dem Wanderparadies des Jostedalsbreen-Nationalparks auf.

Die gezackte Küstenlinie der Lofoten (ganz oben); Sonnenaufgang über dem Lysefjord und Preikestolen (Predigtstuhl), dem wohl bekanntesten Fels Norwegens (oben)

NORDPOL-CAMP
SPITZBERGEN

 **KURZINFOS**

Polarlichter und vereinzelt sogar Eisbär-Besuche versprechen ein echt arktisches Abenteuer in diesem weltabgeschiedenen Camp in der frostigen Wildnis der Insel Spitzbergen.

Wann: Feb.–Mai
Ausstattung: Bettzeug, Heizung, Toiletten
Zugang: Mit Schneemobil oder Hundeschlitten; Flug nach Spitzbergen, dann mit geführter Tour
Kontakt: www.basecamp explorer.com

Auf 78° nördlicher Breite ist Spitzbergen der letzte Außenposten Europas vor dem Nordpol und zugleich Zugang zu einem arktischen Wunderland aus Gletschertälern und gefrorener Tundra. Es ist außerdem die größte zusammenhängende Wildnis des Kontinents. Im Winter ist eine Schneemobil- oder Hundeschlitten-Expedition die einzige Möglichkeit, die Weite dieses Landes in all seiner klirrenden Kälte und herzzerreißenden Schönheit zu erleben. Wer das Nordpol-Camp besucht, ist hingerissen von den sanften Rosa-, Blau- und Violetttönen des Himmels, dem vom Wind verformten Eis, den Schneewehen und Schneewechten, die schroffe Bergwände zieren. Ganz zu schweigen von der Tierwelt. Mit etwas Glück gibt es nicht nur Spitzbergen-Rentiere, Polarfüchse und Walrösser, sondern sogar vereinzelte Eisbären zu sehen.

Der Standort des mobilen Camps wechselt regelmäßig – was gleich bleibt, sind die Begrüßung durch Husky-Geheul und die tanzenden Polarlichter. Das Gemeinschaftszelt ist beheizt; Expeditionsschlafsäcke werden gestellt. Das Abendessen wird aus arktischen Zutaten zubereitet (Rentiereintopf war nie leckerer). Stolperdrähte halten neugierige Eisbären fern, aber man schaut sich doch immer wieder um, wenn man mitten in der Nacht die Behelfstoilette aufsucht …

PREIKESTOLEN BASECAMP

JØRPELAND, ROGALAND

Der Preikestolen oder Predigtstuhl erhebt sich 604 m hoch über dem schillernd blauen Lysefjord. Egal, welchen Himmel die nordischen Götter heraufbeschwören: Die berühmte Granitkanzel ist bei jedem Wetter überwältigend – selbst dichter Nebel kann ihre dramatische Wirkung nicht mindern. Während die meisten vorsichtig Abstand von der schroffen Felskante halten, riskieren vereinzelte Selfie-Knipser am Abgrund Leib und Leben.

Die Gäste des Preikestolen BaseCamp am Fuß des Felsens können sich morgens als Erste auf den 8 km langen Weg nach oben machen. Dieser wurde teilweise von nepalesischen Sherpas in den Fels gehauen und schlängelt sich durch einen Nadel- und Birkenwald, bevor er den blanken Fels des Plateaus erreicht.

Am ruhigen Seeufer des Revsvatnet warten das Hikers' Camp mit halbzylindrischen Camping-„Nestern", das nur für Gruppen buchbare WaterCamp, wo man in Hängematten auf einem überdachten Steg am Wasser schläft, und das rustikale Preikestolen Cabin Hostel (Schlafsack mitbringen). Es winken tolle Naturerfahrungen mit Lagerfeuern, Bad im See, Kajaktouren und einer schwimmenden Sauna zum Relaxen nach der Kraxelei. Die Mountain Lodge und das Hikers' Café des BaseCamp servieren norwegische Kost wie *lapskaus* (Fleisch-Kartoffel-Eintopf), Fleischbällchen und Fisch zum lokal gebrauten Bier.

 **KURZINFOS**

Göttliche Aussicht auf den Preikestolen bietet dieses Camp am Seeufer, wo nach der Klettertour auf Norwegens bekannteste Felsnase Lagerfeuer, Kajaks und eine schwimmende Sauna warten.

Wann: ganzjährig
Ausstattung: Grill, Strom, Duschen, Toiletten, Leitungswasser
Zugang: mit Auto oder Bus, Bushaltestelle Preikestolen, 500 m nördlich
Kontakt: https://preikestolenbasecamp.com

TROLLVEGGEN CAMPING

TROLLVEGGEN, ÅNDALSNES, MØRE OG ROMSDAL

Wenn man gerade denkt, Norwegen könne nicht noch umwerfender werden, stößt man auf Trollveggen, die „Trollwand". Europas höchste Steilwand erhebt sich am türkisblauen Fluss im wilden Romsdal. Sie überragt die Talsohle um 1700 m, davon unglaubliche 1000 m als Senkrechte. Das gezackte Ungeheuer aus Gneisgestein wurde erstmals 1958 von den Norwegern Arne Randers Heen und Ralph Høibakk bestiegen.

In diesem von Mutter Natur verwöhnten Winkel Westnorwegens, 11 km südlich von Åndalsnes, liegt der Trollveggen-Campingplatz: adrette Rasenflächen vor einer atemberaubenden Kulisse. Gäste können ihr Zelt aufschlagen oder rund ums Jahr eine Holzhütte mit Grassodendach mieten. Die Hütten mit Schlafzimmer, Küche, offenem Loft und überdachter Veranda bieten Platz für vier Personen. Bettzeug kann geliehen werden. Allen Gästen stehen Grillbereiche, Miet-E-Bikes und Angelplätze zur Verfügung. Der Platz ist ein idealer Ausgangspunkt für Wander- und Skitouren in die Berge rund um das Romsdal und für eine nervenkitzelnde Fahrt auf der Trollstigen (Trollleiter; RV63), die in elf Haarnadelkurven mit 12 % Steigung den Berg erklimmt.

KURZINFOS

Der genial gelegene Campingplatz vor spektakulärer Kulisse der gezackten Trollveggen ist ideale Basis für Touren in die Berge rund ums Romsdal und eine adrenalintreibende Fahrt auf der gewundenen Trollstigen-Passstraße.

Wann: Mitte Mai–Ende Sept.

Ausstattung: Feuerstelle, Strom, Bettzeug, Duschen, Toiletten, Müllentsorgung, Wasser, Grill, WLAN

Zugang: per Auto; **Bus/** Zug bis Åndalsnes, 11 km nördlich

Kontakt: http://trollveggen.com/de

ISBREEN – THE GLACIER

JØKELFJORD, FINNMARK ALPS, TROMS OG FINNMARK

Weit nördlich des Polarkreises zersplittert das Land in ein Gewirr filigraner Fjorde, der Schnee liegt bis ins Frühjahr, und im Sommer geht die Sonne nie unter. Am Ufer des Jøkelfjord, den die gezackten Berge der Finnmark wie Haiflossen flankieren, liegt dieses futuristische Camp mit Blick auf den einzigen europäischen Gletscher, der ins Meer mündet.

Hier gelingt der Balanceakt, ungezähmte Wildnis mit Luxus zu kombinieren – kein protziger Prunk, sondern unaufdringlicher, umweltfreundlicher Skandi-Stil. Tonny und Mira Mathiassen haben drei moderne „Iglus" geschaffen, geräumige geodätische Kuppelbauten mit Holzöfen, Daunenbetten und Fenstern, die staunenswerte Panoramen eröffnen. Dazu gibt es Teleskope, um den Sternenhimmel und das Polarlicht zu bewundern.

Leckere Mahlzeiten aus regionalen Zutaten locken im Speiseraum mit Blick auf den Fjord. Nach einem langen Tag mit Bootstour zum Gletscher, Hundeschlittenfahrt, Skitour, Gletscherwanderung oder Walbeobachtung warten hier Kaffee und Waffeln, eine Sauna und ein Whirlpool am Meer. Unvergleichlich!

KURZINFOS

Mit dem Sirenengesang des hohen Nordens locken diese coolen Iglu-Kuppeln am wunderschönen Jøkelfjord, dessen Gletscher direkt ins Meer kalbt.

Wann: ganzjährig
Ausstattung: Bettzeug, WLAN, Strom, Heizung (Holzöfen), Duschen, Toiletten, Leitungswasser
Anreise: mit dem Auto; Bushaltestelle in Alteidet, 9 km südlich
Kontakt: https://theglacier.no

CAMP NORTH TOUR

STRAUMSBUKTA, KVALØYA, TROMS OG FINNMARK

Kvaløya, die „Walinsel" nördlich des Polarkreises, wird ihrem Namen gerecht: Wer mit dem Kajak durch ihren tiefblauen Fjord paddelt, kann hier häufig Buckelwale erleben, die aus dem Wasser schnellen oder ihre Fluke aufs Wasser klatschen. In der tiefen Dunkelheit des Winters schimmern die schroffen Gipfel am Ufer perlmuttweiß, während das Polarlicht am Himmel tanzt.

Vom Zelt im samischen Stil kann man das Himmelsschauspiel durchs Oberlicht bewundern. Die fünf nach norwegischen Entdeckern benannten Zelte wirken trotz ihrer sturmsicheren Bauweise leicht und luftig. Passend zur umgebenden Fels- und Eislandschaft sind sie im nordischen Schick in Grau- und Weißtönen eingerichtet. Unglaublich komfortable Betten mit Rentierfellen als Überwurf, lammfellgepolsterte Sessel und Holzöfen sorgen drinnen für wohlige Wärme. Zum Frühstück gibt es Leckeres aus der Region. Heiße Schokolade, Tee, Kaffee und Obst stehen den ganzen Tag bereit.

Nur 40 Autominuten südlich von Tromsø lädt das Camp in herrlicher Ruhe und Einsamkeit dazu ein, die Wildnis zu erkunden. Im Winter gibt es Hundeschlitten-, Ski- und Schneeschuhtouren. Im Sommer locken Inselausflüge zu Stränden, Fjorden und Halbinseln, bei denen man Rentieren, Elchen, Adlern und mit Glück auch den Walen begegnen kann, die der Insel zu ihrem Namen verhalfen.

KURZINFOS

Den Gästen dieses Glamp-Camps steht die arktische Natur weit offen, von Kajaktouren zu den Walen im Sommer bis zu Hundeschlittenfahrten unterm Polarlicht im tiefsten Winter.

Wann: ganzjährig
Ausstattung: Bettzeug, WLAN, Strom, Heizung (Holzöfen), Duschen, Toiletten, Leitungswasser
Zugang: mit dem Auto; Flughafen Tromsø, 33 km nordöstlich
Kontakt: www.north-tour.com

NÆRØYFJORDEN CAMPING

NÆRØYFJORD, AURLAND, VESTLAND

Der Anblick, der sich Gästen des Nærøyfjorden Camping bietet, würde sich als Postkartenmotiv eignen, das die ganze Schönheit Norwegens einfängt. Der stille und unfassbar malerische Nærøyfjord (Schmale Fjord) ist der wildeste Seitenarm des Sognefjord und als Unesco-Welterbe geschützt. Hier hat Mutter Natur alle Register gezogen: 1200 m hohe Steilwände säumen den blaugrünen Fjord, der an seinem schmalsten Punkt nur 250 m misst. Nach starken Niederschlägen und Schneeschmelzen sind seine Wasserfälle besonders spektakulär.

Das schnuckelige Dörfchen Bakka bildet mit seiner Handvoll Häusern und dem weißen Kirchlein das verschlafene Eingangstor zu dieser grandiosen Wildnis. Gäste können gleich am Fjord campen und sich von der Aussicht verzaubern lassen oder eine gut ausgestattete Hütte mit drei Schlafzimmern mieten (ganzjährig; ideal für Familien). Dazu gibt es einen Gemeinschaftsbereich mit Toiletten, Duschen und Kochgelegenheit.

Die Aktivitäten hier drehen sich vor allem ums Wasser. Die freundlichen Betreiber geben Tipps zum Angeln und Wandern, organisieren geführte Kajaktouren und vermieten Motorboote, Stand-up-Paddelbretter und Kanus. Was könnte schöner sein als eine erfrischende Paddeltour vor dem Frühstück am Fjordufer, während die Sonne allmählich die Klippenwände erhellt?

  **KURZINFOS**

Der umwerfend malerische Campingplatz zwischen den Steilwänden und Wasserfällen des schmalsten Fjords von Norwegen ist genial für Wasseraktivitäten.

Wann: Mai–Sept.
Ausstattung: Grill, Strom, Feuerstelle, Küche, Duschen, Toiletten, Leitungswasser, WLAN
Zugang: mit dem Auto; Bushaltestelle in Gudvangen, 5 km südlich
Kontakt: www.naeroyfjordencamping.no

ELEMENTS ARCTIC CAMP

REBBENESØYA, TROMS OG FINNMARK

Wahre Stille ist selten geworden, aber in diesem Öko-Camp auf Rebbenesøya, einer Insel 90 km nördlich von Tromsø, eindringlich zu erleben. Die einzigen Geräusche sind Wind, Wellen und der Schnee unter den Füßen. Es gibt keine Zufahrtstraße, kein Fernsehen, Radio oder WLAN und keine Duschen, nur eine Komposttoilette im Bootshaus. Wasser kommt aus dem Bach, Strom von Sonne und Wind. Hier heißt es abschalten und sich auf die Natur einlassen.

Die modernen Jurten sind sehr komfortabel. Jede hat vier Betten mit dicken Daunendecken, Holzöfen, Küche, Wohnbereich und eine Glaskuppel mit Ausblick auf Sternenhimmel und Polarlicht.

Die meiste Zeit verbringt man sowieso draußen. Die Betreiber Per-Magnar und Lise Haug Halvorsen sind erfahrene Seekajakführer. So ist dies die ideale Basis für Paddel-Campingtouren (warme, wasserdichte Kleidung unterm Trockenanzug ist ein Muss), um Meeresvögel, Robben, Delfine, Elche und Rentiere zu entdecken. Zu schmausen gibt es lokale Produkte: norwegischen Käse, Moltebeeren-Marmelade, Muscheln und Heilbutt. Im Winter kann man die Ausflüge mit Ski- und Schneeschuhtouren kombinieren.

KURZINFOS 

Direkten Kontakt mit den Elementen garantiert dieses arktische Camp auf einer Insel im Nordmeer, wo Tierwelt und Polarlicht auf ausgiebigen Seekajak-Touren zu erleben sind.

Wann: ganzjährig
Ausstattung: Bettzeug, Heizung (Holzofen), Küche, Toiletten
Zugang: zu Fuß (15 Min. von Bromnes); Fähranleger in Bromnes, 800 m südlich
Kontakt: https://elementsarcticcamp.com

Friluftsliv

Rausgehen. Die Elemente erleben. Die Lungen mit frischer Bergluft füllen. In einem Wald zelten. In einem Fjord schwimmen. Das ist *friluftsliv*, die ureigene norwegische Art, sich ganz auf die Natur einzulassen.

Henrik Ibsen prägte den Begriff in seinem Gedicht *Auf den Höhen* (1859). Heute ist diese tiefe Naturverbundenheit im Erbe der Nation verankert. Die meisten Norwegerinnen und Norweger tun nichts lieber, als es mit den Elementen aufzunehmen, schwindelnde Gipfel zu erklimmen, die Wälder zu durchstreifen und hoch über den Fjorden zu zelten. Das ist nicht nur berauschend schön, sondern auch gesund – es erhebt die Seele, stärkt den Geist, macht reinen Tisch und lässt uns die Welt mit neuen Augen sehen.

Und das gilt nicht nur für Norwegen, sondern für alle wirklich wilden Orte. *Friluftsliv* gibt uns den Freiraum, den wir brauchen, um unsere Ziele und Perspektiven wiederzufinden – ob wir nun den nächtlichen Sternenhimmel bewundern, uns in einen schauderhaft kalten Fluss stürzen oder unser Zelt weitab der Zivilisation aufschlagen. *Friluftsliv* begreift die Natur als große Versöhnerin – frei, unvoreingenommen und beständig. Es geht nicht darum, die längste Strecke zu wandern oder den höchsten Gipfel zu bezwingen. Die Idee lässt sich auch viel simpler interpretieren – barfuß am Strand wandern, spontan in einen See hüpfen, still im Wald sitzen, Regen, Wind und Schnee auf der Haut spüren. *Friluftsliv* bedeutet, die Natur in all ihrer unberechenbaren, jahreszeitlich wechselnden Pracht und Macht zu respektieren und mit allen Sinnen zu erleben.

RABOTHYTTA

KORGEN, HEMNES, NORDLAND

Wie alle fitten, wildniserprobten Norweger wissen, gehört eine stramme Wanderung hinauf zur Berghütte zum Abenteuer dazu. Das Panorama will erst verdient sein. Das gilt auch für den 5 km langen Weg vom Parkplatz am Ende der Straße bei Leirbotnet, von wo es über Felsen, Geröll und Morast aufwärts geht. Manchmal muss man den plötzlich aufziehenden Nebel aussitzen. Aber wenn dann die Rabothytta auf 1200 m Höhe erreicht ist, überblickt man die Landschaft wie Gott seine Schöpfung.

Die DNT-Hütte ohne Netzstrom, aber mit Solar- und Windenergie, ist ein Wunder moderner Architektur: Mit ihrer Verkleidung aus wettergebleichter Fichte, ihren schrägen Winkeln und fast raumhohen Fenstern sieht sie todschick aus. Ein Holzofen knistert im Wohnzimmer, das phänomenalen Ausblick auf das gezackte Okstindan-Gebirge und den Okstindbreen-Gletscher bietet. Im Sommer (Juni–Aug.) bereitet Servicepersonal bei Bedarf schon mal Kaffee und Waffeln zu. Sonst gilt Selbstbedienung (wegen des Schlüssels vorher anrufen) und der Proviant ist selbst mitzubringen.

Wanderwege führen weiter in die wilden Berge hinauf. Im Winter empfehlen sich Langlaufskier.

KURZINFOS

Das Panorama des gletscherbedeckten Okstindan-Massivs begeistert alle, die zum Wandern und Skilaufen in diese einsame Wildnishütte kommen – eine geniale Kreation in ökologischer Bauweise.

Wann: ganzjährig
Ausstattung: Bettzeug, Strom, Heizung (Holzöfen), Toiletten, Leitungswasser
Zugang: per Auto, dann zu Fuß weiter; Bahnhof Bjerka, 27 km nordwestlich
Kontakt: https://rabothyttaenglish.dnt.no

WOODNEST TREEHOUSE

ODDA, HARDANGERFJORD, VESTLAND

„Wenn ich dieses Mädchen je heirate, baue ich ihr ein Baumhaus, um den Antrag zu machen.“ Das nahm sich der schüchterne Norweger Kjartan vor, als er sich in Sally aus Sydney verliebte.

Was wie der Auftakt einer romantischen Komödie klingt, ist der Realität gewordene Lebenstraum des Paares, das die geniale Idee hatte, diese beiden nachhaltigen Baumhäuser in Odda zu bauen. Entstanden sind richtige Baumnester in den Kiefern hoch über dem von Bergen umrahmten saphirblauen Hardangerfjord.

Die holzverschindelten Baumhäuser, die an Kiefernzapfen erinnern, sind das Ergebnis einer architektonischen Vision und der harten Schufterei Kjartans. Bäume wachsen mitten durch die Hütten, die mit je vier Betten, Interieur aus Erlenholz, Panoramafenstern, handgearbeiteten Sesseln, Küchen, Duschen und Fußbodenheizung ausgestattet sind.

Weiter unten warten fantastische Wander-, Radel- und Skireviere im Hardangervidda- und Folgefonna-Nationalpark, die mit Gletschern, schimmernden Fjorden und Wasserfällen entzücken.

Der genaue Standort wird bis kurz vor Ankunft geheimgehalten.

KURZINFOS

Sie sind wirklich einzigartig, diese liebevoll gestalteten und wie Kiefernzapfen geformten Baumhäuser in den Wipfeln über dem von schneebestäubten Bergen flankierten Hardangerfjord.

Wann: ganzjährig
Ausstattung: Bettzeug, Strom, Heizung (Holzöfen), Duschen, Toiletten, WLAN
Zugang: mit dem Auto oder Bus, dann zu Fuß weiter; Busse fahren bis Odda, 700 m südöstlich
Kontakt: www.woodnest.no

ERVIKSANDEN CAMPING

STADLANDET, VESTLAND

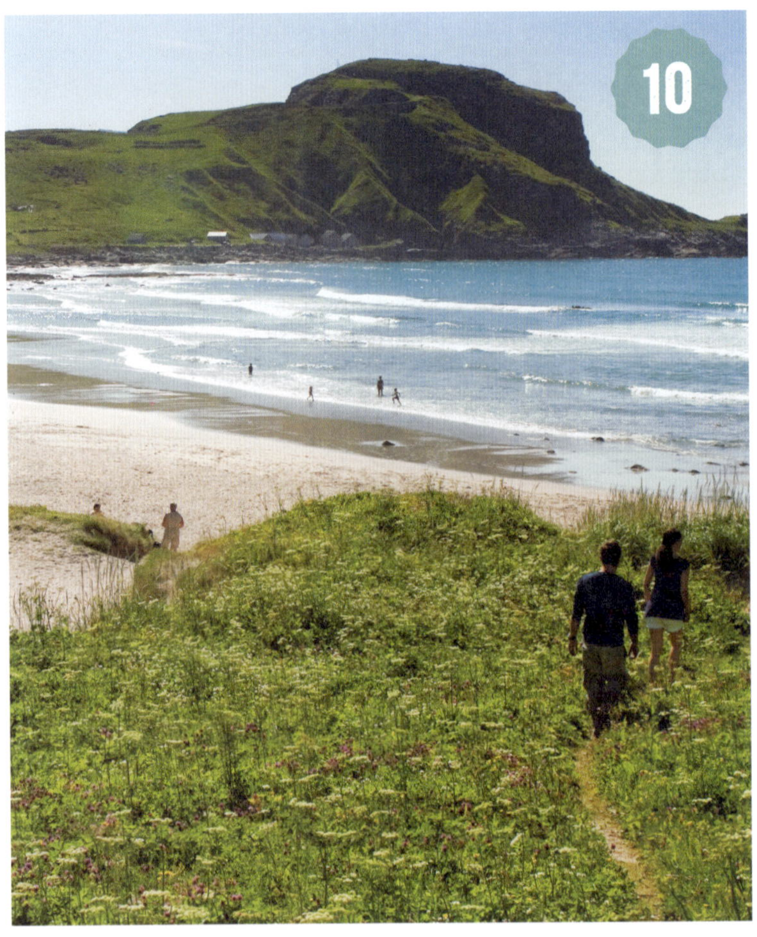

Das westliche Norwegen ist von kolossalen Naturkräften geprägt: von Gletschern gegrabene Täler, ein Gewirr aus Fjorden und eine unverschämt malerische Küstenlinie, an der die unerbittlichen Wellen des Nordmeers anbranden. Auf einer Wiese neben einer Bucht am Nordwestzipfel der Halbinsel Stadlandet liegt dieser ebenso schlichte wie nette Campingplatz, Relikt einer aussterbenden Gattung. Hier kann man noch einfach aufkreuzen, sich einen freien Platz suchen und das Zelt aufschlagen. Der Betreiber kassiert einen bescheidenen Betrag, wenn er seine Runde dreht. Die Ausstattung beschränkt sich auf einen einzigen Sanitärbereich mit Toilette und Dusche, aber was braucht es mehr bei dieser Aussicht?

Die Zelte stehen gleich neben einem sichelförmig geschwungenen weißen Sandstrand. Das Meer schillert in vielfältigen Blautönen von Azur bis Saphir. Dünen und grüne Gipfel schirmen das Ganze von der Außenwelt ab. Da Ervik selbst nur ein kleines Dörfchen mit Kapelle ist, sind Ruhe und Frieden garantiert. Im Frühjahr und Herbst lockt die Brandung Surfer an, aber es ist selten viel los. Gäste kommen, um zu schwimmen, an der Küste zu wandern und den Sonnenuntergang zu bewundern. Bei Niedrigwasser werden vor der Küste die Reste eines Wracks aus dem Zweiten Weltkrieg sichtbar.

KURZINFOS

Auf der ruhigen Halbinsel Stadtlandet, da, wo die Fjordlandschaft das Meer berührt, liegt dieser rustikale Campingplatz an einem malerischen, von Dünen abgeschirmten weißen Sandstrand.

Wann: ganzjährig
Ausstattung: Duschen, Toiletten, Leitungswasser
Zugang: mit dem Auto, dann zu Fuß weiter; nächstgelegene Bushaltestelle in Åheim, 40 km östlich
Kontakt: facebook.com/erviksandencamping

HAUKLAND-STRAND

LEKNES, VESTVÅGØYA, LOFOTEN, NORDLAND

Ob im Schein der nie untergehenden Mitternachtssonne oder im Flackern des winterlichen Polarlichts: Die düsteren Berge von Vestvågøya, die wie das Rückgrat eines Drachen aus dem Nordmeer ragen, erinnern an eine arktische Fantasywelt. Wenn der Schnee schmilzt, ist die Insel ein Traum für Wildcamper. Es gibt zwar eine Reihe offizieller Campingplätze hier und auf anderen Lofoten-Inseln, aber wer sich auf eigene Faust aufmacht, kann ein paar wirklich reizvolle Fleckchen weitab vom Geschehen entdecken, ohne sie mit Hunderten anderer Gäste teilen zu müssen.

Dabei findet sich wohl kaum ein schönerer Platz, um sein Zelt aufzuschlagen, als an dem großen Parkplatz oberhalb von Hauklandstranda (Haukland-Strand), besonders außerhalb der Hochsommerzeit. Granitgipfel erheben sich über weißem Sand und dem verblüffend türkisgrünen Meer. Trotz abschreckender Wassertemperaturen, die nie über 15 °C klettern, möchte man sich am liebsten hineinstürzen. Es gibt öffentliche Toiletten und ein Café gleich hinter dem Strand.

Wenn das noch nicht ausreicht, warten weiter nördlich andere Lieblingsziele wilder Camper wie der Uttakleiv-Strand oder weiter südlich auf der Insel Moskenesøya die abgeschiedenen Buchten Kvalvika und Bunes.

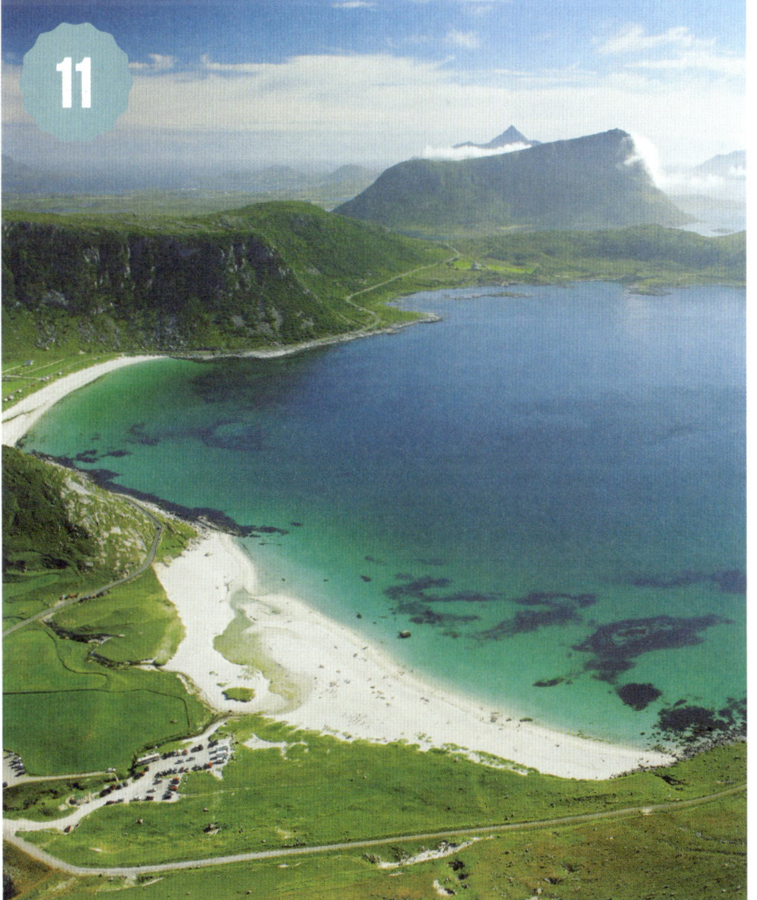

© BÅRD LØKEN | WWW.NORDNORGE.COM

KURZINFOS

Dieser atemberaubende Arktisstrand auf den ungezähmten Lofoten-Inseln ist wie geschaffen für eine unvergessliche Zeltnacht.

Wann: April–Sept.
Ausstattung: Toiletten (nur im Sommer)
Zugang: mit dem Auto; der Bus nach Haukland (von Leknes) hält direkt am Strand.
Kontakt: https://lofoten.info

JOTUNHEIMEN-NATIONALPARK

INNLANDET–VESTLAND

Jotunheimen bedeutet „Heim der Riesen" – und die Gebirgsregion bietet wahrhaft Großartiges. Hier schimmern weiße Gletscher auf düsteren Bergzacken, die wie gigantische Reißzähne in den Himmel ragen, darunter die beiden höchsten Gipfel des Landes Galdhøpiggen (2469 m) und Glittertind (2465 m). Seen glitzern smaragdgrün und Wasserfälle stürzen in tief eingeschnittene Täler. So ungezähmt der 1151 km² große Nationalpark auch wirkt, ist er doch zu Fuß gut zugänglich, da 50 markierte Wanderwege kreuz und quer durch die Region verlaufen. Mit Glück und Geduld gibt es hier Rentiere, Elche, Nerze und Vielfraße zu entdecken.

Mit entsprechender Rücksichtnahme ist wildes Campen erlaubt (alles Benötigte mitbringen, allen Müll wieder mitnehmen und nie mehr als zwei Nächte an einem Ort zelten).

Der Park lockt nicht nur mit einigen der tollsten Wandertouren des Landes (u. a. Bessegen, Falketind, Galdhøpiggen), sondern auch mit Abenteuern von Gipfelbesteigungen und Klettersteigen bis zu Rafting und Reittouren. Wer lieber im Winter zu Skitouren herkommt, kann in einer der DNT-Berghütten im Park übernachten.

KURZINFOS

Der wie durch göttliche Hand von Naturkräften gestaltete Jotunheimen-Nationalpark ist ein von Wanderwegen durchzogenes Wunderland aus Fels, Eis, Gletschern, Seen und Wasserfällen.

Wann: April–Okt.
Ausstattung: Wasser (muss entkeimt werden)
Zugang: zu Fuß; Busse bis Lom (ab Oslo und Bergen mit Valdresekspressen)
Kontakt: https://jotunheimen.com

13

WILD CARIBOU

LAKSELV, TROMS OG FINNMARK

Fast so weit nördlich, wie man kommen kann, bevor man in die Barentssee fällt, liegt Wild Caribou. Die Unterkunft ist eine Ode an die Rentiere, die diese arktischen Breiten durchstreifen. Hier spürt man den Pulsschlag der Natur, die sich in zwei eigenwilligen Glamping-Unterkünften und mehreren Kunstinstallationen spiegelt.

Die durchsichtige Kuppel des Wild Caribou Dome lässt jede Menge Natur in den Innenraum, der skandinavischen Stil mit Gemütlichkeit paart: große Fenster, viel helles Holz, ein Holzofen und Rentierfelle. Hier ist man ganz allein mit dem spektakulären Nachthimmel, der klirrenden Luft und der Stille. Dagegen wirkt die Hütte am Wald nah an einem kleinen Lachsfluss viel rustikaler: heimeliges Holz mit vielen reizvollen Naturakzenten. Mit Glück bekommt man hier Füchse, Elche und Hirsche zu sehen.

Wer das arktische Abenteuer sucht, kann im Winter Hundeschlittenfahrten, Polarlicht und Schneeschuhtouren und im Sommer Paddeltouren erleben. Gleich vor der Tür wartet die Wildnis des Stabbursdalen-Nationalparks mit dem nördlichsten Kiefernwald der Welt und der Chance, Elche, Luchse und Vielfraße zu sichten.

  **KURZINFOS**

Die durchsichtige Kuppel der Glamping-Unterkunft in der von Rentieren bevölkerten arktischen Wildnis wirkt in der Polarnacht ebenso eindrucksvoll wie unter der Mitternachtssonne.

Wann: ganzjährig
Ausstattung: Bettzeug, Strom, Heizung (Holzofen), WLAN, Duschen, Toiletten, Leitungswasser
Zugang: mit dem Auto/Shuttle vom Flughafen Lakselv, 5 km nordwestlich
Kontakt: www.wildcaribou.com

FEMUND CANOE CAMP

FEMUNDEN, INNLANDET

 **KURZINFOS**

Der einsame Femundsee an der norwegisch-schwedischen Grenze ist der ideale Ort, um sein Zelt aufzuschlagen und zu einer Paddeltour in die Wildnis aufzubrechen.

Wann: Juni–Aug.
Ausstattung: Grill, Strom, Feuerstelle, Duschen, WLAN, Toiletten, Leitungswasser
Zugang: mit dem Auto oder Bus; der Bus nach Elgå hält gleich vor dem Camp
Kontakt: www.femundcanoecamp.com

Im Südosten, wo Norwegen an Schweden grenzt, kann man kaum auf die Karte tippen, ohne einen See zu treffen. Das ist es, was die Menschen herlockt. Am Ufer der Sorka bietet sich dieses Wildniscamp zwischen Nadelwald, Sumpfland und niedrigen Bergrücken als ausgezeichnete Basis für Paddeltouren an. Die Stille ist vollkommen und wird lediglich vom sanften Eintauchen des Paddels auf der Fahrt über den Femundsee unterbrochen. Unterwegs sieht man vielleicht Rentiere, Biber, Elche oder Hasen.

Angebote für Paddel-Zelt-Urlaube reichen von einfachen Wochenendtrips bis zu dreiwöchigen Abenteuertouren in die Wildnis und zu einsamen Inseln. Die kanukundigen Betreiber Karin und Rick stellen nach der Ankunft individuelle Touren je nach Können und Wetterprognose zusammen. Ausrüstung und Routenbeschreibung werden gestellt, je nach Angebot auch die Verpflegung.

Wer Tagestouren vorzieht, kann sein Zelt (Autos und Wohnwagen sind nicht erlaubt) zwischen den Kiefern aufschlagen oder eine der schlichten Holzhütten für bis zu sechs Personen mit Küche mieten. Schlafsäcke, Taschenlampen und Mückenschutz mitbringen! Zum Camp gehören eine Sauna, ein Café mit Kiosk, der Proviant und Karten verkauft, und windgeschützte Grillbereiche. Der 18 km entfernte Femundsmarka-Nationalpark ist herrliches Wanderrevier.

BREIDABLIK DNT

KVAM, VESTLAND

Von Fitjadalen kraxelt man 6 km und drei bis vier Stunden steil bergauf durch Fichten- und Birkenwald bis zu diesen urigen Berghütten, die auf 1160 m Höhe in einer Wildnis aus zerklüftetem Fels und kleinen Seen oberhalb des Hardangerfjords thronen. Doch der Aufstieg ist die Strapaze wert. Hier flattert die norwegische Flagge vor zwei mit Grassoden gedeckten Hütten, die das Ehepaar Bjarne und Anne Marit aus eigens in die Berge geschafften Steinen aufgeschichtet hat – ein 40-jähriges Lebenswerk und ein Realität gewordener Traum für wanderlustige Hobbit-Fans. Die beiden Originalhütten sind schlicht und rustikal mit Kochgelegenheiten, Geschirr, Bettzeug, Gaskocher und Feuerholz ausgestattet. Seit 2019 gibt es dazu noch zwei neue Holzhütten für Selbstversorger. Schlafsäcke, Taschenlampen und Verpflegung sind mitzubringen.

Im Winter auf Tourenskiern herzukommen, ist wegen Lawinengefahr nur etwas für erfahrene Skitourer. Besser man kommt in den wärmeren Monaten zu Bergwanderungen wie der Besteigung des benachbarten 1320 m hohen Skrott. Ein Kompass ist sinnvoll, weil Wegmarkierungen im Nebel verschwinden können. Bei klarem Wetter eröffnet sich ein berauschender Blick auf ein blau-grünes Mosaik aus Gipfeln, Wäldern und Fjorden.

© JON FRACZAK

KURZINFOS

Mit weitem Blick über Fjorde, Wälder und Berge sind diese traumhaften Hobbit-Hütten oberhalb des Hardangerfjords genial für Gipfelwanderungen und Skitouren.

Wann: ganzjährig
Ausstattung: Strom, Toiletten, Leitungswasser
Zugang: mit dem Auto oder Bus, dann zu Fuß weiter; öffentliche Verkehrsmittel von Øystese, 8 km südlich von Fitjadalen (Startpunkt für Hüttenwanderungen)
Kontakt: https://ut.no

FINNLAND

Durchs Schärenmeer paddeln, durch verschneite Wälder wandern oder auf Skiern gleiten, in der Bärenbeobachtungshütte übernachten – Finnland erfüllt die wildesten Träume.

Wann: Mai–Sept. (Camping); ganzjährig (Hütten/Glamping)
Beste Nationalparks: NP Östlicher Finnischer Meerbusen, NP Oulanka, NP Urho-Kekkonen
Beste Fernwanderwege: Karhunkierros (Bärenrunde, 82 km)
Wild zelten: erlaubt
Nützliche Adressen: Finnischer Tourismusverband (www.visitfinland.com/de), Finnische Nationalparks (www.nationalparks.fi)

Die Finnen sind echte Naturfreaks – wie nicht anders zu erwarten von Leuten, die weltweit dafür bekannt sind, dass sie einander mit Birkenzweigen auspeitschen oder spaßeshalber in eisige Seen hüpfen. Da ihr Land mehr Nationalparks (40) und einen höheren Waldanteil (70 %) als alle anderen in Europa aufweist, bleibt ihnen auch nichts anderes übrig.

Die geschützte Natur reicht vom Nuuksio-Nationalpark gleich außerhalb von Helsinki bis in den nördlichsten Winkel der EU, das Wildnisgebiet Kaldoaivi. Den Naturgenuss erleichtern hervorragende Einrichtungen in den Nationalparks und ein weit gespanntes Netz von Wildnishütten, die zu Fuß, auf Skiern oder mit dem Kajak erreichbar sind.

Die finnische Outdoor-Kultur wird unterstützt vom *jokamiehenoikeus* (Jedermannsrecht), dem allgemeinen Recht, sich in der Natur zu bewegen, Nahrung zu sammeln und wild zu campen – Wer sich nach einem Leben unter den Sternen sehnt, ist hier richtig.

WILD ZELTEN

Das *jokamiehenoikeus* (S. 47) erlaubt allen, Finnlands unglaubliche Natur zu erkunden, Beeren und Pilze zu sammeln und wild zu zelten. So schön die Nationalparks und Naturschutzgebiete auch sind, ist das Jedermannsrecht hier aus Naturschutzgründen oft eingeschränkt. Wer wild kampiert, sollte angemessenen Abstand von Wohnhäusern halten und ohne Genehmigung der Grundeigentümer kein Lagerfeuer anzünden.

AUSRÜSTUNG

Scandinavian Outdoor und Partioaitta haben Filialen im ganzen Land. Weitere Outdoor-Marken sind Sasta im gehobenen und Halti im mittleren Preissegment. Sehr gut sind die Karten von Karttakeskus, die die meisten finnischen Regionen im Maßstab 1:50 000, oft sogar 1:20 000, abdecken. Zu bestellen gibt es Karten bei Karttakauppa (www.karttakauppa.fi). Retkikartta (www.retkikartta.fi) hat tolle digitale Outdoor-Karten. Mitzubringen sind GPS-Gerät/Kompass, Mückenschutzmittel und -Kopfnetz, Wasserschuhe und im Norden Ausrüstung für Schneewanderungen. Bei Finland Naturally (https://finlandnaturally.com) gibt's Ausrüstung zu leihen. Leckerer Proviant sind *karjalanpiirakka* (Milchreis-Piroggen) und *korvapuusti* (Zimtschnecken).

SICHERHEIT

Weite Teile Finnlands sind einsam und Stunden oder Tage von jeder Hilfe entfernt. Es wird extrem kalt; ganzjährig ist mit Minusgraden zu rechnen. Beim Zelten in Wäldern vor Braunbären in Acht nehmen.

SPARTIPPS

Wildes Zelten ist gratis, ebenso die Wildnishütten (zeitweise); Campingplätze sind meist billig. Der Interrail-One-Country-Pass für Finnland (www.interrail.eu/de) macht Zugreisen erschwinglicher.

DIE BESTEN REGIONEN

Südwestfinnland

Das Schärenmeer mit seinen rund 50000 Inseln (mehr als jede andere Inselgruppe) bietet unbegrenzte Möglichkeiten für Kajak-Campingtouren. Dabei gibt es jede Menge Tiere zu sehen.

Ostfinnland

Hier warten im Oulanka-Nationalpark einige der schönsten Kajak- und Wanderreviere des Landes und Wälder, in denen man Bären sichten kann. Wohnen kann man in Hütten, in denen die Natur fast bis an die Bettkante reicht.

Lappland

Die extremsten Abenteuer locken im hohen Norden: Auf gefrorenen Seen stehend Polarlichter bewundern, mit Huskys reisen, über Berge und durch Wälder zum Heim des Weihnachtsmanns wandern.

Lappland begeistert mit Abenteuern wie Hundeschlittenfahrten (ganz oben); Finnlands unzählige Seen und endlose Wälder sind wie gemacht fürs Wildcamping (oben)

NUUKSIO-NATIONALPARK
UUSIMAA

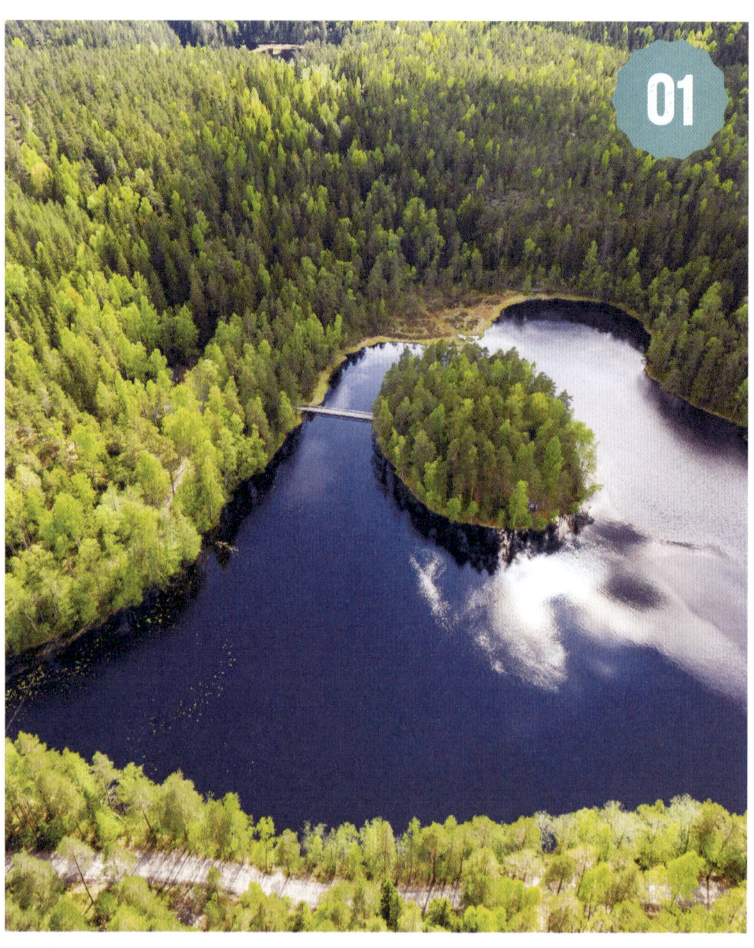

Finnland hat mehr Nationalparks als irgendein anderes Land in Europa. Am leichtesten zugänglich ist der Nuuksio-Nationalpark. Er liefert eine reizvolle Kostprobe der finnischen Landschaft, mit rund 80 Seen, Sümpfen, Felsen und Fichten-Primärwäldern, die typisch für die Natur des Landes sind. Sein Naturzentrum wirbt mit faszinierenden Ausstellungen für jedes einzelne der geschützten Wildnisgebiete Finnlands. Bei dieser ersten Begegnung mit echter Wildnis auf der Reise von Helsinki nach Nordwesten lockt jede Menge Outdoorspaß: Wanderwege, ein Bikepark, Kanutouren und noch viel mehr.

Außer zehn Lagerfeuerstellen bietet der Park mehrere Übernachtungsmöglichkeiten in freier Natur. Beim Naturzentrum hängen innovative Tentsile-Baumzelte in mehreren Metern Höhe aufgespannt zwischen den Baumstämmen. Dann gibt es hier noch die kuscheligsten Waldherbergen des Landes: zwei Rentierhütten (mit Grill, Feuerstelle, Küche, Bettzeug, Strom, Abfallentsorgung, Leitungswasser, Dusche) wie aus dem Märchenbuch, durch deren Fenster man die freundlichen Rentiere des Nuuksio mit Flechten füttern kann. Tiefer im Wald stehen zwei wunderschöne Holzhütten: Tikankolo, eine ehemalige Holzfällerhütte aus den 1950er-Jahren am Ufer des Saarilampi, und Oravankolo, 1946 von Stadtflüchtigen als Ruheoase am Ufer des Ruuhilampi errichtet.

KURZINFOS

Am Nordwestrand von Helsinki macht der Nuuksio-Nationalpark Lust auf Finnlands wilde Natur – mit Unterkünften von Baumzelten bis zu Waldhütten wie aus dem Bilderbuch.

Wann: ganzjährig
Ausstattung: Toiletten
Zugang: mit dem Fahrrad, zu Fuß oder per Bus – Haltestelle Haltia am Naturzentrum
Kontakt: www.nationalparks.fi/nuuksionp

NOLLA-HÜTTEN

ISOSAARI, SCHÄRENGARTEN VON HELSINKI, UUSIMAA

Wer im Großstadtalltag von einer idyllischen Insel träumt, hat es in Helsinki gut: Der Traum lässt sich mit einem kurzen Fährtrip verwirklichen. Zur Schärenwelt vor Helsinki gehören fünfmal so viele Inseln wie zu Spanien. Es mangelt also nicht an Auswahl. Dabei besticht das bewaldete Isosaari – ehemals Seefestung, Gefängnislager und meteorologische Station – als eine der äußeren Inseln mit seiner besonders friedvollen Schönheit. Noch steigern lässt sich das Naturerlebnis, indem man in einer der sieben Nolla-Hütten übernachtet. Die schlichten Finnhütten, die nur aus einem spitzen Dach über einer Schlafplattform bestehen, thronen am Nordufer der kleinen Insel direkt auf den Uferfelsen. „Nolla" ist Finnisch für „Null": Die Hütten ohne Strom- und Wasseranschluss sind leicht auf- und wieder abzubauen und hinterlassen null Spuren. Die Gäste nehmen ihren Müll wieder mit. Je nach Wetter gibt es etwas Solarstrom, um Geräte aufzuladen. Aber man ist gut damit beschäftigt, an den Feuerstellen Essen zu machen oder mit dem zur Hütte gehörigen Kanu auf Tour zu gehen.

Vom Fährterminal an Helsinkis Kauppatori (Marktplatz) verkehren von Mai bis September täglich Fähren nach Isosaari. Vom Fähranleger ist es nur ein kurzer Fußweg zu den Nolla-Hütten. Gleich östlich der Hütten unterbricht ein schöner sandiger Badestrand die felsige Küstenlinie.

KURZINFOS

Per Fähre geht es durch die gut 300 Inselchen vor Helsinki zum Nachtlager, Schlafhütten aus Sperrholz mit Solarstrom und Blick auf die abgeschiedene Küste von Isosaari.

Wann: Mai–Sept.
Ausstattung: Heizung (Holzöfen)
Zugang: per Fähre nach Isosaari; ab Kauppatori, Helsinki, 9 km nordwestlich
Kontakt: www.nollacabins.com

ULKO-TAMMIO

NATIONALPARK ÖSTLICHER FINNISCHER MEERBUSEN, KYMENLAAKSO

Das winzige Ulko-Tammio ist eine Robinson-Insel im skandinavischen Stil. Da die rund hundert Felsinseln und Schären hier alle unbewohnt sind, überrascht es, dass sie überhaupt eine Verbindung zur Außenwelt haben. Tatsächlich verkehrt nur an den Wochenenden im Juni und Juli eine Fähre zwischen Ulko-Tammio und den Festlandhäfen Hamina oder Kotka.

Wegen der Nähe zu Russland war im Zweiten Weltkrieg eine große Garnison auf der Insel stationiert. Nach dem Krieg fiel sie in ihren Dornröschenschlaf zurück. Die alte Militärkantine wurde zur Wildnishütte. Sie ist die einzige feste Behausung auf der Insel, eine nette Schindelhütte für sechs Personen. Nach den Regeln des *jokamiehenoikeus* (Jedermannsrecht, S. 47) kann man auch wild zelten. Es gibt einen 3 km langen Naturerlebnispfad und spektakuläre Meeresvogelsichtungen. Die Insel liegt auf einer wichtigen Vogelzugroute; u. a. machen hier Gryllteisten und Nonnengänse Station.

Die Fähre verkehrt nur selten. Die Anreise im eigenen Boot ist aber nur für erfahrene Seekajaksportler zu empfehlen. Übernachtungsgäste müssen sich ausreichende Mengen an Trinkwasser und Proviant mitbringen.

KURZINFOS

Auf der Insel im Nationalpark Östlicher Finnischer Meerbusen schläft man in einer Militärkantine aus dem Zweiten Weltkrieg oder zeltet an Ufern, die die Natur längst zurückerobert hat.

Wann: Juni–Juli
Ausstattung: Toilette, Heizung (Holzofen), Quellwasser (Entkeimung ratsam)
Zugang: per Fähre von Hamina, 30 km nordwestlich, nach Ulko-Tammio
Kontakt: www.nationalparks.fi/gulfoffinlandnp

Saunakultur

Bei 80 °C schwitzen und sich zwischendurch mit einem *vihta* (Birkenzweig) auspeitschen, ist nicht jedermanns Sache – aber die Finnen lieben es. Und wer das Land richtig verstehen will, muss es ihnen nachtun.

Die Sauna gehört untrennbar zum Wesen Finnlands dazu. Sie ist Ort der Geselligkeit. Hier sind alle gleich. Und sie ist gesund. Als „Apotheke der armen Leute" hält die Sauna die Menschen in Finnland topfit: Sie kurbelt das Immunsystem an, bringt den Kreislauf auf Trab, hilft beim Abnehmen und entspannt. In der Sauna trifft man sich mit Freunden, handelt Geschäfte aus, bereitet sich auf die Wechselfälle des Lebens vor – hier passiert einfach alles.

Es gibt keine richtige oder falsche Zeit für die Sauna, aber am stimmungsvollsten ist sie wohl im dunkelsten Winter, bei Minusgraden und Schneefall. Drinnen ist es still bis auf das Knistern der Holzscheite und das Zischen des Wassers auf heißen Steinen, das Dampfwolken oder *löyly* aufsteigen lässt. Puristen singen ein Loblied auf die Rauchsauna, die durch die natürliche, Poren öffnende Wärme eines Holzofens befeuert wird. Im Winter kommt die Mutprobe hinzu, direkt aus der Sauna in ein Eisloch zu hüpfen.

In der Sauna ist Nacktheit angesagt, meist wird nach Geschlechtern getrennt. Sauberkeit ist oberstes Gebot: vorher duschen und immer auf ein Handtuch setzen. Schweigen ist Gold. Zwischendurch sollte man pausieren und reichlich Wasser trinken: Es geht nicht darum, wer es am längsten in der Sauna aushält. Die Einheimischen wird man in diesem Wettbewerb sowieso nicht schlagen ...

SEEKAJAKTOUR DURCHS SCHÄRENMEER

SÜDWESTFINNLAND

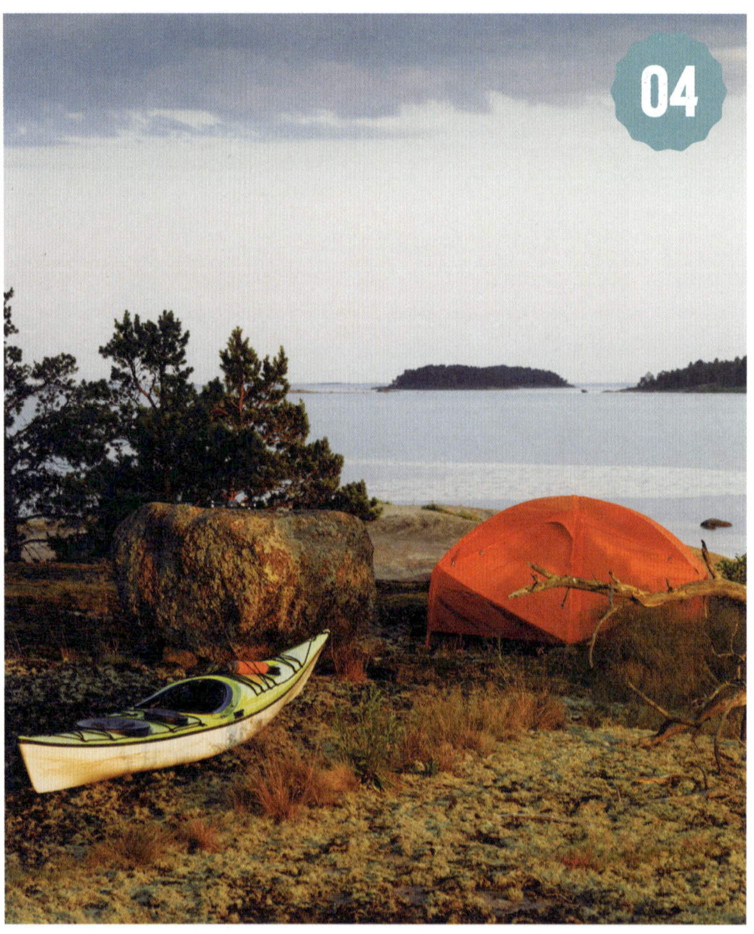

Das finnische Schärenmeer hat rund 50 000 Inseln und Inselchen – mehr als irgendein anderer Archipel des Planeten. Das ideale Revier für den tollsten Kajak-Camping-Urlaub aller Zeiten. Zuerst lässt man sich von einem Seekajak-Ausrüster wie Aavameri von Turku aus zu einem nahen Startpunkt bringen. Dort muss man sein Können im Kajak demonstrieren, vor allem das Aussteigen aus dem gekenterten Kajak (Aavameri kann einem sonst gegen Zusatzgebühr innerhalb von vier Stunden das Nötigste beibringen).Dann geht es auf das geschützte Meer hinaus zu einem drei- bis zehntägigen Paddeltrip auf eigene Faust. Auf einer digitalen Karte sind ausgewiesene Campingplätze, Wasser- und Feuerstellen markiert. Die unbewohnten Inseln sind ideal zum wilden Zelten. Die Karte zeigt die Grenzen des Nationalparks Schärenmeer, innerhalb derer man offizielle Campingplätze nutzen muss.

Die meisten Inseln sind eher flach, aber das Terrain variiert von dicht bewaldet bis zu kahlen Felsbuckeln. Mancherorts kampiert man in der Nähe von Robben oder Seeadlern. Dank des niedrigen Salzgehalts im Wasser ist die Tierwelt besonders vielfältig und das Meerwasser zum Kochen geeignet. Aavameri bietet Zusatzleistungen wie tägliche Wetterprognosen und flexible Abholung am gewünschten Endpunkt für den Fall, dass man besser (oder schlechter!) vorankommt als erwartet.

KURZINFOS

Das Schärenmeer umfasst mehr Inseln als jeder andere Archipel der Welt, sodass für dieses Kajakabenteuer eine Riesenauswahl an Nachtlagern bereitsteht.

Wann: Mai–Sept.
Ausstattung: Feuerstelle (auf einigen Plätzen), Leitungswasser (auf einigen Plätzen)
Zugang: per Boot; Bahnhof Turku
Kontakt: www.aavameri.fi

BÄREN-ZENTRUM

KAINUU

In Finnland lebt die größte Braunbärenpopulation Europas. Das Bären-Zentrum bietet einen Platz in der ersten Reihe, um sie zu beobachten. Von April bis Oktober liegt die Chance einer Sichtung bei über 90 %. Auch Vielfraße und Wölfe gibt es das ganze Jahr über zu sehen. Die menschenleere Wildnis mit Taiga und Seen ist ein idealer Lebensraum für die bedrohten Großraubtiere. Dank der geringen Siedlungsdichte kennen sie hier keine Scheu und nähern sich den Unterkünften des Bären-Zentrums mit unbekümmerter Neugier.

Gäste bezahlen bereitwillig für eine schlaflose Nacht im Beobachtungsversteck. Wer länger bleibt, ruht sich am besten tagsüber in den Luxushütten (mit Heizung, Küche, Dusche, Leitungswasser, Abfallentsorgung) aus, um nachts, wenn die Braunbären am aktivsten sind, hellwach zu sein. In der Abenddämmerung geht man dann den kurzen Weg vom Zentrum zu den hölzernen Verstecken, die nur schlichte Schlafstellen und eine Toilette haben. Dann heißt es still abwarten. Nur Sichtschutzvorhänge trennen die Beobachter von den Bären, wenn sie kommen. Man hört sie heranschlurfen und kann praktisch ihren Atem spüren. Eine atemberaubende und demütig stimmende Erfahrung. Man fühlt sich der Natur ausgeliefert – ein wunderbar urtümliches Gefühl –, doch keine Sorge: Bisher haben die Bären offenbar noch nie versucht, in die Verstecke einzudringen.

KURZINFOS

In diesen wilden Wäldern stehen die Chancen gut, Bären zu begegnen und sie bei Nacht draußen vor dem Beobachtungsversteck herumstöbern zu sehen.

Wann: ganzjährig
Ausstattung: Bettzeug, Toilette
Zugang: mit dem Auto; Bushaltestelle Kuhmo, 62 km südwestlich
Kontakt: www.bearcentre.fi

OULANKA-NATIONALPARK

NORDÖSTERBOTTEN

An der Grenze zwischen Nordösterbotten und Lappland wartet ein Mosaik aus Wildwassern, urzeitlichen Sümpfen, schwindelerregenden Schluchten und Nadelwäldern – die perfekte Verkörperung von Finnlands rauer Natur. Hängebrücken und Stege machen die mächtigen Flüsse und Sümpfe für Besucher passierbar.

Der Campingplatz des Oulanka-Nationalparks liegt rund 1,5 km westlich vom Besucherzentrum in einem geradezu urweltlichen Märchenwald. Rentiere streifen umher, und neben den Zeltplätzen laden Seen zum Schwimmen ein. Es gibt Mietkanus, um den gewundenen Fluss, den Oulankajoki, zu erkunden, einen Laden zur Verpflegung und Hütten mit Grassodendach für Wildnisnächte.

Von hier kann man zu Wasser oder zu Land weiterreisen: nach Russland paddeln, in der Aitaniitty-Hütte nächtigen oder auf der 82 km langen Bärenrunde (Karhunkierros) zwischen Hautajärvia und Ruka die schönsten Landschaften des Oulanka erwandern. Am Weg bieten sechs rustikale Wildnishütten ein kostenloses Nachtlager. Am tollsten ist die zweistöckige Taivalköngäs aus dem frühen 20. Jh. am Oulankajoki, gleich an der Grenze zu Lappland.

KURZINFOS

Im malerischen Oulanka locken neben wilden Stromschnellen, herrlichen Wasserfällen und ursprünglichen Wäldern der berühmteste Wanderweg Finnlands, ein schöner Campingplatz und tolle Wildnishütten.

Wann: ganzjährig
Ausstattung: Bettzeug, Strom, Feuerstelle, Küche, Duschen, Toilette, Müllentsorgung, Wasser (Entkeimung ratsam)
Zugang: zu Fuß; Bushaltestelle beim Oulanka-Besucherzentrum
Kontakt: www.nationalparks.fi/oulankanp

© TSUGULIEV | SHUTTERSTOCK

Skiwandern

Die Alpen bieten vielleicht die tolleren Abfahrten, aber im Langlauf hat Skandinavien die Nase vorn. Skiwanderungen quer durchs Land haben im hohen Norden eine jahrtausendealte Tradition.

Mit dem ersten Schnee beginnt in Skandinavien die längste Skisaison Europas, die oft von Oktober bis Mai dauert. Der hohe Norden verlockt zu Touren abseits der Pisten – außer seiner endlosen Schneedecke erstreckt sich in seiner Wildnis ein einladendes Hüttennetz mit Abständen, die für die meisten Skilaufenden an einem Tag zu schaffen sind (10–35 km).

Ein weiterer Vorteil gegenüber den alpinen Skigebieten: Es gibt hier zwar jede Menge Berge, aber auch weite, sanft gewellte und menschenleere Landschaften. Die ideale Region für erfahrene Langläufer, die Skier als Fortbewegungsmittel nutzen und nicht nur, um stilvoll beim Après-Ski vorzufahren. Hier wartet keine Sause nach dem Pistenspaß – der nordische Skisport ist viel härter und naturnäher als der alpine Skitourismus.

Die schönsten Skiparadiese abseits der Pisten warten in Norwegen im Okstindan-Massiv (S. 18) und im Jotunheimen-Nationalpark (S. 22) sowie in Nordfinnland im Urho-Kekkonen-Nationalpark (S. 37).

Die Bedingungen können extrem sein – im Winter purzeln die Temperaturen bis auf -40 °C. Ganz wichtig sind genaue Karten mit den blau (leicht), rot (mittelschwer) oder schwarz (schwierig) gekennzeichneten Skirouten. Auch muss man sich vor Bären in Acht nehmen. Komplette Ausrüstung ist unerlässlich, da skandinavische Hütten viel sparsamer ausgestattet sind als die Pendants in den Alpen. Vorher informieren, ob Reservierungen erforderlich sind. Da man oft im Pulverschnee unterwegs ist, muss man nordische und Telemark-Techniken kombinieren. Anfänger können 10–15 km, Fortgeschrittene 15–25 km, Profis 20–35 km pro Tag kalkulieren.

HÜTTE VON BEARHILL HUSKY

ROVANIEMI, LAPPLAND

„Am Ende eines Waldwegs, der scheinbar ins Nirgendwo führt, aber schließlich ein malerisches Seeufer erreicht ..." So lautet die Anreisebeschreibung für zahlreiche Unterkünfte in der finnischen Wildnis, so wie auch hier. Der Unterschied bei dieser ist, dass man die umgebende Wildnis nicht nur sehen, sondern auch hören kann. Lapplands Landschaft ist noch viel eindrucksvoller, wenn sie von den Lauten der Huskys untermalt wird, die eine Erkundung dieser entlegenen Schneewelt erst möglich machen. Bearhill Husky unterhält seit Langem ein Husky-Rudel für Hundeschlitten-Abenteuer. Jetzt können Gäste auch in unmittelbarer Nähe der schlummernden Hunde schlafen.

Die Hütte am Ufer des Viiksjarvi wird als „Übernachtung in der Hundehütte" angepriesen, aber es ist nicht so, dass man hier gleich von Hunden angesprungen wird, sobald man vor die Tür tritt. Die Vierbeiner wohnen mehrere Hundert Meter entfernt, außer Sicht und gut gesichert! In der Hütte gibt es ein Bett, einen Ofen und eine Kochnische mit Kühlschrank und Kaffeemaschine. Viel interessanter ist es draußen: Dort warten ein Whirlpool und eine Holzsauna (praktisch als Duschenersatz) und ein Steg, von dem man mit dem vorhandenen Ruderboot ablegen oder zu einem kurzen Eisbad in den See hüpfen kann. Und all das nur 20 km von der arktischen Großstadt Rovaniemi entfernt.

KURZINFOS

Nach einem Tag an den Rudern (oder im Whirlpool) tragen heulende Huskys und das Plätschern des Sees zur entspannenden Atmosphäre des behaglichen Blockhauses bei.

Wann: ganzjährig
Ausstattung: Grill, Küche, Strom, Bettzeug, Heizung (Holzofen), Toilette, Müllentsorgung, Leitungswasser
Zugang: mit dem Auto; Bushaltestelle Sinetänsalmi, 6 km nördlich
Kontakt: www.bearhillhusky.com

URHO-KEKKONEN-NATIONALPARK

LAPPLAND

Viele Finnen erzählen, ohne eine Miene zu verziehen, dass der Urho-Kekkonen-Nationalpark die Heimat des Weihnachtsmanns sei. Auf jeden Fall ist der zweitgrößte Nationalpark des Landes sagenhaft – eine einsame Landschaft mit dicht gedrängten Fichten, ausgedehnten Sümpfen und kahlen Felsen, in denen Steinadler nisten.

Für Outdoorfans ist der Park ein Schritt ins große Unbekannte. Nicht nur, weil der Weihnachtsmann am Korvatunturi hausen soll, sondern auch, weil hier die Grenze nach Russland verläuft und ein offizielles Wildnisgebiet angegliedert ist – für finnische Nationalparks selten. Die Wildnisgebiete sollen Landschaften und Kultur schützen, sind aber auch dafür bekannt, dass es hier keine markierten Wege und keine Beschränkungen für Wildcamper, dafür aber unkartierte Schutzhütten gibt – ein Traum für eingefleischte Wanderer.

Während es im Park ausgewiesene Campingplätze gibt, schläft man in der Kemihaara-Wildnis in freier Natur. Den besten Schutz bieten ungewöhnlich stimmungsvolle Hütten mit Grassodendach, wie Muorravaarakanruoktu (beim Nationalparkzentrum in Saariselkä reservieren) oder die wunderschöne, nicht reservierbare Raappana. Die hölzernen Interieurs sind schlicht, aber heimelig und gepflegt, mit bestenfalls rudimentären Küchen, Öfen und Trockentoiletten. Man kann auch neben den Hütten zelten und Wasser aus den eisigen Bächen schöpfen.

KURZINFOS

Durch das nordfinnische Fjell zum Heim des Weihnachtsmanns oder zu einem Wildnisreservat an der russischen Grenze wandern und im Zelt oder in Grassodenhütten nächtigen.

Wann: ganzjährig
Ausstattung: Feuerstelle, Toiletten, Bachwasser (Entkeimung ratsam)
Zugang: mit dem Bus oder Auto; Bushaltestelle Tankavaara (südwestlicher Parkeingang)
Kontakt: www.nationalparks.fi/urhokekkonennp

AURORA-HÜTTE

INARIJÄRVI, LAPPLAND

Bei der Ankunft in Ivalo, auf dem nördlichsten Flughafen der EU, wähnt man sich angesichts des frostig weißen Panoramas – gefrorene Seen, eisverkrustete Bäume, schneebedeckte Straßen und Dächer – schon an einem sehr abgelegenen Fleckchen Erde. Aber das ist noch gar nichts im Vergleich mit der einsamen Straße zum Nangu Wilderness Hotel, einer der wenigen Behausungen am baumbestandenen Ufer des Inarijärvi, des größten Sees im nördlichen Finnland. Und selbst diese Herberge mitten im Nirgendwo wirkt recht zivilisiert im Vergleich zur Aurora-Hütte des Hotels.

Diese Unterkunft bietet durch ihr Kuppeldach einen Rundumblick in den Himmel. Sobald sich eine solide Eisdecke bildet (Dezember bis Ende April), wird sie in die Seemitte geschleppt; wenn das Eis schmilzt, schwimmt sie auf dem Wasser!

Die winterliche Polarlichtsaison ist optimal für Übernachtungen in der Aurora-Hütte auf dem Inarisee. Hier gibt es nur ein bequemes Doppelbett und eine Trockentoilette. Der ökologische Fußabdruck ist minimal, das 360-Grad-Panorama gigantisch. Außer dem grenzenlosen Himmelsblick fasziniert auch der von verschneiten Wäldern gesäumte Horizont.

KURZINFOS

Die Kuppelhütte, die im Winter auf dem Eis des größten Sees Lapplands steht und im Sommer auf ihm schwimmt, ist ein surrealer Ort, um die kahle arktische Weite zu erleben.

Wann: ganzjährig
Ausstattung: Bettzeug, Heizung, Toilette
Zugang: mit dem Auto; Bushaltestelle Rantatien th E, Ivalo, 22 km südlich
Kontakt: https://nellim.fi/nangu, www.wherethewildis.co.uk

HILLAGAMMI

WILDNISGEBIET KALDOAIVI, LAPPLAND

Die Finnen legen generell Wert auf Freiraum, aber selbst die einzelgängerischsten unter ihnen dürften beeindruckt sein von der einsamen Weite, die Hillagammi umgibt, eine Hütte mitten im Wildnisgebiet Kaldoaivi. Dies ist das größte der zwölf finnischen Wildnisschutzgebiete, eine fast 3000 km² große urzeitliche Landschaft aus Sümpfen, Bergen und Seen.

Die Anreise nach Hillagammi braucht Zeit. Zuerst geht es mit dem Bus nach Nuorgam, dem nördlichsten Dorf Finnlands und der EU. Von hier bringen die Betreiber Gäste zum Straßenanschlusspunkt, der am nächsten zur Hütte liegt. Dann sind es noch 5 km durchs Nirgendwo – zu Fuß, mit dem Rad oder, im Winter, mit Langlaufskiern oder Schneemobil.

Hillagammi hat ein attraktives Holzinterieur mit LED-beleuchtetem Koch-Wohnbereich, zwei Schlafkammern unterm Dach und separate Sauna- und Toilettenhütten. Das Wasser holt man aus einem nahen Bach. Umlaufende Fenster eröffnen gigantische Aussichten auf einen See, das Fjell dahinter, die sommerliche Mitternachtssonne oder das winterliche Polarlicht. Keine Menschenseele in Sicht, sondern höchstens mal ein Rentier.

KURZINFOS

Willkommen in einer der beliebtesten Wildnishütten Finnlands. Die nächste Straße ist 5 km entfernt und die Stille der wilden Natur vollkommen.

Wann: ganzjährig
Ausstattung: Bettzeug, Heizung (Holz/Gas), Toilette, Müllentsorgung, Wasser (Entkeimung ratsam)
Zugang: zu Fuß; Bushaltestelle Staalonpesä L, Nuorgam, 12 km nördlich
Kontakt: www.70north.fi

SCHWEDEN

Weite Wälder, gletscherbedeckte Gipfel und rund 100 000 Seen – das Besondere sind aber die kreativen Angebote, diese spektakuläre Wildnis hautnah zu erleben.

Wann: April–Okt. (Camping); Jan.–April (Ski fahren); Juni–Sept. (Wandern)
Beste Nationalparks: Meeres-NP Kosterhavet, Skuleskogen-NP, Sarek-NP
Beste Fernwanderwege: Sörmlandsleden (627 km), St. Olavsleden (580 km), Kungsleden (440 km)
Wild zelten: erlaubt
Nützliche Adressen: Schwedischer Tourismusverband (https://visitsweden.de), Camping.se (www.camping.se), Schwedens Nationalparks (www.nationalparksofsweden.se)

Von den idyllischen Wäldern und Seen im Süden bis zu Lapplands wilden Weiten lockt Schweden Abenteuerlustige mit Superlativen: Es hat den größten Waldanteil des Kontinents, den Sarek als ältesten und grandiosesten Nationalpark und mit dem Kungsleden einen der anspruchsvollsten Fernwanderwege. In der nordschwedischen Wildnis leben nicht nur Rentiere, Braunbären und Wölfe, sondern auch die Sami, das größte indigene Volk Europas.

Das *allemansrätten* (Jedermannsrecht, S. 47) eröffnet freien Zugang zur Natur, in der man wandern, wild campen und Nahrung sammeln darf. Die schwedische Naturbegeisterung hat eigenwillige Behausungen in der Wildnis hervorgebracht: von den architektonisch spannenden Hütten der Höga Kusten bis zu den Sami-Lagern in Lappland. Traumhafte Zeltplätze an Seeufern ergänzen die Vielfalt toller Nachtlager in der Natur.

WILD ZELTEN

Wildes Zelten ist erlaubt, solange man bestelltes Land meidet und mindestens 70 m Abstand zu Wohnhäusern hält. Auch *Foraging* (Nahrungssuche) ist gestattet, ebenso wie Fischen in den fünf größten Seen und im Meer. Für mehr als drei Zelte oder zwei Nächte am selben Platz muss man die Grundeigentümer um Erlaubnis fragen.

AUSRÜSTUNG

Bekannte schwedische Outdoormarken sind Fjällräven und Didriksons, hinzu kommen Outdoorläden wie Naturkompaniet. Große Berghütten wie die in Abisko vermieten Ausrüstung. Lantmateriet (www.lantmateriet.se) bietet gute Karten; Outdoorkarten (www.outdoorkartan.se) von den wichtigsten Freizeitgebieten im Maßstab 1:50 000. Blá Band ist die führende Marke für Outdoor-Proviant. Ein traditioneller Snack für unterwegs ist Rentier-Rauchfleisch.

SICHERHEIT

Unmarkierte Fernwanderwege führen durch teils extrem abgelegene Gebiete. Hilfe kann ganze Tagesreisen entfernt sein. Mitzubringen sind ein GPS-Gerät, Mückennetz- und -schutzmittel und Wasserschuhe für Flussdurchquerungen. Auf Minustemperaturen muss man ganzjährig vorbereitet sein. Wer im Wald zeltet, sollte sich vor Bären in Acht nehmen.

SPARTIPPS

Schweden ist teuer. Der beste Spartipp: zelten! Wildes Zelten ist üblich und gratis. Campingplätze bieten gegenüber Mittelklassehotels immer noch Sparpotenzial in Höhe von 55–115 €/Nacht.

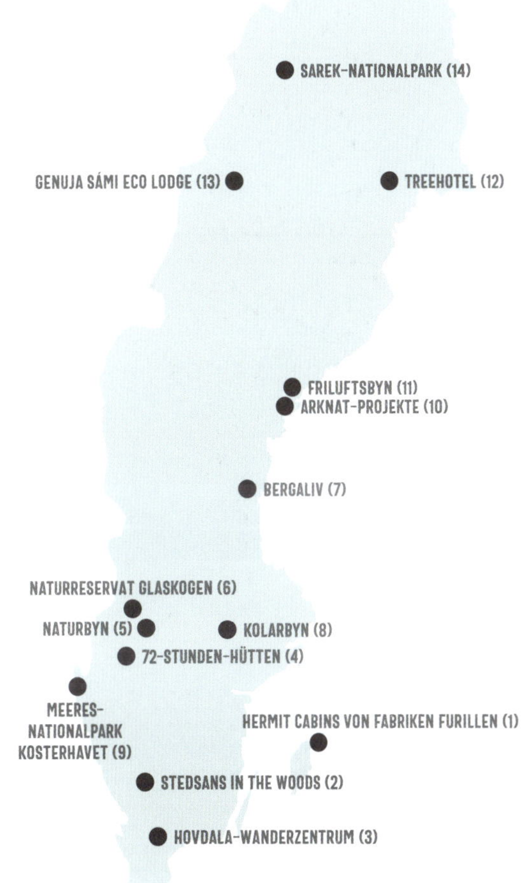

Fernbusse und Züge sind billiger, wenn man sie Wochen im Voraus bucht oder Billiganbieter wie Flixbus (www.global.flixbus.com) nutzt, zudem Bahntickets wie den Interrail-Pass für Schweden (www.interrail.eu/de). Am teuersten ist das Reisen in Lappland.

DIE BESTEN REGIONEN

Meeres-Nationalpark Kosterhavet
Vor Schwedens einsamer Westküste laden Hunderte von Inseln zu Kajak-Campingtouren ein.

Höga Kusten
Ein 130 km langer Wanderweg säumt Schwedens zerklüftete, waldreiche Nordostküste am Bottnischen Meerbusen. An ihm verstreut liegen neun von Architekten gestaltete Wildnishütten.

Lappland
Schwedens größte, eisigste und entlegenste Region beherbergt die höchsten Berge und den schwierigsten Wanderweg des Landes. Hier kann man wild zelten oder in Berghütten nächtigen.

Die felsige Küste des Bottnischen Meerbusens im Nationalpark Skuleskogen (ganz oben); Herbstfarben in den Birkenwäldern der schwedischen Wildnis (oben)

HERMIT CABINS VON FABRIKEN FURILLEN

GOTLAND

Manchmal braucht es ein fotografisches Auge: Alle begeistern sich für Gotlands idyllische Wiesen und Wälder, seine sandige Küste mit bizarren Kalksteinfelsen und die mittelalterliche Hafenstadt Visby, doch nur der Landschaftsfotograf Johann Hellstrom erkannte den Reiz eines verlassenen Kalksteinbruchs auf der Insel Furillen. Er sah das Potenzial im trostlos dem Verfall ausgesetzten Objekt und erwarb das ganze Gelände mitsamt den wuchtigen Maschinen und den alten Fabrikgebäuden. Eines davon wurde zu Fabriken Furillen, einem beliebten Trendhotel. Der Rest der Insel wurde wild belassen, einschließlich zweier einsamer Hütten am Südzipfel.

In dieser umwerfend knorrigen Wildnis eröffnen die Hermit Cabins (Einsiedlerhütten) der Fabriken Furillen die Chance, sich von der Welt abzukoppeln. Zwar finden die Gäste hier Betten und Holzöfen vor, doch weder Strom noch Leitungswasser. Für Unterhaltung sorgen Wellenrauschen und Vogelstimmen, gespeist wird draußen am Picknicktisch. Ein einsamer 30-minütiger Spaziergang führt zum Hotel, um zu duschen, zu frühstücken oder ein Rad für Entdeckungstouren auszuleihen.

Die Insel Furillen hat eine Straßenanbindung nach Gotland. Von Kauparve fahren Busse nach Visby (Fähranschluss nach Nynäshamn) und nach Fårösund (Fähranschluss nach Fårö).

KURZINFOS

Auf der Insel Furillen ruhen zwischen Nadelwäldern und Sandstränden verfallende Überreste der industriellen Vergangenheit. Urige Hütten laden zum Rückzug in diese Wildnis ein.

Wann: ganzjährig
Ausstattung: Heizung (Holzöfen), Toilette, Müllentsorgung
Zugang: per Fähre, dann weiter mit Fahrrad, Auto oder Bus; Bushaltestelle Kauparve, 11,5 km südöstlich
Kontakt: www.furillen.com

STEDSANS IN THE WOODS

HALLAND, GÖTALAND

Nach herkömmlichen Maßstäben würde man Stedsans wohl als Restaurant mit Gästezimmern bezeichnen. Zumindest sofern man die gemeinschaftliche Festtafel mitten im Wald mit Zeltdach und Kerzenlicht als Restaurant durchgehen lässt. Ob die stromlosen, doch außergewöhnlichen Hütten mit bodentiefen Panoramafenstern und Blick auf die Waldlandschaft als Gästezimmer zählen, sei ebenfalls dahingestellt. Aber dieser Ort passt ohnehin in keine Schublade.

Das aktuelle Projekt des dänischen Pionierpaars Flemming und Mette, die schon Skandinaviens erste Dachfarm mit Restaurant in Kopenhagen eröffneten, erschließt neue Dimensionen der Nachhaltigkeit. Dosennahrung auf dem Campingkocher sucht man hier vergebens. Die Zutaten für die zu 100 % natürliche und nachhaltige Verpflegung werden wild gesammelt, im eigenen Garten geerntet oder von lokalen Erzeugern bezogen. Die kulinarische Qualität ist umwerfend.

Zur Hütte (oder dem Zelt- bzw. Wohnwagenplatz) gibt es einen Picknickkorb voller Leckereien bei der Ankunft und Mahlzeiten für die Dauer des Aufenthalts. Die Nachtruhe in diesem rustikalen Waldkurort für Gourmets, die herrliche Lage am Seeufer, das geniale Essen und die schwimmende Sauna – das sind Erlebnisse, die man nicht so schnell vergisst.

KURZINFOS

An einem bewaldeten Seeufer bieten diese innovativen Hütten ein Nachtlager in der Natur, das in Kombination mit nachhaltiger Gourmetküche zum unvergesslichen Erlebnis wird.

Wann: März–Okt.
Ausstattung: Bettzeug, Duschen, Toiletten, Müllentsorgung, Leitungswasser
Zugang: mit dem Auto; Bushaltestelle Hyltebruk, 12 km nördlich
Kontakt: www.stedsans.org

HOVDALA-WANDERZENTRUM

SCANIA, GÖTALAND

Die meisten Wanderzentren sind lediglich Informationsbüros für die Wanderwege der Region, doch dieses Zentrum ist so viel mehr – es umfasst rund 40 km² ruhiges Waldland, Uferpfade und drei der coolsten Schutzhütten des Landes.

Besonders schön an dem weitläufigen Areal ist der fließende Übergang vom städtischen Parkgelände bei Hässleholm zur wilderen Natur rund um den Finjasjön und das Hovdala Slott aus dem 16. Jh., in dem das Informationszentrum untergebracht ist. Das Terrain liegt in einer geografischen Übergangszone zwischen den bewaldeten Felshügeln des Nordens und dem fruchtbaren Flachland, das sich südwärts bis nach Dänemark erstreckt.

Für eine Strecke wie den 57 km langen Hovdalaleden braucht es eine Übernachtungspause. Wildes Zelten ist nach dem *allemansrätten* (S. 47) erlaubt, aber noch bessere Nachtlager in der Natur sind die Schutzhütten Birk, Birka und Ronja. Sie eröffnen herrliche Aussichten durch die Bäume auf den See und verschmelzen dank ihrer Birkenstamm-Verkleidung praktisch mit dem umgebenden Wäldchen. Gäste müssen alles mitbringen, da die Hütten nur Schlafplattformen bieten. Reservierung ist ein Muss.

KURZINFOS

Inmitten der Wildnis des Hovdala-Wanderzentrums wartet in einem Birkenwäldchen am See ein traumhaftes Nachtlager in einer von drei schlichten Hütten.

Wann: ganzjährig
Ausstattung: Grillplatz, Toilette
Zugang: per Auto oder Zug, dann zu Fuß weiter; Hässleholm Centralstation, 400 m nördlich vom Startpunkt der Wanderwege
Kontakt: www.hovdala.se

72-STUNDEN-HÜTTEN

DALSLAND, GÖTALAND

2017 unterzogen sich fünf Menschen mit hektischen Stadtjobs einem wissenschaftlich begleiteten Anti-Stress-Experiment: Sie nächtigten in speziell gebauten Hütten an einem Seeufer in Dalsland, und schon nach 72 Stunden Outdoorleben wurden bei allen geringere Stresspegel, niedrigere Blutdruckwerte und gesteigerte Kreativität gemessen.

Die bemerkenswerten Glashütten blieben stehen und können heute für eine Erholungspause vom Hamsterrad des Alltags gebucht werden. Ihre Türen öffnen sich zum baumbestandenen Seeufer hin, die verglasten Wände und Dächer lassen das klare Licht des Nordens ins Innere fluten. Die Hütten stehen auf Felsbuckeln, die in den See abfallen, und enthalten nur ein (sehr komfortables) Bett, aber es mangelt an nichts. In der Nähe warten eine Kochgelegenheit (Feuerstelle), eine Outdoor-Toilette, ein Ruderboot und eine Badestelle. Gäste erhalten ein Überlebenspaket mit Streichhölzern, Wasserflasche, Besteck, Taschenlampe etc. Nur ein kurzer Fußweg führt zum Dalslands Aktiviteter mit Duschen, Leitungswasser und Angeboten wie Kajaktouren, Goldwäscherei und Hochseilgarten mit Seilrutsche.

KURZINFOS

Diese Glashütten am See wurden für eine wissenschaftliche Studie gebaut, die belegte, dass schon 72 Stunden in der Natur Wunder für das persönliche Wohlbefinden bewirken.

Wann: ganzjährig
Ausstattung: Bettzeug, Feuerstelle, Toilette, Müllentsorgung, Wasser (vom See, Entkeimung nötig)
Zugang: mit Auto oder Bus; Haltestelle Steneby vägkors, 900 m nordöstlich
Kontakt: www.dalslands aktiviteter.se

NATURBYN
VÄRMLAND, SVEALAND

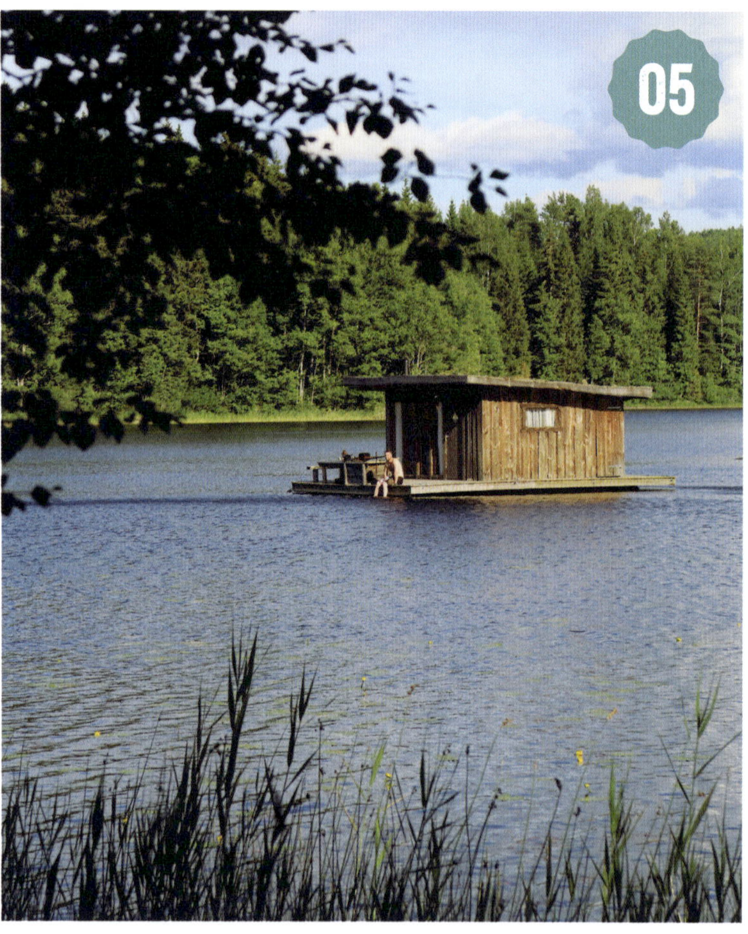

Hier können Gäste am Boden bleiben, zum Himmel streben oder sich auf dem Wasser treiben lassen: Je nach Gusto schläft man in einer Waldhütte mit Grassodendach, in einem Baumhaus, das sich sanft in den stützenden Fichten wiegt, oder in einem Hausboot, das frei um seine Verankerung driftet und so immer wieder neue Ausblicke bietet. Wenige Quartiere versprechen ein so intensives Naturerlebnis wie Naturbyn. Wo wäre man näher an der Natur als in Hütten, auf deren Dach wilde Erdbeeren wachsen, oder Behausungen, die sich mit den Wind- und Wasserströmungen bewegen?

Viel Liebe und Sorgfalt wurden hier investiert: Betten, Stühle und Tische sind schlicht, aber schön gearbeitet. Dekorelemente betonen die Harmonie mit der idyllischen Umgebung. Fenster und Terrassen lassen die Gäste in eine Welt aus Blattwerk, Vogelgesang und Wasser eintauchen. Hungrig? Naturbyn lädt dazu ein, sich das Abendessen selbst aus dem See zu angeln. Kalt? Geschärfte Äxte und ein üppiger Holzvorrat liegen bereit (wenn fünf Minuten Holzhacken zum Aufwärmen nicht reichen, dürfte das prasselnde Feuer den Rest erledigen). Dasselbe Feuer gart auch das Abendessen und erhitzt das Duschwasser. Wer jetzt noch Energie übrig hat, den lockt der lange, geschwungene See zum Schwimmen oder Kajakfahren (für Gäste gratis).

KURZINFOS

Ein frei flottierendes Hausboot, schwankende Baumhäuser und Hütten mit Grassodendach, alle liebevoll ausgestattet. Naturbyn ist der ideale Ort, um tief in die herrliche Natur einzutauchen.

Wann: Mai–Okt.
Ausstattung: Bettzeug, Feuerstelle, Heizung (Holzöfen), Küche, Duschen, Toiletten, Müllentsorgung, Leitungswasser
Zugang: mit Auto oder Bus; Haltestelle Långserud Bygdegården bei Wiksfors Bruk, 900 m nordöstlich
Kontakt: www.naturbyn.se

Das Recht auf Natur

Das Jedermannsrecht gewährt uns Zugang zu den höchsten Gipfeln, den entlegensten Küsten, den einsamsten See- und Flussufern und vielen der schönsten Landschaften Europas.

Die Rechte, die in Skandinavien und dem Baltikum als Jedermannsrecht – *allemannsretten* in Norwegen, *allemansrätten* in Schweden, *jokamiehenoikeus* in Finnland – sowie in Schottland und dem englischen Dartmoor National Park als *Right to Roam* bekannt sind, räumen ein grundlegendes Hindernis aus dem Weg, das die Erkundung der Natur erschwert: die Zugangsbeschränkungen für Land in Privatbesitz, zu dem Äcker und Weiden, aber auch Wälder und Gewässer gehören können. Die Zugangsrechte sind nicht europaweit einheitlich geregelt. Die Länder, in denen sie am weitesten gefasst sind, sind die besten Ziele für uneingeschränkten Naturgenuss.

In Norwegen, Schweden, Finnland, Estland und Schottland dürfen Einzelne oder Kleingruppen, die keine Spuren hinterlassen, jede nicht kultivierte oder eingezäunte Fläche betreten, die nicht zu nah an einem Wohnhaus liegt und nicht unter Naturschutz steht (was in manchen Nationalparks der Fall ist). Hier darf man auch abseits der Wege wandern, Beeren und Pilze sammeln und im Zelt nächtigen. Übernachtungen am selben Ort sind auf ein bis drei Nächte und zwei oder drei kleine Zelte beschränkt, Lagerfeuer oft verboten.

Zu den schönsten Orten für Wildnisübernachtungen nach dem Jedermannsrecht gehören die schottischen Highlands, der norwegische Jotunheimen-Nationalpark und die finnische Wildnis. Länder wie Finnland veröffentlichen die Regeln des Jedermannsrechts für Gäste online (www.nationalparks.fi/everymansright).

In Österreich, der Schweiz und der Tschechischen Republik gelten eingeschränkte Varianten dieser Rechte.

NATURRESERVAT GLASKOGEN

VÄRMLAND, SVEALAND

Die ersten Siedler im Glaskogen („Glaswald") sollen nur eine Axt, ein Messer und eine kleine Menge Roggenkörner mitgebracht haben. Auch wenn sich diese Waldlandschaft mit über 80 Seen immer noch Wildnis nennen darf, brauchen heutige Gäste keine vergleichbaren Überlebenskünste. Mit seinen gut ausgestatteten Campingplätzen, Hütten und gekennzeichneten Wegen bietet der Glaskogen einen sanften Einstieg in die Natur.

Ausgangspunkt des traumhaften Naturabenteuers ist der winzige Ort Lenungshammar – sein „Wildnis-Campingplatz" ist ein Waldgelände zwischen zwei Seeufern, dessen Bäume die Wohnwagen- und Zeltplätze voneinander abschirmen und idyllische Privatsphäre garantieren. Zum Outdoor-Spaß tragen Feuerstellen mit Sitzbänken bei, in der Hauptsaison auch ein Café. Die Glaskogen Card berechtigt zur Nutzung der Hütten, Schutzhütten und zum Wildcampen im Reservat.

Außerhalb von Lenungshammar wird die Natur uriger. Wer auf dem 300 km langen Wegenetz wandern oder im Mietkajak auf den Seen paddeln will, braucht deutlich mehr als einen Tag, um diese Wildnis eingehend zu erkunden.

KURZINFOS

Einen guten Einstieg in die schwedische Wildnis bietet das größte Naturreservat von Värmland mit Seen und Wäldern, in denen Hütten und Zeltplätze auf Wanderer und Paddler warten.

Wann: März–Sept.
Ausstattung: Grillplatz, Feuerstelle, Dusche, Toilette, Müllentsorgung, Leitungswasser
Zugang: per Auto oder Fahrrad; Bushaltestelle Högelian, 18,5 km westlich von Lenungshammar
Kontakt: www.glaskogen.se/de

BERGALIV

HÄLSINGLAND, NORRLAND

Wenn es einen Prototyp für eine neue Kategorie von Nachtlagern in der Natur gibt – eine Mischung aus rustikaler Hütte und Landhotel –, dann ist es Bergaliv. Das Architekten-Lofthuset bringt die ungezähmte Natur ganz nah, ohne Abstriche beim Komfort zu machen. Die Ankömmlinge werden ermuntert, den 3 km langen Weg vom nächsten Vorposten der Zivilisation zu Fuß zurückzulegen. Das Innere der hellen Holzhütte ist klein, schlicht und lenkt den Blick auf das überwältigende Panorama der einsamen Landschaft von Hälsingland. Das obere Stockwerk dient als Aussichtsplattform zur Naturbeobachtung. Außer toller Aussicht finden die Gäste Trink- und Leitungswasser, Obst und Kaffee vor. Bettzeug, Frühstück und WLAN werden bereitgestellt. Auch das Spa 3 km hügelabwärts können die Gäste nutzen.

Hier wohnt man inmitten der Natur, aber doch geschützt – ideal für alle, die noch nicht an Nächte unter freiem Himmel gewöhnt sind. Natur mit einem Hauch von Luxus. Bergaliv liegt an zwei Wanderrouten. Eine ist der alte Pilgerweg Helgonleden, ein Zweig des St. Olavsleden, der Uppsala mit Trondheim in Norwegen verbindet.

KURZINFOS

Die schicke Hütte, die auf Stelzen über den bewaldeten Hängen des Asberget und dem Fluss Ljusnan thront, wurde für eine phänomenale Aussicht konzipiert – und nennt sich zu Recht „Landschaftshotel".

Wann: ganzjährig
Ausstattung: Bettzeug, Strom, Küche, Müllentsorgung, Leitungswasser, WLAN
Zugang: zu Fuß; Bushaltestelle Orbaden väg 83/Norra, 3 km südöstlich
Kontakt: www.bergaliv.se

KOLARBYN

VÄSTMANLAND, SVEALAND

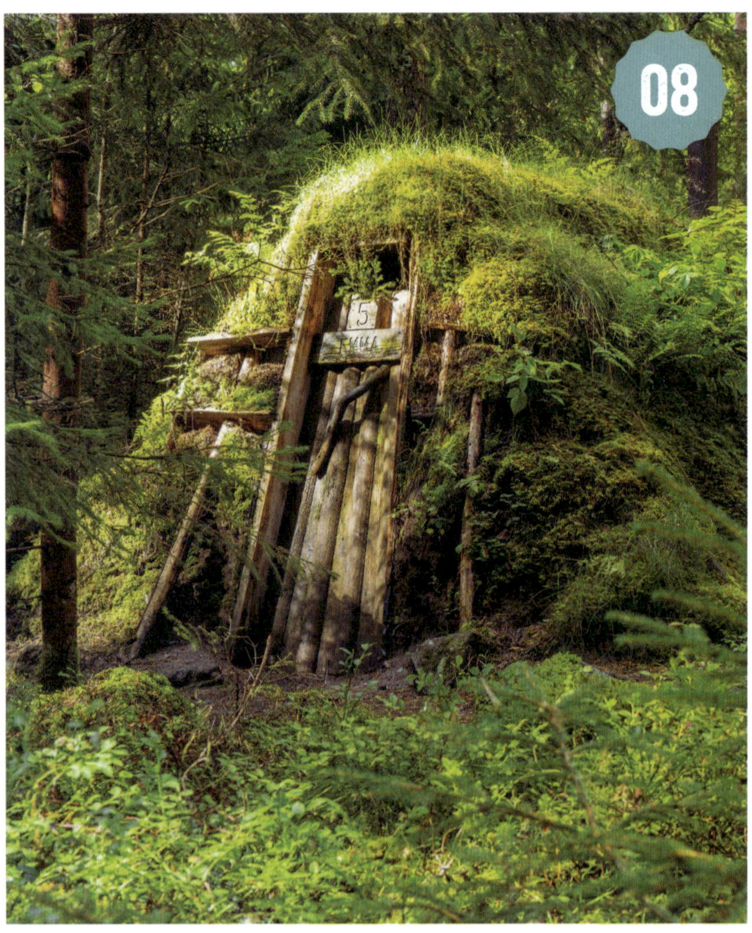

Manchmal hängt der Erfolg einer Unterkunft auch davon ab, wer als Erster auf die originellste Idee kommt. Wie erfrischend, dass die Originalität von Kolarbyn ganz authentisch in der 400-jährigen Geschichte der Region als Zentrum der Holzkohleproduktion für die Eisengewinnung verankert ist. Köhlerhütten wie diese zwölf lagen einst überall in der Landschaft von Västmanland verstreut. Auch diese verwunschenen Katen im Wald wurden von einstigen Köhlern erbaut.

Gäste vergleichen die Hütten oft mit Hobbithöhlen. Tatsächlich gab es solche Behausungen schon lange vor Tolkien. Die mit Grassoden bedeckten Hütten wirken fast wie bucklige Auswüchse des Waldbodens (man kann auf ihnen sogar Beeren pflücken). Hinter ihren trapezförmigen Türen wird es richtig schnuckelig: Hier ist Platz für einen kleinen Kamin mit Holzfeuer und zwei Bettgestelle mit Luftmatratzen und Schaffellen. Strom? WLAN? Fließendes Wasser? Fehlanzeige.

Frühstückszutaten werden gereicht, müssen aber selbst auf der Feuerstelle zubereitet werden. In Kolarbyn lernt man, sich auf die Natur einzulassen. Die Gäste werden ermuntert, zu Fuß oder mit öffentlichen Verkehrsmitteln anzureisen, im nahen See zu baden und den Vogelstimmen zu lauschen. Wenn man hier auf Holzstämmen unter den Fichten sitzt, erscheint das Köhlerleben gar nicht so übel.

KURZINFOS

Die zwölf mit Grassoden bedeckten Köhlerhütten von Kolarbyn bieten kaum mehr als zwei Betten und ein prasselndes Kaminfeuer – ein urig-surreales Walderlebnis.

Wann: April–Okt.
Ausstattung: Heizung (Holzöfen), Toiletten, Müllentsorgung, Quellwasser
Zugang: zu Fuß, mit dem Bus oder Auto; nächster Bahnhof Skinnskatteberg, 4 km nordwestlich
Kontakt: www.kolarbyn.se

MEERES-NATIONALPARK KOSTERHAVET

GÖTALAND

In der skandinavischen Wildnis darf man nicht nur frei wandern, sondern auch paddeln. In Schwedens erstem Meeres-Nationalpark schweifen Abenteuerlustige mit dem Kajak von Insel zu Insel und schlagen abends ihr Zelt auf dem Felsbuckel auf, der ihnen am besten gefällt.

Das von der Familie Holgersson organisierte Erlebnis beginnt bei deren Skärgårdsidyllen Kayak & Outdoor (K&O) Station in Grönemad. Die Truppe stellt ihr gesammeltes Wissen bereit, um auf jede potenzielle Schwierigkeit eines solchen Abenteuers schnell eine Antwort zu liefern. Für Gäste ohne Kajakerfahrung (insbesondere mit dem Ausstieg nach Kenterung) bietet K&O dreistündige Crashkurse an. Ausrüstung zu Hause gelassen? Alles, von gefriergetrocknetem Proviant über Zelte und GPS-Geräte bis zu Kajaks, kann man hier kaufen oder leihen. Und dann kann's losgehen, solange man sich an die Grundsätze des *allemansrätten* und die Sonderregeln der Kosterhavet-Region (Zelten nur von 18–10 Uhr) hält.

Durch die Schärengewässer vor der Küste von Bohuslän führt die beliebteste Route nordwärts zur Insel Rösso, eine zwei- bis dreitägige Paddeltour. Es gibt hier Tausende von Inseln, meist flach oder sanft ins Meer abfallend, mit Stränden, Felssimsen oder Grasflächen zum Zelten. Zu den Stars der vielfältigen Tierwelt gehört Schwedens größte Robbenpopulation, deren Vertreter man unterwegs erspähen kann.

KURZINFOS

Schwedens westlichstes Schärengebiet ist mit seiner Vielzahl meist unbewohnter Inseln ein Paradies für Camping- und Kajakfans.

Wann: bei geeignetem Wetter
Ausstattung: keine
Zugang: per Kajak; Bushaltestelle Grebbestad, 2,5 km östlich des Startpunkts
Kontakt: www.skargardsidyllen.se, www.vastsverige.com/kosterhavets-nationalpark

ARKNAT-PROJEKTE

HÖGA KUSTEN, ÅNGERMANLAND, NORRLAND

Nach dem Arknat-Konzept, das Architektur und Natur kombiniert, entstanden neun hölzerne Schutzhütten zur allgemeinen Nutzung an der Höga Kusten (Hohen Küste). Die als Unesco-Welterbe geschützte Region aus steilen Küstenhügeln und Inseln, roten Granitwänden und weiten Wäldern erstreckt sich über 100 km zwischen Härnösand und Örnsköldsvik.

Die Hütten stehen an extrem entlegenen Fleckchen. Am Südende der Höga Kusten scheint „Stranded", ein zum Meer hin geöffnetes Sammelsurium von Latten, direkt aus dem Steinstrand zu wachsen. „Forest Cradle" schwebt wie ein riesiges Bettgestell mit geschwungenem Kopfteil über dem felsigen Waldboden in der Nähe des Skuleberget. Weiter nördlich steht Skogsdunge, eine Stelzenhütte mit eigenem Palisadenwald, an einem von Nadelbäumen gesäumten Sandstrand.

Die Arknat-Refugien machen die Natur nicht nur zum Greifen nah erlebbar, sondern scheinen oft mit ihr zu verschmelzen. Sie dienen jedoch nur als Schlafplattformen: Gäste müssen alles für die Übernachtung Benötigte selbst mitbringen. Flüsternde Baumwipfel, klare Nordluft und brandende Wellen sind Entschädigung genug.

KURZINFOS

Architekturstudenten haben neun schlichte, aber verblüffend originelle Holzhütten entworfen und entlang der Höga Kusten verteilt, einer einsamen Felsküste voller Fichtenwälder.

Wann: ganzjährig
Ausstattung: keine
Zugang: zu Fuß oder per Auto, Bus oder Fahrrad und dann zu Fuß weiter. Die Hütten sind von der Busstrecke Härnösand–Örnsköldsvik erreichbar
Kontakt: www.arknat.com

FRILUFTSBYN

HÖGA KUSTEN, ÅNGERMANLAND, NORRLAND

Die schwedische Höga Kusten ist ein besonders rauer Küstenabschnitt des Bottnischen Meerbusens, doch das ebenso relaxte wie hilfreiche Friluftsbyn erleichtert den Zugang ungemein. Das „Outdoor Village" ist eine einzigartige Kombination aus tollem Informationszentrum und geselligem Campingplatz. Es liegt am Südostufer des Gällstasjön auf ebenem Grasland vor einer Kulisse aus Nadelwald und dem markanten Gipfel des Skuleberget. Die Campingeinrichtungen sind erstklassig – mit Shop, einer Hütte zum Ausruhen, Feuerstelle, Minigolf, Kajakverleih, Küchen- und Sanitäreinrichtung im skandinavischen Schick. Alles ist so gestaltet, dass der urige Campingspaß in der allmächtigen Natur dieser entlegenen Region nicht zu kurz kommt. Friluftsbyn will, dass seine Gäste sich in der freien Natur austoben.

Am besten schlägt man sein eigenes Zelt auf. Die Plätze auf der Wiese nördlich der Zufahrt oder vorm Wald sind am ruhigsten. Gleich nördlich ist der Skuleberget-Sessellift; das Dorf Docksta ist nur 1 km Fußweg entfernt. Ganz in der Nähe dieser ländlichen Idylle wartet viel raueres Terrain. Das Infozentrum hilft bei der Erkundung.

KURZINFOS

Der nette, gesellige Campingplatz mit tollen Einrichtungen und hervorragendem Infozentrum ist der ideale Startpunkt für eine sagenhafte Abenteuertour entlang der wilden, als Welterbe gelisteten Höga Kusten.

Wann: ganzjährig
Ausstattung: Strom, Feuerstelle, Dusche, Toilette, Müllentsorgung, Leitungswasser
Zugang: per Auto, Bus oder Fahrrad; Bushaltestelle Docksta, 1,8 km südwestlich
Kontakt: www.friluftsbyn.se

TREEHOTEL

NORRBOTTEN, NORRLAND

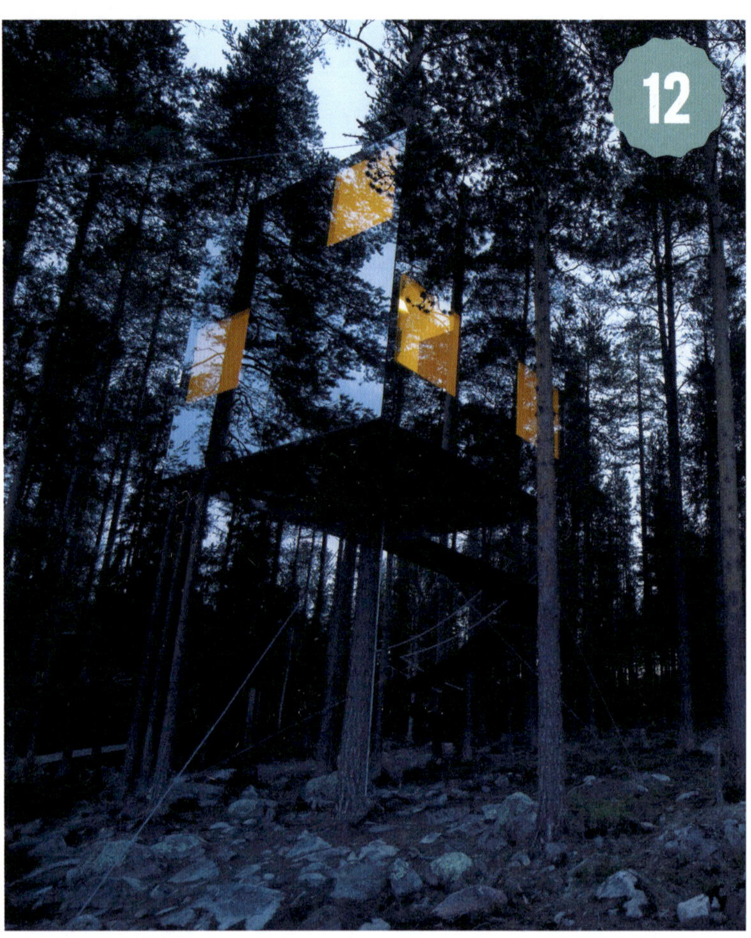

Schweden ist das europäische Land mit der größten Waldfläche. Kein Wunder also, dass sich hier auch eines der wenigen „Baumhotels" des Kontinents versteckt. Herausragender Komfort und Originalität werden einzig von der hohen Lage über dem Waldboden übertroffen. Geschaffen wurde das Baumhotel von Kent Lindvall und Britta Jonson-Lindvall. Mithilfe einiger der besten Architekten Schwedens haben sie sieben Hotel-„Zimmer" in den Ästen der Kiefernwälder beim Dorf Harads gestaltet, die den Begriff Innovation auf ein ganz neues Level heben.

Bird's Nest, das von außen einem gigantischen Vogelnest ähnelt, ist innen todschick und minimalistisch. Mirror Cube, dessen Wände die umgebenden Kiefern spiegeln, scheint mitunter ganz zu verschwinden. Das jüngste Baumhaus heißt 7th Room (das 7. Zimmer). Es thront am Waldrand mit genialem Panoramablick auf das Luletal. Von unten betrachtet ist es perfekt getarnt – ein bodenfüllendes Bild zeigt eine Ansicht der Baumwipfel vor dem Bau des Baumhauses.

Die Unterkünfte sind äußerst komfortabel, mit Fußbodenheizung, Kühlschrank und Kaffeemaschine. Frühstück ist inklusive; ein Restaurant serviert alle Mahlzeiten. Treehotel bietet auch vielfältige Outdooraktivitäten: Paddel- oder Angeltouren auf dem nahen Lule älv sowie Waldwanderungen mit der Chance auf Elchsichtungen ...

KURZINFOS

Hoch über dem Waldboden balancieren sieben von Architekten gestaltete Baumhäuser im Astwerk der endlosen Wälder des nördlichen Norrbotten, zwei von ihnen perfekt getarnt.

Wann: ganzjährig
Ausstattung: Bettzeug, Strom, Heizung, Dusche, Toilette, Leitungswasser, WLAN
Zugang: mit dem Auto; Bushaltestelle Harads Hälsocentral, 1,6 km nordwestlich
Kontakt: www.treehotel.se

Paddel-Campingtouren

In manchen Teilen Skandinaviens und Schottlands scheint selbst das Landesinnere überwiegend aus glitzerndem Wasser statt aus festem Boden zu bestehen. Welches Verkehrsmittel wäre hier geeigneter als ein Boot?

Nicht nur, dass man mit dem Paddel in der Hand oft am schnellsten vorankommt, viele Landschaften wirken auch am schönsten, wenn man sie vom Wasser aus bewundert, ob Meer, Fluss oder See. Besucher können Campingplätze auf Uferwiesen oder zelttaugliche Fleckchen an einsamen Küsten und Seeufern im eigenen Boot ansteuern oder vielerorts Kajaks und andere Boote ausleihen.

Zwei tolle Regionen für Seekajaktouren auf eigene Faust sind die schwedische Bohuslän-Küste und das finnische Schärenmeer. In beiden Gegenden kann man nach Herzenslust auf unzähligen Inseln wild zelten. Weitere Ziele sind die nordirische Causeway Coast mit Schutzhütten für Kajakreisende oder Polens beliebtestes Paddelrevier, die Masurische Seenplatte.

Es gibt zwei Arten von Paddelabenteuern: Tagestouren von einem Basislager aus oder mehrtägige Touren mit Zwischenstopps, beides entweder als geführte Tour oder in Eigenregie. Die meisten Anbieter haben Einführungskurse im Angebot, die selbst absolute Anfänger fit genug machen, um z. B. aus einem gekenterten Kajak auszusteigen. Touren in Eigenregie machen am meisten Spaß. Alles Wichtige, was im Kajak transportiert wird, in wasserdichte Taschen packen!

Die meisten Länder haben eigene Kanuverbände. Der Internationale Kanuverband (www.canoeicf.com) listet länderspezifische Infoadressen auf. Unsere Adresstipps für Nordirland (S. 127), Norwegen (S. 24), Schweden (S. 51), Finnland (S. 32) und Polen (S. 246) liefern Infos zu den schönsten mehrtägigen Kajak-Campingtouren, mit Übernachtungen im Zelt, auf Campingplätzen und in Schutzhütten.

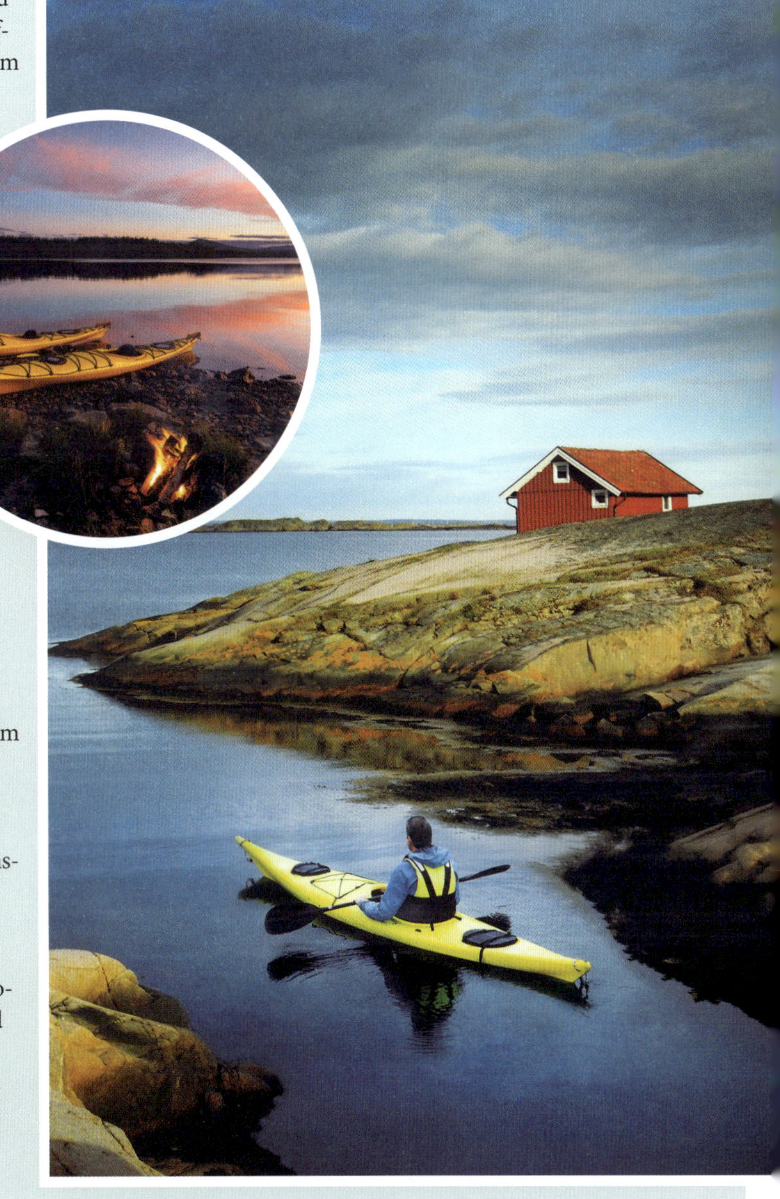

GENUJA SÁMI ECO LODGE

SÜDLAPPLAND, NORRLAND

Die Straße nach Tjulträsk passiert viele Seen, aber am Stor-Tjulträsket ist Schluss. Am Ende des Asphalts liegt das größte Naturreservat des Landes, Vindelfjällen. Doch in dieser Wildnis aus Gebirge, Heide, See und Birkenwald fängt die Reise gerade erst an.

In den einsamen Weiten dahinter leben die lappischen Sami heute noch ähnlich wie seit Jahrhunderten und laden zu der wohl europaweit authentischsten Begegnung mit einer indigenen Kultur ein: Mikael (der die Bootsfahrt über den Stor-Tjulträsket nach Genuja organisiert) geleitet Ankömmlinge zu seiner Familien-Lodge, einigen schlichten, gemütlichen Hütten mit Birkenwänden und Grassodendach am ruhigen Seeufer.

Hier kann man tagsüber in die Berge wandern, Mikael beim Angeln helfen oder abends in einer traditionellen Kote mit Feuerstelle und Schlafplätzen etwas über die Mythologie der Sami lernen. Die Sami glauben, dass alles in der Natur eine Seele hat. Nach ein paar Tagen hier wird man das bejahen.

Eine persönliche Einladung von Mikael gibt's auf Anfrage. Pro Jahr können nur knapp 150 Gäste kommen, weshalb man mit Wartezeit rechnen muss. Aber das einzigartige Naturerlebnis ist es absolut wert.

KURZINFOS

Eine traumhafte Bootsreise führt zu diesen urigen Hütten am einsamen Seeufer, die eine Einführung in die naturnahe Lebensweise der Sami versprechen.

Wann: ganzjährig
Ausstattung: Bettzeug, Heizung (Holzöfen), Toilette, Müllentsorgung, Wasser (Quelle/See, Entkeimung ratsam)
Zugang: mit Auto, dann per Boot; Bahnhof Sorsele, 104 km südöstlich
Kontakt: www.samiecolodge.com

SAREK-NATIONALPARK

NORDLAPPLAND, NORRLAND

Der Sarek-Nationalpark, eine Gebirgslandschaft im Nordwesten mit gezackten Gipfeln, gewaltigen Gletschern, tiefen Tälern und schummerigen Birkenwäldern, macht es seinen Besuchern nicht leicht. Die Anreise erfordert eine Tageswanderung ab Kvikkjokk oder eine Bootsfahrt mit Wanderung ab Ritsem – samt Gepäck für eine Wildnisübernachtung.

Sarek ist Schwedens ultimative Wildnis. Der Park beherbergt 19 Gipfel über 1900 m Höhe, ein Drittel aller schwedischen Gletscher und seltene Säugetiere wie Polarfüchse und Vielfraße. Er ist Teil der Unesco-Welterberegion Laponia, und seine Gäste müssen sich den Zugang hart erarbeiten. Es gibt eine einzige Hütte gleich hinter der Parkgrenze, STF Aktse, im Park kann man seinen Zeltplatz frei wählen und Wasser aus Bächen entnehmen. Sämtlicher Müll muss mitgenommen werden. Camper müssen sich fürs raue Wetter im Sarek rüsten. Guhkesvágge, das lange Tal bei Stora Sjöfallets-Stuor Muorkke, bietet ebene Rentierweiden am Seeufer mit eindrucksvollem Blick auf die Gipfel des Sarek. Auch der Fernwanderweg Kungsleden (S. 257) verläuft durch den Sarek.

KURZINFOS

Diese einsame Bergwelt mit ihren hohen Gipfeln, Gletschern, Tälern und Wäldern ist nur etwas für sehr robuste Wandersleute. Wild Campen ist hier die einzige Übernachtungsmöglichkeit.

Wann: ganzjährig
Ausstattung: Wasser (aus Bächen, Entkeimung ratsam)
Zugang: zu Fuß; Bushaltestelle Kvikkjokk Kirken, 15 km südlich der Parkgrenze
Kontakt: www.nationalparksofsweden.se, www.laponia.nu

DÄNEMARK

Dänemark bietet eine bunte Mischung an innovativen Unterkünften am Wasser und in Wäldern, und auf den Färöern warten herrliche Refugien in Bergkulisse.

Wann: März–Okt. (Camping), Mai–Sept. (Camping/Glamping), ganzjährig (Glamping auf den Färöern)
Beste Nationalparks: NP Wattenmeer, NP Thy
Beste Fernwanderwege: Nordseewanderweg (3700 km, davon 1500 km in Dänemark), Wanderweg des Inselmeeres (220 km)
Wild zelten: legal (manchmal!)
Nützliche Adressen: VisitDenmark (www.visitdenmark.com), Naturstyrelsen (https://naturstyrelsen.dk)

Extrem flach, sandig und grasbewachsen: Dänemark ist quasi maßgeschneidert fürs Campen. Und die Dänen lieben das Zelten. Entsprechend voll und laut kann es auf den Campingplätzen werden – man muss also etwas gründlicher forschen, um die schönsten Naturplätze zu entdecken. Doch die Mühe lohnt sich!

Dänemark hat einige der schönsten Sandstrände Skandinaviens. Der dänische Hang zum innovativen Design trägt zusätzlich zum Reiz der Zurück-zur-Natur-Unterkünfte bei – wie wär's mit einer Fischerhütte am Strand oder Floß-Camping? Und auch die Wanderwege hier können sich sehen lassen, z. B. der 500 km lange dänische Teil des Nordseewegs an der Westküste.

Weitaus wilder präsentieren sich die per Fähre oder Flugzeug erreichbaren Färöer-Inseln – ein echtes Paradies für Bergwanderer.

WILD ZELTEN

Die dänischen Bestimmungen zum wilden Zelten sind wegen der weitverbreiteten Landwirtschaft strenger als anderswo in Skandinavien. In öffentlichen Wäldern kann man in einer Hängematte oder unter einer Plane überall nächtigen, aber nicht im Zelt. In vielen Wäldern gibt's ausgewiesene Lagerfeuerplätze, oft mit kostenlosen Schutzhütten oder Zeltstellplätzen für eine Nacht. Die Dänen lieben Wohnwagen und -mobile, in denen man in Parkbuchten übernachten kann. Auf den Färöern ist wildes Zelten strikt verboten.

AUSRÜSTUNG

Ausrüstung bietet die dänische Kette Spejder Sport; Dänemarks bekannteste Outdoormarke ist Nordisk. Ein toller Reisebuchladen mit Karten im Maßstab 1:25 000 ist Nordisk Korthandel (www.scanmaps.dk) in Kopenhagen. Wichtigstes Equipment ist eine wasser- und winddichte Jacke. Als Wegzehrung eignen sich *rugbrød* (Körner-Roggenbrot), dänischer Schimmelkäse und *sild* (Hering), zum Knabbern unterwegs salzige Lakritze, fürs Lagerfeuer *pølser* (Würstchen).

SICHERHEIT

Für Naturtrips ist Dänemark eines der sichersten Länder überhaupt.

SPARTIPPS

Staatliche Waldhütten wie Skagen Klitplantage Hulsigstien (S. 60) sind kostenlos. Auch Camping ist eine billigere Alternative zu Hotels. Bei Bahnfahrten spart man mit dem Dänemark-Pass von Eurail (www.eurail.com). Die Camping Card ACSI (www.campingcard.com/de/danemark) bietet in der Nebensaison Rabatte auf rund 60 dänischen Campingplätzen.

Wilde Paradiese: die zerklüftete Küste der Färöer (links) und die dänischen Wälder (unten)

DIE BESTEN REGIONEN

Südfünisches Inselmeer
Der 220 km lange Wanderweg des Inselmeeres führt über rund 50 schöne Inseln und beeindruckt mit hochmodernen Unterkünften an den Küsten.

Nordjütland
Der hohe Norden Dänemarks umfasst die wildeste Gegend des Landes, den Thy-Nationalpark, sowie die hübschen Wälder bei Skagen mit tollen Natur-pur-Zeltplätzen.

Färöer
Der zerklüftete dänische Außenposten bietet wilde Zeltplätze und einen superoriginellen Glampingplatz.

SKAGEN KLITPLANTAGE HULSIGSTIEN SHELTER

SKAGEN KLITPLANTAGE, SKAGEN, JÜTLAND, REGION NORDJÜTLAND

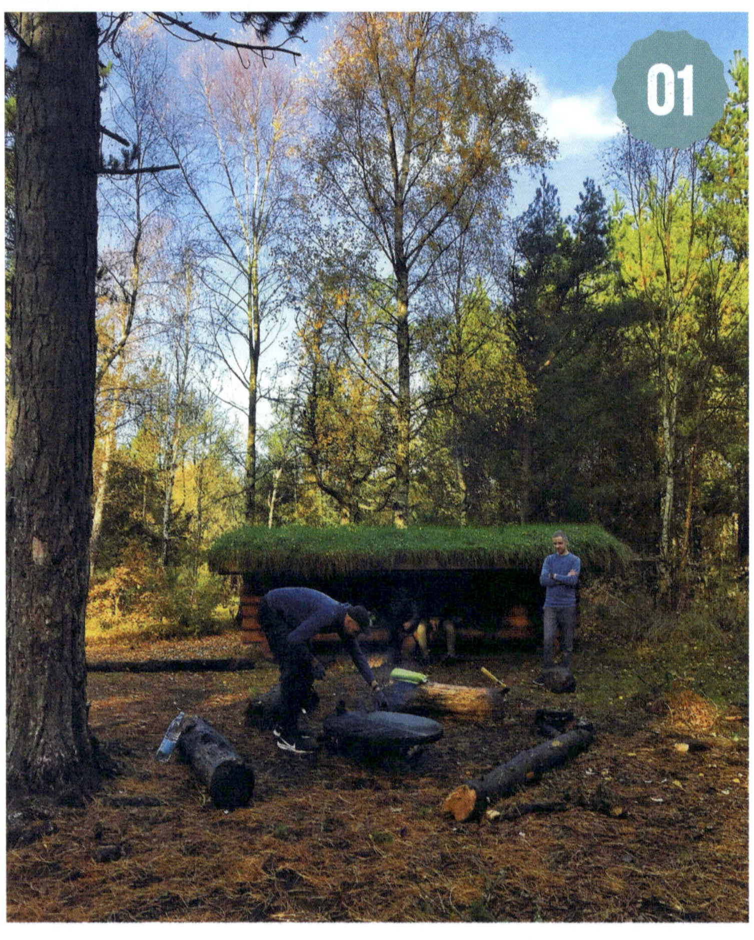

Die lichten und unberührten Landschaften um Skagen sind schon seit den 1870er-Jahren Kult: Damals zog es Künstler ins seinerzeit abgeschnittene Fischerdorf in Nordjütland – so entstand die Künstlerkolonie der Skagen-Maler. 150 Jahre später kann man sich hier, wo sich Dänemark mit Stränden, Dünen und sandigem Wald zur nördlichsten Spitze hin verjüngt, noch immer von der Natur inspirieren lassen.

Mitten im Wald verstecken sich die beiden Blockhütten mit Grasdach. Es gibt eine Feuerstelle, einen Wasserhahn und Zeltstellplätze. Wer möchte, kann für ein Lagerfeuer Totholz sammeln; sämtlicher Müll muss wieder mitgenommen werden. Ansonsten lenkt nichts vom Genuss dieser tollen Küstenlandschaft ab.

Auf der einen Seite wartet das Skagerrak, auf der anderen das Kattegat, beide gesäumt von blendend weißen Sandstränden, leicht zu erreichen zu Fuß oder per Drahtesel auf friedvollen, autofreien Wegen durch Wälder und Dünen. Zwei Kilometer entfernt befindet sich die teils vom Dünensand vereinnahmte „Versandete Kirche", dahinter das hübsche, kulturell quirlige Skagen und der nördlichste Punkt Dänemarks. Der Zeltplatz liegt direkt an der Nationalen Fahrradroute 1 von der deutschen Grenze bei Rudbøl bis nach Skagen. Die Hütten können nicht reserviert werden, aber es gibt fast immer genug Platz für alle.

KURZINFOS

Inmitten schöner Landschaft mit herrlichen Dünen und Kiefernwäldern nicht weit von der Nordspitze des Landes kann man in zwei Hütten mit Grasdach oder im eigenen Zelt nächtigen.

Wann: ganzjährig
Ausstattung: Feuerstelle, Leitungswasser (nur im Sommer)
Zugang: mit dem Fahrrad; Zug zum Bahnhof Frederikshavnsvej, 3,5 km nordöstlich
Kontakt: www.udinaturen.dk/shelter/4770, www.naturstyrelsen.dk

STAVEHØL SECRET CAMPING & GUESTHOUSE

BORNHOLM, HAUPTSTADTREGION

Stavehøl Secret Camping auf der Insel Bornholm ist wie eine Wüstenblume: Jährlich hat man nur einen kurzen Moment, um sie blühend zu erwischen. Aber in seiner „Blütezeit" zählt der Platz zu den reizendsten Campingplätzen ganz Dänemarks.

Dänemark ist ideal fürs Zelten, was das Campen besonders beliebt macht. Die Plätze sind daher leider oft groß und laut, das gilt vor allem auf der Touristeninsel Bornholm. Umso erfrischender ist dieses Gegenstück zur Ferienhektik. Es versteckt sich in einem Wald beim Fischerhafen Gudhjem an der Ostküste; große Wohnmobile und dichte Zeltreihen sind hier unbekannt. Stattdessen locken zwei schöne Rundzelte auf einer Wiese sowie eine Jurte. Die drei teilen sich ein Gemeinschaftsgebäude mit gut ausgestatteter Küche, einem behaglichen Sitzbereich an einem Holzofen und Bädern mit Solarduschen. Den Platz schuf das deutsch-englische Paar Phil und Katrin. Phil hat lange für die RSPB (Royal Society for the Protection of Birds) in England und Wales gearbeitet und leitet hier Exkursionen in die Natur, um seinen Gästen die Tiere Bornholms näher zu bringen. Mit Blumenwiesen, verwunschenen Lichtungen und einem versteckten Wasserfall verströmt die ganze Anlage das Flair eines britischen Naturschutzgebiets. Je nach Jahreszeit können die Gäste auch Obst pflücken; man kann Räder mieten, und der nächste Sandstrand ist nur knapp 3 km entfernt.

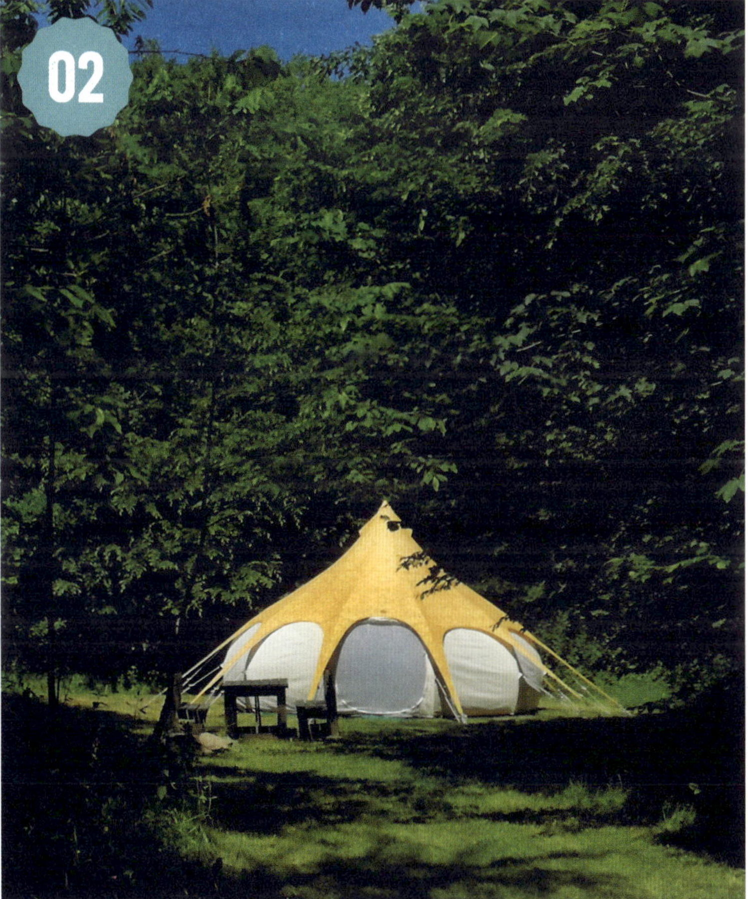

KURZINFOS

Dänemarks Sonneninsel Bornholm ist zwar ein Touristenmagnet, doch abseits des Trubels versteckt sich dieser Mini-Glampingplatz mit Blumenwiesen und Waldlichtungen.

Wann: Mitte Juni–Aug.
Ausstattung: Bettzeug, Strom, Küche, Dusche, Toilette, Müllentsorgung, Leitungswasser, WLAN
Zugang: mit dem Boot; Bus bis Østerslars Rondkirke, 1,4 km südwestlich
Kontakt: www.stavehol.dk

DET FLYDENDE SHELTER

SYDHAVNEN, KOPENHAGEN, HAUPTSTADTREGION

Es ist ein Irrglaube zu denken, Natur könne man nicht in der Großstadt erleben – manchmal ist es nur schwerer, sie aufzuspüren. Det Flydende Shelter (Die schwimmende Schutzhütte) ist solch eine Großstadtoase und bietet unvergessliche Nächte inmitten der Hafenlandschaft von Kopenhagen. Die Kopenhagener selbst lieben nichts mehr, als sich in den Wasseradern ihrer Stadt zu erfrischen, doch selbst sie kamen bis vor Kurzem nicht auf die geniale Idee, ein Holzfloß im Hafen zu verankern, um den Menschen diese Wasserwelt sowohl bei Tag als auch bei Nacht erlebbar zu machen.

Wie die Ozeanriesen am Horizont von der Küste aus unerreichbar zu sein scheinen, so wirken die schicken Uferviertel Kopenhagens von dieser schwimmenden Unterkunft aus weit entrückt vom eigenen Bewusstsein. Hier ändert sich der Blick auf die Dinge ganz von allein. Das Gewusel der Fußgänger weicht den Rufen der Seevögel, der Verkehrslärm versinkt in den plätschernden Wellen.

Das Floß hat einen offenen Raum mit Platz für vier Camper. Es gibt ein Plumpsklo und eine Plattform zum Relaxen und Kochen. Die Anreise erfolgt selbst organisiert per Kajak oder SUP-Brett.

KURZINFOS

Bei einer Nacht auf einem Holzfloß im Kopenhagener Hafen den Zauber der Natur auf sich wirken lassen – und das mit Ausblick auf eine der schönsten und vielfältigsten Hauptstädte Europas.

Wann: ganzjährig
Ausstattung: Toilette
Zugang: mit dem Kajak oder SUP-Brett; Bus bis Bådehavnsgade, Sydhavnsgade
Kontakt: www.detflydendeshelter.com

BÁTABÓLIÐ

SUÐUROY, FÄRÖER

Wie viele Insulaner sind auch die Färinger ein Seefahrervolk. Als Erstes wurden hier Boote gebaut und als Zweites wahrscheinlich ein Bootsschuppen. So finden sich auf diesen grünen, steilen Inseln überall Bootshäuser, Zeugnisse einer vergangenen Zeit, als man die Faröer nur übers Meer erreichte und vom Fischen lebte. Die meisten Bootshäuser sind heute verfallen oder beherbergen Freizeitboote.

Auf der südlichsten und abgeschiedensten Insel Suđuroy stehen an einer zerklüfteten Basalt-Landspitze südöstlich von Frođba noch solche Bootshäuser. Eines davon ist heute eine der originellsten Unterkünfte der Inselgruppe.

Im BátaBólid (Bootsbett) hängt zwischen den verwitterten Wänden eine Art Zelt. Mit seinen Rippen erinnert es an traditionelle färöische Fischerboote; die Zeltwände bestehen wie die Segel der alten Boote aus Wolle. Ansonsten wurde an dem Gebäude wenig verändert, damit die Gäste das Ambiente dieser vom Wetter gezeichneten, kulturell bedeutsamen Bauten spüren können. So erhält man eine Vorstellung von der rauen Seefahrt, die einst das Leben hier prägte. Die Insel Suđuroy ist etwas ganz Besonderes und spielt in der Kultur der Färöer eine wichtige Rolle – die majestätischen Klippen bei Lopra verewigte ein Dichter als „Schutzgeist des Landes".

KURZINFOS

Wer in diesem alten Bootshaus schlummert, fühlt sich bei jeder Bewegung an eine Schiffsfahrt erinnert. Dringen die nahen Wellen in die eigenen Träume, spürt man, wie wichtig das Meer für die Färinger immer noch ist.

Wann: Mai–Sept.
Ausstattung: Dusche, Toilette
Zugang: mit dem Fahrrad oder Auto oder zu Fuß; Fähre zum Anleger Krambatangi
Kontakt: www.neysting.com

TREELIFE SKYCAMP

NYKØBING FALSTER, FALSTER, REGION SEELAND

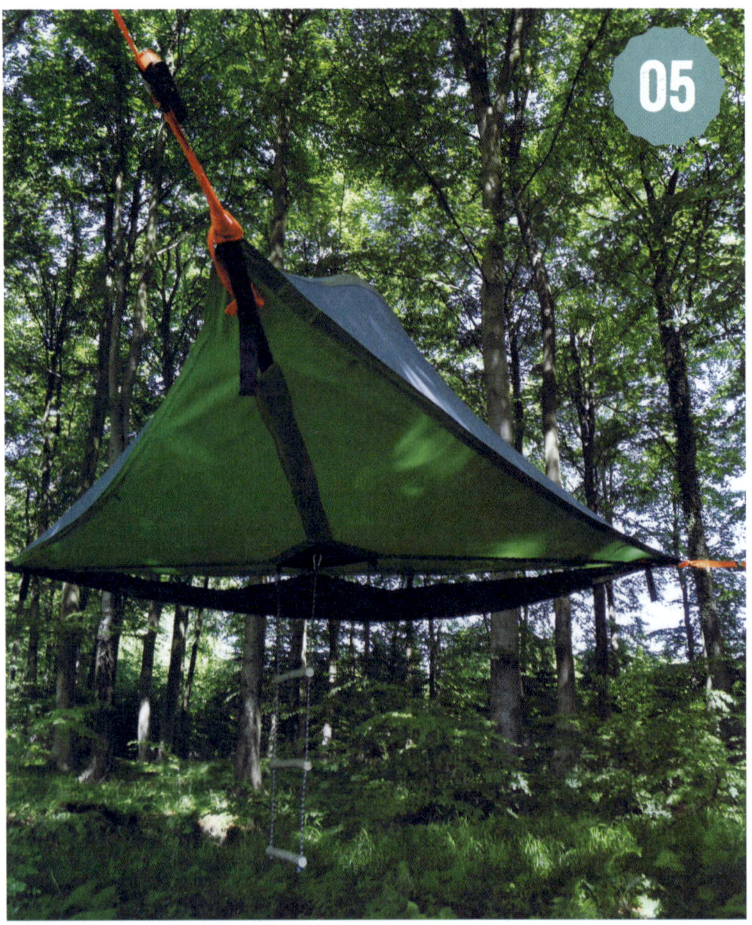

Diese in einem V-förmigen Waldstück bei Nykøbing Falster zwischen Baumstämmen aufgespannten Zelte bieten originelle Waldunterkünfte nur unweit von urbaner Kultiviertheit. So kann man durchs mittelalterliche Zentrum von Nykøbing Falster spazieren, dort speisen oder ausgehen und anschließend dennoch in der Stille des Waldes nächtigen. Die meisten Gäste ziehen es jedoch vor, die ganze Zeit im Wald zu verbringen.

Am Eingang zum Wald stellt man sein Auto ab, um dann auf Fuß- und Radwegen zum Treelife Skycamp zu gelangen – man folgt der grau markierten Route zur alten Sägemühle auf einer Waldlichtung. Sie ist ein cooler Teil des Campingplatzes mit Abstellplatz für Fahrräder und Sitzbänken. Doch wirklich herausragend sind die Baumzelte 1,5 m über dem Waldboden, zu erreichen über Leitern und mit genügend Platz für drei Erwachsene oder eine vierköpfige Familie. Den Campern steht alles zur Verfügung, was sie für die Nacht im Wald benötigen könnten, wie Geschirr, Kochtöpfe, Sägen und Äxte. Unten am Boden gibt's einen Lagerfeuerbereich und eine Terrasse fürs Sonnenbaden.

Pro Person kann eine Nacht hier fast doppelt so viel kosten wie auf normalen dänischen Zeltplätzen, doch im Treelife Skycamp zu übernachten, ist in vielerlei Hinsicht ein echtes Erlebnis!

KURZINFOS

In diesem wild anmutenden Waldstück vor den Toren der Stadt Nykøbing Falster nächtigen die Gäste in geräumigen schwebenden Baumzelten.

Wann: Juni–Okt.
Ausstattung: Feuerstelle, Dusche, Toiletten, Leitungswasser
Zugang: mit dem Auto oder Fahrrad oder zu Fuß; Bus bis Systofte Skovby, 2 km südlich
Kontakt: www.treelife.dk

MILLINGE KLINT SHELTERS

FALSLED, FÜNEN, REGION SÜDDÄNEMARK

Auf einer grasbewachsenen Lichtung im südlichen Fünen befinden sich, nur 50 m vom Meer entfernt durch den Wald, sieben rustikale Unterkünfte. Die hübschen, ein- bis dreistöckigen Schutzhütten ermöglichen es den Gästen, dieses ansonsten unscheinbare, aber idyllische Stückchen Küste zu genießen.

Die pechschwarzen Unterkünfte unmittelbar südlich des Küstenorts Falsled sind moderne Varianten alter Vorratshäuser von Fischern, was sich auch in ihren Namen wie Havtaske (Seeteufel) und Hornfiske (Hornhecht) ausdrückt. Durch zahlreiche kleine Bullaugen dringt Licht ins minimalistische Innere mit Schlafecken und Tischen; das Havtaske für neun Personen hat dazu eine Dachterrasse. Die Hütten teilen sich Toiletten, ein schickes Lagerfeuerhaus und steile Treppen hinunter zum Badesteg. Für die Übernachtungsgebühr steht eine Vertrauenskasse bereit. Schwimmer, Taucher und sonstige Wasserratten sind hier gerne zu Gast, aber auch Familien.

Camping ist nicht gestattet, dafür auf dem Falsled Strandcamping 1,5 km nördlich möglich. Den schönsten Ausblick der Gegend bietet der Trebjerg 7 km nordöstlich von den Millinge Klint Shelters. Von hier oben kann man einen Großteil des Inselmeers überblicken. Wem das Ganze gefällt: Die dänischen LUMO Architects haben an 18 anderen Orten im Südfünischen Inselmeer ähnliche Unterkünfte geschaffen.

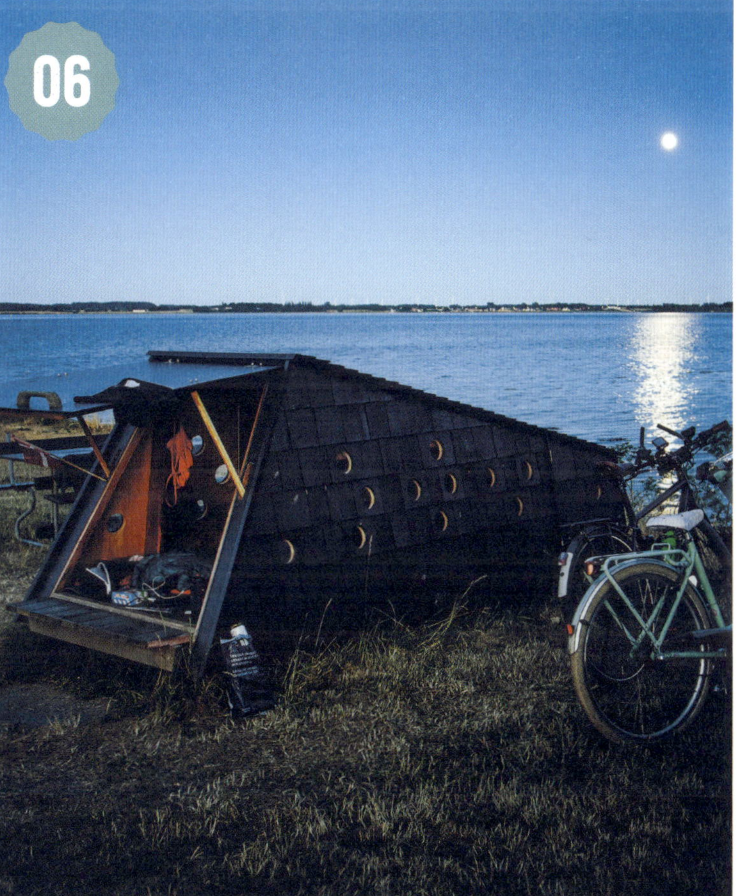

KURZINFOS

Diese sieben schicken Hütten nach dem Vorbild alter Fischerschuppen zeugen vom Potenzial der Inseln des Südfünischen Inselmeers als ländliche Refugien.

Wann: ganzjährig
Ausstattung: Feuerstelle, Toilette, Leitungswasser
Zugang: mit dem Auto oder Fahrrad oder zu Fuß; Bus bis Granvej/Assensvej, 1 km nördlich
Kontakt: https://bookenshelter.dk/fyn/shelterplads/millinge-klint

ISLAND

Island glüht vor vulkanischer Schönheit, zeigt sich mit Europas größten Eisfeldern aber auch von der kalten Seite – zu erleben in Wildnishütten oder auf naturnahen Campingplätzen.

Wann: Juni–Aug./Sept. (Camping/Hütten), Mai–Sept. (Glamping)
Beste Nationalparks: Vatnajökull-NP, Þingvellir-NP
Beste Fernwanderwege: Laugavegurinn (54 km), Kjölur-Route (47,5 km)
Wild zelten: illegal
Nützliche Adressen: Visit Iceland (www.visiticeland.com), Ferðafélag Íslands/Isländischer Wanderverein (www.fi.is)

Eine Reise nach Island ist nicht einfach nur ein Abstecher zu einem spektakulären Außenposten unserer Erde – es ist die Erkundung einer völlig anderen Welt. Spannende geothermische Phänomene, von sprühenden Geysiren bis zu bizarren Lavafeldern, gesellen sich zu Europas größten Eisflächen. Zu Recht trägt Island den Beinamen „Land von Feuer und Eis". Nicht weniger abwechslungsreich zeigt sich die Farbpalette des Landes, mit stahlblauen Bergseen, berauschend grünem Heidemoos, Gestein in surrealen Regenbogenfarben und himmlischem Polarlicht.

Diese außerirdisch wirkenden Landschaften zu erkunden ist ein echtes Erlebnis. Oft erfolgt dies im Rahmen mehrtägiger Touren, sodass man gezwungen ist, in der Wildnis zu nächtigen. Daher gibt's in dieser Landschaft von wilder Schönheit jede Menge Hütten und Zeltplätze.

Der Winter ist lang und der Sommer kurz, aber schön – das Zeitfenster für den Besuch dieses Landes hoch im Norden ist knapp, lohnt aber garantiert die Reise.

WILD ZELTEN

Wildes Zelten ist verboten und wird kontrolliert. Halb so schlimm, denn das Zelten auf Campingplätzen wirkt oft fast ebenso wild, z. B. auf den extrem einfachen Naturpur-Plätzen im Naturschutzgebiet Hornstrandir (S. 73).

AUSRÜSTUNG

Im Outdoorladen Fjallakofinn (www.fjallakofinn.is) in Reykjavík kann man auch Ausrüstung leihen. Das Kartenmekka Islands ist Mál og menning; der Laden in Reykjavík verkauft Karten im Maßstab 1:50 000. Für die Wildniswanderwege sehr warme, wasserdichte Kleidung und gute Navigationshilfen mitnehmen! Für Gletscherwanderungen gehören auch Wanderstöcke, Steigeisen und Helme ins Gepäck. Viel Protein enthalten z. B. *harðfiskur* (luftgetrockneter Fisch) und *rúgbrauð* (Roggenbrot), traditionell gebacken im Boden neben Geysiren!

SICHERHEIT

Gefährlich sind Gletscher (man kann in Spalten stürzen oder ausrutschen), Vulkane (Aktivität vor Ort checken!) und heiße Quellen (Verbrennungsgefahr!). Island ist deutlich abgeschiedener als der Rest Europas – Hilfe kann also sehr weit weg sein. Ungewohntes Terrain wie Eis nur mit versierten Führern erkunden! Und daran denken, dass sich Bergstraßen nur für Allradfahrzeuge eignen!

SPARTIPPS

Island ist teuer, besonders da viele Highlights nicht mit öffentlichen Verkehrsmitteln zu erreichen sind.

Schwarze Sanddünen auf der Stokksnes-Landspitze, Südostisland (links); vor einem der vielen Wasserfälle Islands (unten)

Am besten konzentriert man sich auf wenige Regionen, statt alle Hotspots abzuklappern. Zeltplätze und Wildnishütten sind billig. Mit der isländischen Campingkarte (www.utilegukortid.is) genießt man auf vielen Plätzen Ermäßigungen.

DIE BESTEN REGIONEN

Das Hochland
Ein wundervoller Abenteuerspielplatz mit riesigen Gletschern, heißen Quellen, bunten Bergen, tollen Wanderwegen und spannenden Unterkünften.

Nordisland
Wasser (Tiefseebuchten, Europas mächtigster Wasserfall) und geothermische Landschaften (Lavafelder, blubbernde Schlammtöpfe) beherbergen echte Naturwunder; für Luxus sorgen Glampingplätze.

Die Westfjorde
Weit entfernt vom Touristentrubel erstrecken sich die wilden Halbinseln der Westfjorde bis zum Naturschutzgebiet Hornstrandir mit rauen Wanderwegen und Zeltplätzen. Grönland ist so nah, dass manchmal auf dem Packeis Eisbären vorbeischauen.

HVÍTÁRNES

HVITARVATN, HOCHLAND, SÜDISLAND

Das isländische Hochland erfüllt sämtliche Vorstellungen, die man vom Hochland haben kann: Es ist karg, mit steinigen Ebenen, auf denen nur Gras wächst, und mit eisblauen Seen vor einer gletschergeschmückten Bergkulisse. Und genau so sieht es auf dem Weg zu Islands ältester Berghütte Hvítárnes aus. Dem zweistöckigen Haus gilt die besondere Zuneigung isländischer Naturfreunde – wegen ihres Alters (erbaut 1930), ihres Flairs und ihrer Lage mit einem grandiosen Ausblick über den See Hvitarvatn zum Langjökull-Gletscher, dem zweitgrößten des Landes.

In der Hütte haben 30 Personen Platz. Es gibt eine kleine Küche, dazu draußen Toiletten und jede Menge Platz zum Zelten (Juni–Sept.). Gratiszugabe sind die Hüttengeister!

Die meisten Wanderer kommen am Anfang oder Ende der 48 km langen, uralten Kjölur-Route hier vorbei, die schon in den isländischen Sagas auftaucht. Der Weg führt von hier zum Geothermalgebiet Hveravellir mit heißen Quellen und einem Badebecken – toll zum Entspannen nach der Wanderung!

Wolken können oft die Sicht auf das unwirklich anmutende Hochland vernebeln, doch bei klarem Wetter ist Island nirgends schöner als hier. Nur erfahrene Wanderer sollten in der Hvítárnes-Hütte nächtigen, und dann mit voller Ausrüstung: Zelt, Schlafsack und Proviant. Notfallhilfe gibt's erst wieder 45 km südwestlich im Hotel Gullfoss.

KURZINFOS

Islands erste Wildnishütte und ihr Zeltplatz befinden sich in atemberaubend karger Umgebung: auf einer windgepeitschten Ebene mit Blick auf den zweitgrößten Gletscher des Landes, den Langjökull.

Wann: ganzjährig
Ausstattung: Heizung (Holz), Küche, Toilette, Leitungswasser
Zugang: zu Fuß; Bus bis SBA Nordurleid, 8 km südwestlich
Kontakt: www.fi.is

Das Polarlicht

Willkommen zur tollsten Himmelsshow der Welt! Das Polarlicht bietet ein unvergessliches Spektakel: Plötzlich verändert sich der Himmel und das Licht tanzt in grünen und manchmal auch rosa, lila und weißen Schleiern.

Das Polarlicht (Aurora borealis) ist so zauberhaft, dass das indigene Volk der Samen bei seinem Anblick still verharrt. Einige glauben, dass es sich bei dem Licht um die Geister von Vorfahren handelt. Die finnische Bezeichnung *revontulet* (Fuchsfeuer) bezieht sich auf die Legende, dass das Licht entstand, als ein Polarfuchs durch Schnee lief und Funken gen Himmel sandte.

Doch das Ganze ist keine Zauberei, sondern Physik: Sonnenwinde bringen Sonnenteilchen mit sich, die mit dem Magnetfeld der Erde kollidieren. Mysteriös ist das Phänomen dennoch – man weiß nie, wann oder wo es auftritt. Die besten Chancen bestehen von Dezember bis März zwischen 18 und 1 Uhr im „Polarlichtgürtel" der Arktisregionen. Geeignet sind also Nordnorwegen, Island, Finnisch- und Schwedisch-Lappland, mit Glück vielleicht auch Schottland und die Färöer.

Schlüssel zum Erfolg sind die Wetterbedingungen: klarer Himmel, kaltes, trockenes Wetter und keine Lichtverschmutzung. Je mehr Aktivität sich am Himmel zeigt, desto weiter südlich treten die Lichter auf. Man suche sich also ein dunkles Plätzchen und warte. Regionale Polarlicht-Vorhersage-Apps und -Karten informieren über das mögliche Auftreten, ebenso wie die Nordlicht-App My Aurora Forecast. Für tolle Fotos benötigt man eine lange Belichtungszeit (3–25 Sek.), hohe ISO-Einstellung und ein Stativ. Blitzlicht? Nein, das gibt's schon am Himmel …

ÞAKGIL
SÜDISLAND

Auf einer Schotterpiste geht's hinauf in die grünen Berge bis zu dem Punkt, kurz bevor sich die steilen, gezackten Hänge in ein felsiges Tal verjüngen. Hier befindet sich auf erbsengrünem, ebenem Grund der Campingplatz Þakgil. Er ist zwar einer der größten Islands, aber bei Weitem nicht der vollste, sodass man mühelos seinen Traumstellplatz findet. Am coolsten ist die in einen Speiseraum umgewandelte Höhle, wo das Essen bei Kerzenlicht jede Menge Flair bietet.

Es werden auch Hütten vermietet, jeweils mit Platz für vier Personen sowie einfacher Küche mit Herd. Aber die phänomenalen Bergblicke genießt man am besten beim Zelten. Die Berge schützen den Platz außerdem vor den starken Winden, die ansonsten die meisten Zeltplätze Islands heimsuchen.

Von hier führen Wanderwege hoch zu isländischen Naturschätzen wie der Remundargil-Schlucht und dem viertgrößten Eisfeld Islands, dem Mýrdalsjökull am aktiven Vulkan Katla. Die Kombination aus herrlichem Zeltplatz und tollen Wandermöglichkeiten direkt vor der Zelttür machen diesen Platz zu einem der besten des ganzen Landes.

KURZINFOS

Wo sich die Berge unterhalb des Mýrdalsjökull-Gletschers zusammenschieben, befindet sich ein letztes Stück ebenes, geschütztes Grün – hier liegt der Campingplatz Þakgil mit seinen Hütten.

Wann: Juni–Sept.
Ausstattung: Grill, Strom, Dusche, Toilette, Müllentsorgung, Leitungswasser
Zugang: mit dem Auto oder Fahrrad; Bus nach Vik, 20 km südwestlich
Kontakt: www.thakgil.is

SKAELINGAR

SKAELINGAR-TAL, HOCHLAND, SÜDISLAND

Die bizarren bauchigen Basaltfelsen, die im stillen, moosgrünen Skaelingar-Tal wie Wachposten verteilt sind, bekommt man an Land normalerweise selten zu sehen. Sie sind aus dem Zusammentreffen von Lava und Wasser entstanden und eigentlich nur auf dem Meeresboden zu finden. Die Felsformationen rund um die Skaelingar-Berghütte verleihen der Szenerie etwas Geheimnisvolles. Die einstige Schäferhütte wurde in den 1990er-Jahren im traditionell isländischen Stil restauriert, sodass heute mit Gras überzogene Mauern den modernen, beheizten Holzkern umziehen. Hier darf auch gezeltet werden – perfekt!

Die Landschaft ist zwar karg, doch einige echte Naturwunder sind per Wanderung zu erreichen, wie die Eldgjá, die größte Vulkanschlucht der Welt. Außerdem liegt Skaelingar an der Südwestflanke des Vatnajökull-Nationalparks mit Europas größtem Gletscher. Nur eine Mountainbike-Tagestour entfernt erstreckt sich das herrliche Wanderrevier Friđland ađ Fjallabaki. Hier recken sich die Berge grün, blau, gelb und rosa in die Lüfte und verbergen sich mehrere heiße Quellen. Sämtliche Ausrüstung zum Übernachten mitnehmen!

KURZINFOS

In einer alten Schäferhütte inmitten fantastischer Felsformationen oder im eigenen Zelt schlummern, zwischen dem grandiosen Vatnajökull-Nationalpark und dem herrlichen Naturschutzgebiet Fjallabak.

Wann: Juni–Aug.
Ausstattung: Toilette, Wasser (Bach, muss evtl. entkeimt werden)
Zugang: mit dem Allradfahrzeug oder Fahrrad; Bus bis Kirkjubæjarklaustur, 68 km südöstlich
Kontakt: www.nat.is

ORIGINAL NORTH
NORDOSTISLAND

Island zählt zweifellos zu den wildesten Adressen Europas, doch um in einem Zelt inmitten all der Naturgewalt zu nächtigen, muss man kein draufgängerischer Abenteurer sein – das beweist Original North. Diese stattliche Ansammlung von Zelten befindet sich am grünen Ufer des Gletscherflusses Skjálfandafljót, dessen glitzernde Arme sich durch ein weites, leeres Tal im Norden ziehen. Zwar liegt der Platz selbst abseits des Touristenrummels an einem Weg, doch gleichzeitig auch nicht weit vom „Diamantkreis", einer beliebten Touristenroute an der Nordküste entlang, vorbei an glitzernden Seen, Vulkankratern, bunten Bergen, blubbernden Schlammlöchern, gewundenen Lavafeldern und Europas mächtigstem Wasserfall.

Die Zelte verfügen über Strom, Heizung und bequeme große Doppelbetten mit Heizdecken und sind 23 bzw. 46 m^2 groß. Toiletten und Duschen sind nur ein kurzes Stück entfernt. Das inbegriffene Frühstück wird in einer renovierten Scheune serviert, wo auch Getränke und kleine Speisen erhältlich sind. Eine Überraschung in der Wildnis ist das schnelle WLAN. Wer hier nächtigt, kann auch von den Highlights am Diamantkreis abbiegen und etwa an einer organisierten E-Bike-Tour Richtung Süden in den Fosselsskógur-Wald teilnehmen. Oder man begibt sich im September auf die Suche nach dem Polarlicht.

KURZINFOS

In einer rauen, abgeschiedenen Ecke Islands im Zelt schlafen, aber mit all dem Glampingluxus wie WLAN und angeschlossenem Café.

Wann: Juni–Sept.
Ausstattung: Grill, Bettzeug, Strom, Heizung (elektrisch), Toilette, Müllentsorgung, Leitungswasser, WLAN
Zugang: mit dem Auto oder Fahrrad; Bus bis Aðaldalsvegur, 12 km nördlich
Kontakt: www.originalnorth.is

NATURSCHUTZGEBIET HORNSTRANDIR

WESTFJORDE

Wer das Leben am Rande Westeuropas kennenlernen möchte, der ist auf der Halbinsel mit dem Naturschutzgebiet Hornstrandir, vom Rest der Region Westfjorde durch tiefe Fjorde beinahe abgeschnitten, genau richtig. Hierherzukommen ist umständlich: Man fliegt von Reykjavík nach Ísafjörður, nimmt dann ein Boot (nur Juni–Aug., am besten vorher buchen) in die himmelblauen Meeresbuchten des Veiðileysufjörður oder Hesteyrafjörður und marschiert den Rest zu Fuß.

Das karge, 570 km² große Schutzgebiet aus grüner, von Felsen gesäumter Tundra sowie Schnee und Gletschern, eingeschnitten von schmalen Buchten, ist kaum bewohnt, dafür ist es ein Paradies für Polarfüchse und Seevögel, die sich in den gigantischen Klippen versammeln. Grönland ist so nah, dass zuweilen Eisbären auf dem Packeis hierhergelangen.

Und wo schläft man? Im eigenen robusten Zelt! Erfahrung mit dem Übernachten in der Wildnis ist notwendig. Zelten darf man nur auf ausgewiesenen Plätzen; meist gibt's nur eine Trockentoilette und eine Wasserquelle. Die beliebtesten Plätze sind an der Hornvík-Bucht und am Hornbjargsviti-Leuchtturm. Die mehrtägige Wanderung muss genau geplant werden: Das Wetter kann hier oben extrem sein, die Wege sind teils nicht gut zu finden, und die letzte Wanderetappe muss dort enden, wo ein Boot in die Zivilisation zurückführt.

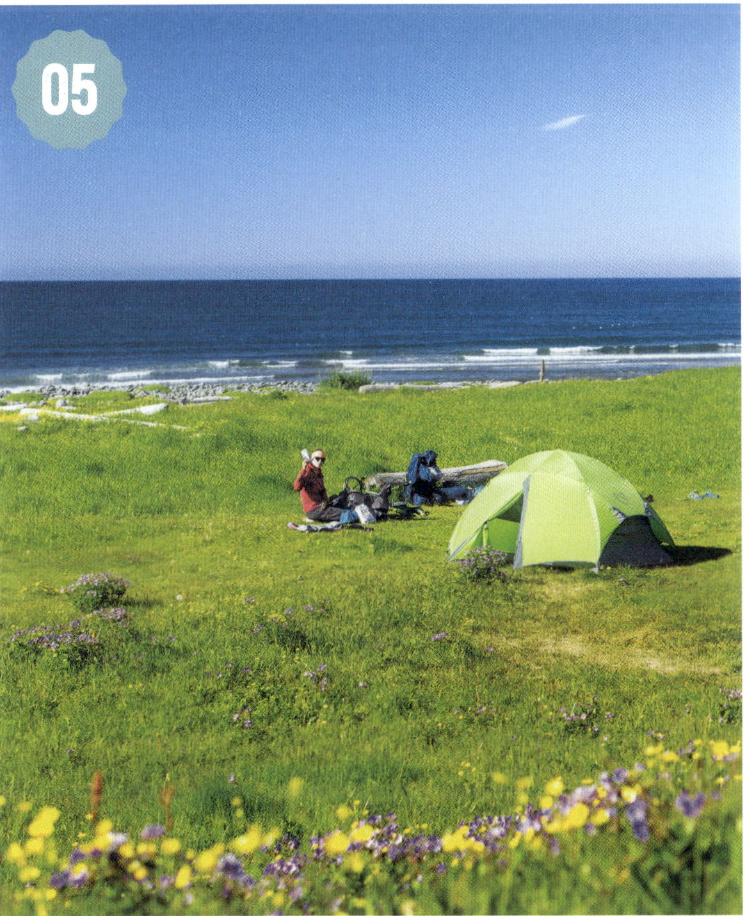

KURZINFOS

Polarfüchse und auch Eisbären fühlen sich hier wohl, aber ansonsten ist man allein mit der Tundra und den Felsen, Gletschern und Fjorden – willkommen in Islands einsamster und nördlichster Ecke!

Wann: Juni–Aug.
Ausstattung: Toilette, Wasser (Hahn oder Bach, muss evtl. entkeimt werden)
Zugang: mit dem Boot, dann zu Fuß; Flugzeug zum Flughafen Ísafjörður, 30 km südlich
Kontakt: www.nat.is/camping-in-iceland

SCHOTTLAND

Schottlands Highlands und Lowlands sowie die drittlängste Küste Europas bezaubern mit tollen Abenteuern wie Bergbesteigungen, Hüttenaufenthalten und wildem Zelten.

Wann: März–Okt. (Camping); ganzjährig (Glamping/*bothies*/wild zelten)
Beste Nationalparks: Cairngorms NP, Loch Lomond & the Trossachs NP
Beste Fernwanderwege: Southern Upland Way (344 km), West Highland Way (154 km), Cape Wrath Trail (330 km)
Wild zelten: legal
Nützliche Adressen: VisitScotland (www.visitscotland.com), Mountain Bothy Association (www.mountainbothies.org.uk)

Die Liebe der Schotten zur freien Natur prägt auch ihre Kultur. Das schottische Gälisch verfügt über ein Dutzend Wörter allein für die Hügel und Berge der Wildnis. Dann gibt es da noch die *Munro-baggers*, ein typisch schottischer Schlag von Abenteurern, die dem Vorhaben nachjagen, alle Berge Schottlands über 3000 Fuß (910 m) Höhe zu besteigen. In einsamen Gegenden stehen *bothies*, einst vergessene Bauten, die inzwischen in kostenlose Wildnisunterkünfte verwandelt wurden. Außerdem ist Schottland der einzige Teil Großbritanniens, in dem man überall wild zelten darf.

Wo also anfangen? Zur Wahl stehen z. B. herrliche Tieflandwälder, paradiesische Inselküsten und zerzauste Hochlandmoore. Überall gibt's Wanderwege, und die Mountainbikerouten 7Stanes in Südschottland sind vielleicht die besten Europas. Dazu kommen über 500 Berge und 18 670 km Küste zum Baden und Kajaken – nicht zu vergessen die 30 000 Frischwasserseen, die *lochs*. Schönheit und Vielfalt des Landes sind einfach umwerfend!

WILD ZELTEN

Wildcamper müssen in Schottland nur wenige Regeln befolgen: Abseits von Straßen und Gebäuden und nicht auf eingezäunten Acker- und Weideflächen zelten; nur in kleinen Gruppen; an einem Ort höchstens drei Nächte bleiben; Exkremente vergraben und Urinieren nur mit mindestens 30 m Abstand von offenen Gewässern; nichts hinterlassen als die eigenen Fußabdrücke.

AUSRÜSTUNG

Outdoorsachen bietet z. B. die schottische Kette Tiso, die in größeren Städten wie auch in Aviemore vertreten ist. Karten der Reihe Orange OS Explorer decken das Land im Maßstab 1:25 000 ab. Gegen die vielen Mücken helfen Insektenschutzmittel und Netze, bei Flussdurchquerungen in der Wildnis Gummischuhe. Die oft süße, schwere schottische Kost ist perfektes Wanderfutter, ebenso wie Porridge zum Frühstück und Whisky im Flachmann zur Stärkung.

SICHERHEIT

Hier locken die zum Teil einsamsten Landschaften Europas – also ist Umsicht geboten. Der Himmel zieht sich oft schnell zu, sodass Wege verschlammen und schwer zu finden sind. Die Hochlandmoore zählen zu den größten Europas und stellen für Wanderer ein Risiko dar. Seekajaker sollten wissen, dass das Meer um Schottland herum sehr rau sein kann. Und überall gibt's Mücken!

SHETLAND CAMPING BÖDS (14)
SANDWOOD BAY (13)
CLACHAN SANDS CAMPING AREA (11)
FISHERFIELD FOREST (12)
LOOKOUT (10)
THE BEERMOTH (6)
HUTCHISON MEMORIAL HUT (7)
TAHUNA BOTHIES (5)
COIRE GABHAIL (8)
THE TROSSACHS (4)
FIDDEN FARM (9)
RUBERSLAW WILD WOODS CAMPING (1)
MARTHROWN OF MABIE (2)
BALLOCH O' DEE (3)

In Schottland ist wildes Zelten erlaubt (ganz oben); außerdem ist das Land die Heimat der *bothies* (oben)

SPARTIPPS

Außerhalb der Hochsaison im Juli/August fallen die Preise erheblich. In Zügen spart man mit dem Britrail-Pass (www.britrail.com), in Bussen mit den Citylink-Explorer-Pässen (www.citylink.co.uk). In der freien Natur sind *bothies* fast immer kostenlos.

DIE BESTEN REGIONEN

Südliches Schottland

Die Berge und Täler bieten die besten Möglichkeiten zum Mountainbiken in Schottland, dazu jede Menge Wanderwege und tolle wilde Campingplätze.

Innere Hebriden

Zu den Highlights auf den 79 reizenden Inseln vor der schottischen Westküste zählen die einsamen Sandstrände auf Mull und die einzigartigen Vulkangipfel auf Skye.

Nordwestliche Highlands

In den abgeschiedensten Gegenden des Landes locken Wanderwege wie der harte Cape Wrath Trail (330 km). In der einsamen Moor-, Berg- und Küstenlandschaft stellen *bothies* und wildes Zelten gute und auch die einzigen Übernachtungsmöglichkeiten dar.

RUBERSLAW WILD WOODS CAMPING

HAWICK, SCOTTISH BORDERS

Man muss nicht unbedingt die schottischen Highlands ansteuern, um verlassene Landschaften zu entdecken – die beginnen bereits gleich hinter der Grenze mit den kargen Gipfeln der gelb-grünen Teviot Hills über bewaldeten Flusstälern. Vor Jahrhunderten war diese wilde Gegend Heimat der berüchtigten Border-Reivers-Banditen – die sind zwar schon lange weg, doch das Land wirkt noch immer recht ungezähmt, z. B. in den Ruberslaw Woods, einem 200-ha-Anwesen mit bewaldeten Hügeln, von denen die Camper auf den kargen Berg Rubers Law und das Hochland dahinter blicken.

Die Gäste können in geräumigen Safarizelten mit großer Veranda, Küche, Gasheizung und Bettzeug nächtigen, doch besonders schön sind die normalen Zeltplätze. Im ummauerten edwardianischen Garten befindet sich The Hub, ein überdachter Gemeinschaftsbereich mit Küche, Feuerstelle, Touristeninfo und Kiosk, sowie ein Croquet-Rasen. Oder man bevorzugt es noch naturnäher in abgelegeneren Waldstücken mit simpler Einrichtung wie Feuerstelle, Wasserhahn und Kompostklo. Vom Zelt blickt man auf farnbewachsene Moore, sanfte Hügel und weite Täler. Und wer die Plätze Castle View oder Minto View ergattert, schaut direkt auf das einstige Border-Reivers-Bollwerk Fatlips Castle. Dies ist auch tolles Wanderterrain; der Borders Abbeys Way führt ganz in der Nähe vorbei.

KURZINFOS

Zelten im stillen ummauerten Garten oder oben im unberührten Wald inmitten spannender Hügellandschaften und jeder Menge schöner Wanderwege.

Wann: März–Okt.
Ausstattung: Feuerstelle, Küche, Dusche, Toilette, Müllentsorgung, Leitungswasser
Zugang: mit dem Fahrrad oder Auto oder zu Fuß; Bus zum Eastlea Drive, Denholm
Kontakt: www.ruberslaw.co.uk

MARTHROWN OF MABIE

MABIE FOREST, DUMFRIES AND GALLOWAY

Die Region Dumfries and Galloway mit ihrer von Stränden gesäumten Küste und den weiten Wäldern im Landesinneren bietet zahlreiche reizvolle Camping- und Glampingplätze, doch nur wenige stechen als besonders ungewöhnlich heraus. Eine Ausnahme bildet zweifellos Marthrown of Mabie.

Diese waldigen Unterkünfte oben im düsteren Mabie Forest inmitten eines Labyrinths von Wegen, u. a. mit einem der tollen südschottischen 7Stanes-Mountainbike-Zentren (S. 85), sind wirklich eine skurrile, doch zauberhafte Zusammenstellung: mit Schlafbaracke, mongolischen Jurten, einem Tipi, Wildzeltbereich auf einer Waldlichtung und – als Highlight – dem so gut wie einzigen rekonstruierten Rundhaus der Eisenzeit in Europa, das sich für Übernachtungen buchen lässt.

Hier können sich Gäste wie Jäger und Sammler fühlen (oder zumindest, als würden sie in einer *Game of Thrones*-Kulisse nächtigen). Einfach am Lagerfeuer versammeln und die Natur die Regie übernehmen lassen. Fast alles scheint aus grob behauenen Balken zu bestehen, und für's hellste Licht sorgen die Sterne. Sämtliche Aktivitäten dienen der Entschleunigung, ob Himmelsbeobachtung, finnische Sauna, entspannen im Whirlpool oder auch wandern und biken in einem heimischen Laubwaldabschnitt mit Schottlands größtem Schmetterlings-Schutzgebiet. Wer sich traut, vergnügt sich im Hochseilgarten.

 **KURZINFOS**

Zelten, Glamping in Tipi oder Jurte oder Übernachten in einem einzigartigen keltischen Rundhaus inmitten eines Waldes mit erstklassigen Mountainbike-Trails.

Wann: ganzjährig
Ausstattung: Grill, Bettzeug, Feuerstelle, Heizung (Holz), Küche, Dusche, Toilette, Leitungswasser, WLAN
Zugang: mit dem Fahrrad; Bus nach Goldielea, 5,5 km nördlich
Kontakt: www.marthrownofmabie.com

BALLOCH O' DEE

NEWTOWN STEWART, DUMFRIES AND GALLOWAY

Trotz des anders anmutenden Namens erwartet Besucher der schottischen Lowlands hohes Bergland. Und der Campingplatz Balloch O' Dee schmiegt sich mitten hinein. Das moorige Hochland macht den Eindruck, als hätten die Menschen es trotz aller Bemühungen nie zähmen können. Hier und da findet sich eine Trockenmauer, aber der kahle Bergkamm des Massivs dahinter blieb unberührt.

Die Platzbetreiber James und Hazel haben einen wunderschönen Campingplatz am Puls der Natur geschaffen. Es gibt 1,6 ha an Zeltstellplätzen sowie zwei niedlich eingerichtete Wohnwagen, das abgeschiedene Roundhouse und zwei luxuriöse, aber rustikale Unterkünfte: das Bothy und das Ranch House. Auf dem Zeltplatz können Gäste frei kampieren. Für Lagerfeuer sind zahlreiche Feuerstellen vorhanden, fürs Baden ein Flüsschen.

Hier könnte man ewig verweilen, doch es gibt viel zu erkunden: die Galloway Hills mit tollen Wegen; Schottlands längsten Wanderweg, den Southern Upland Way; ein bekanntes 7Stanes-Mountainbike-Zentrum (S. 85); und den Galloway Forest Park, Großbritanniens größten Waldpark und seine erste Dark Sky Reserve.

KURZINFOS

Auf diesem schönen Platz in der einsamsten Landschaft der schottischen Lowlands können Gäste ihr eigenes Zelt aufbauen oder in einer von fünf Unterkünften mit festeren Wänden nächtigen.

Wann: ganzjährig
Ausstattung: Grill, Feuerstelle, Strom, Küche, Dusche, Toilette, Müllentsorgung, Leitungswasser
Zugang: mit Fahrrad oder Auto oder zu Fuß; Bus zum Halfway House, 5,25 km südlich
Kontakt: www.ballochodee.com

Bothies

Die britischen *bothies* bieten nicht nur Unterkünfte in toller einsamer Lage, sondern bilden auch eine faszinierende Facette der Geschichte der Region.

Hütten in der Wildnis gibt's in mehreren Ländern, doch die britische Version ist wirklich einzigartig. Warum? *Bothies* sind weltweit das einzige Netz aus Schutzhütten mitten im Nirgendwo. Ursprünglich dienten diese Gebäude jedoch ganz anderen Zwecken.

Bothies findet man v. a. in Schottland, vereinzelt auch in England und Wales. Sie verteilen sich auf abenteuerliches Terrain und bieten Fernwanderern und Radlern trockene Unterkünfte zum Schutz vor den Elementen.

Zu den einzigartigsten zählen der Lookout (S. 87) auf Skye in einem ehemaligen Posten der Küstenwache und Kearvaig am Cape Wrath, eine frühere Jagdhütte an einem eigenen Strand. Auch alte kleine Bauernhäuser, Schulhäuser und Kirchen fungieren heute als *bothies*.

Bothies haben ein Dach und vier Wände, gewöhnlich eine Schlafplattform und einen Herd, aber sonst fast nichts – doch nach einer langen Tour bei rauem Wetter wirken sie sehr einladend. Die meisten werden von der Mountain Bothies Association (MBA; www.mountainbothies.org.uk) unterhalten und können kostenlos genutzt werden. Dafür müssen die Gäste die Häuschen so verlassen, wie sie sie vorgefunden haben, z. B. verbrauchtes Feuerholz ersetzen und allen Müll mitnehmen. Sämtliche Regeln sind in den MBA-*bothies* angeschlagen; die Lage der *bothies* ist auf der MBA-Website verzeichnet.

Bothies können nicht reserviert werden. Wer schon da ist, versucht, Platz für Neuankömmlinge zu schaffen, doch eine Garantie auf einen Schlafplatz hat man nicht, also Campingausrüstung mitnehmen! In jedem Fall braucht man eine Taschenlampe (kein Strom!), Kochutensilien (keine Küchen!) und Toilettenpapier (keine Klos!).

THE TROSSACHS

LOCH LOMOND & THE TROSSACHS NATIONAL PARK, STIRLING

Die hellgrüne Weite aus *glens* (Tälern), *lochs* (Seen) und Bergen des Loch Lomond & The Trossachs National Park befeuert schon seit über zwei Jahrhunderten die Fantasie. Walter Scott, ein Romancier des 19. Jhs., war so fasziniert von den Trossachs, dass er ihnen die beiden Werke *Lady of the Lake* und *Rob Roy* widmete. Rob Roy MacGregor war ein echter Gesetzloser der Trossachs, der diese Landschaft noch immer mit Geschichte belebt. Doch am schönsten sind hier, an der Grenze zwischen dem Tief- und Hochland Schottlands, sicher die ständigen wundervollen Ausblicke auf die Berge – bestes Beispiel für die typisch schottischen Highlands.

Hier kann man an den Ufern von zwanzig *lochs* oder in den rauen Mooren und Wäldern dahinter fantastisch campen. Eine schöne Einführung ist der Three Lochs Forest Drive (März–Sept.): Die reizende, 11 km lange Strecke führt an drei bewaldeten Seen vorbei und bietet naturnahe Campingplätze mit einfachen (Toilette, Leitungswasser), aber gepflegten Einrichtungen. Außerdem kann man wild zelten, z. B. am Loch Katrine. Auf der Campingkarte des Nationalparks sind Camping Management Zones ausgewiesen: In diesen Gebieten benötigen Camper von März bis September eine Erlaubnis.

Durch die tolle Landschaft führt der Great Trossachs Way von Callander zum Loch Lomond, wo er auf den West Highland Way trifft.

KURZINFOS

Das dunstige, seenreiche und bewaldete Hochland der Trossachs ist eine zauberhafte Miniaturausgabe der schottischen Highlands – zu erleben auf einem naturnahen Campingplatz oder beim wilden Zelten.

Wann: ganzjährig
Ausstattung: Wasser (muss evtl. entkeimt werden)
Zugang: zu Fuß oder per Rad; Bus nach Callander (ab Stirling) und Aberfoyle (ab Glasgow und Stirling)
Kontakt: www.lochlomond-trossachs.org

TAHUNA BOTHIES

NEWBURGH, ABERDEENSHIRE

Wer an der schottischen Ostküste unterwegs ist, dem wird klar, warum sich Golf hier zu allererst auf der Welt großer Beliebtheit erfreute. Diese Küste ist eine ununterbrochene Abfolge von Sandstränden und Dünen mit flachen und sanft abfallenden Rasenflächen dahinter, als ob Mutter Natur die Golf-Greens persönlich angelegt hätte. So ist es auch in Newburgh, einem Dorf am Ythan Estuary mit Blick auf Europas größte Dünenlandschaft. Diese Gegend lockt Golfer an; hier liegt einer der besten Plätze in Aberdeenshire, doch es gibt auch anderes zu sehen: bedeutende Seeschwalben- und Eiderentenkolonien und eine beträchtliche Robbenpopulation – toll für Naturfreunde! Und wer stahlblaues Meer, ockerfarbene Sandhügel und wirren Sandhafer mag, für den sind die Tahuna Bothies genau richtig.

Die drei Unterkünfte sind schicke Variationen schottischer *bothies:* kompakte Birkenholzhäuschen mit bodentiefen Fenstern mit Blick auf Dünen und See, netten kleinen Küchen und darüberliegenden Schlafbereichen. Sie verteilen sich auf einer Wildblumenwiese nicht weit vom Meer, den Dünen, den Seevögeln, den Robben (fünf Minuten zu Fuß) und dem Golfplatz. Und wer möchte, kann direkt am Sandstrand Ausritte unternehmen – empfehlenswert! Im Sommer werden außerdem Reiterferien mit dem eigenen Vierbeiner angeboten.

© LEE FOWLIE IMAGES

KURZINFOS

Von den drei modernen *bothies* blickt man auf Dünen, Strand und das Mündungsgebiet des Ythan. Toll für Naturfreunde, Wanderer und Reiter.

Wann: ganzjährig
Ausstattung: Bettzeug, Strom, Heizung (Strom), Küche, Dusche, Toilette, Müllentsorgung, Leitungswasser, WLAN
Zugang: mit dem Auto oder Rad oder zu Fuß; Bus zu den Bridge Gardens, Newburgh, 300 m westlich
Kontakt: www.tahunabothies.co.uk

THE BEERMOTH

STRATHSPEY, CAIRNGORMS NATIONAL PARK, HIGHLAND

The Beermoth ist die verrückteste von vier abgeschiedenen Unterkünften auf dem Inshriach Estate in der Nähe von Aviemore, dem Wintersportmekka Großbritanniens. Jedes Jahr erweitert das Anwesen sein Angebot um eine weitere ungewöhnliche Unterkunft, aber bisher konnte keine diesem Commer-Feuerwehrwagen von 1956 das Wasser reichen. Er verfügt über ein ziemlich exzentrisches viktorianisches Bett und Eichenparkett, dazu ein flaschengrünes Sofa, einen Holzofen und einen Esstisch.

Eine Seite des Beermoth ist den Elementen ausgesetzt – man kann zwar die Plane herunterlassen, aber offen ist's schöner. Beim Gang übers friedvolle Gelände zwischen dem River Spey und den bewaldeten Ausläufern der Cairngorm Mountains entdeckt man eine zur Sauna umfunktionierte Pferdebox, eine Ginbrennerei in einem Schuppen und einen amüsanten Laden, der neben Nützlichem und Gin auch allerlei Nutzloses verkauft. Wie standesgemäß in den Highlands, lässt es sich an den Flüssen des Anwesens wunderbar angeln, baden und kajaken. Vor der Haustür befinden sich außerdem die zahlreichen Whisky-Brennereien von Speyside, dazu Wanderwege und Möglichkeiten zum Skifahren.

KURZINFOS

Eine gewisse Verspieltheit kennzeichnet die weltabgewandten Unterkünfte des schönen Inshriach Estate, darunter ein Feuerwehrwagen aus den 1950er-Jahren zwischen Fluss und Bergen.

Wann: ganzjährig
Ausstattung: Bettzeug, Feuerstelle, Heizung (Holz), Dusche, Toilette
Zugang: mit dem Auto, Kajak oder Zug, dann Fahrrad; Bus zum Parkplatz Coylumbridge Rothiemurchus, 5,25 km nördlich
Kontakt: www.canopyandstars.co.uk

HUTCHISON MEMORIAL HUT

CAIRNGORMS NATIONAL PARK, ABERDEENSHIRE

Zwar ist der Ben Nevis der höchste Berg Schottlands und Großbritanniens, doch Platz 2, 3, 4, 5 und 6 belegen Gipfel im mächtigen Cairngorms National Park, alle in einem Tag von der Hutchison Memorial Hut aus zu erreichen. Durch ihre Lage am Coire Etchachan (760 m) zählt sie zu den höchsten Unterkünften Großbritanniens, und zudem ist sie eines der wenigen eigens als solche errichteten *bothies* (S. 79).

Die Hütte mit Ofen und Schlafplattform wurde 1954 im Andenken an den schottischen Bergsteiger Dr. A. G. Hutchison errichtet. Komischerweise befindet sie sich näher an den zweit- bis sechsthöchsten Gipfeln Großbritanniens – Ben Macdui (1309 m), Braeriach (1296 m), Cairn Toul (1291 m), Sgòr an Lochain Uaine (1258 m) und Cairn Gorm (1245 m) – als an der nächsten öffentlichen Straße und erfreut sich daher großer Beliebtheit bei Bergsteigern. Sie verströmt einen wirklich rauen Charme. Der Bergrücken hinter der Hütte zeichnet sich durch ein Terrain aus, das an die Tundra des hohen Nordens erinnert. Die Hütte liegt eine anstrengende 14-km-Wanderung vom Parkplatz Linn of Dee 10 km außerhalb von Braemar entfernt.

KURZINFOS

Die Hutchison Memorial Hut hat fünf der sechs höchsten Gipfel des Landes vor der Haustür. Daher ist dieses *bothy* inmitten des größten Nationalparks Großbritanniens ein echtes Bergsteigermekka.

Wann: ganzjährig
Ausstattung: Heizung (Holz), Wasser (Fluss, muss evtl. entkeimt werden)
Zugang: zu Fuß; Bus zum Auchendryne Square, Braemar, 24 km südöstlich
Kontakt: www.mountainbothies.org.uk

COIRE GABHAIL

GLENCOE, HIGHLAND

KURZINFOS

Das üppig-wilde Campingterrain Coire Gabhail, auch Lost Valley genannt, zwischen felsigen Talwänden oberhalb von Glen Coe bietet herrliche Ausblicke und hat einiges zu erzählen.

Wann: ganzjährig
Ausstattung: Wasser (muss evtl. entkeimt werden)
Zugang: zu Fuß; Bus zum Glencoe Visitor Centre, 8,5 km nordwestlich
Kontakt: keine Angaben

Wer im Coire Gabhail zeltet, wird reichlich mit Hochlandpanoramen und Geschichte belohnt. Hier im Glen Coe zeigen sich die schottischen Highlands von ihrer atemberaubendsten Seite. Das weite, von Gletschern geformte Tal wird von malerischen Gipfeln gekrönt, mit steilen Felswänden in einem Paradies für Bergfreunde.

Doch die Gegend hat eine düstere Geschichte. 1692 wurde der MacDonald-Clan des Tals von einem rivalisierenden Clan, den Campbells, massakriert, weil er damit gezögert hatte, König William III. seine Loyalität zu schwören. Rund 30 Personen kamen ums Leben und weitere sollen auf der Flucht in einem Schneesturm umgekommen sein. Das Coire Gabhail, ein Seitental des Glen Coe, war eine mögliche Fluchtroute der MacDonalds. Der gälische Name bedeutet „Höhle der Beute“: In diesem Tal versteckte der Clan sein nicht immer auf legalem Weg erworbenes Vieh.

Aus der Ferne hat das Coire Gabhail eine scheinbar undurchdringliche V-Form. Doch von Nahem zeigt sich ein fast flacher Talgrund aus Gras und Fels, der sich toll zum Campen eignet. Und die Dreifachbesteigung der Gipfel der Three Sisters verspricht weitere Bergabenteuer. Der Pfad hoch ins Tal beginnt am Three-Sisters-Parkplatz an der A82, eine 3,75 km lange Route mit etwas Kraxelei zwischen den Gipfeln des Beinn Fhada und des Gearr Aonach.

Mountainbiking

Mit seinen Trailzentren, verschiedensten Terrains und Querfeldeinstrecken sucht Großbritannien in Sachen Mountainbiken in Europa seinesgleichen.

Auch bei eigens angelegten Mountainbike-Trails ist Großbritannien spitze, und im Gegensatz zu vielen anderen Trailnetzen in Europa gibt‘s hier im Winter kaum Schnee oder Skitourismus, welche die Routen beeinträchtigen könnten. Besonders Schottland und Wales verfügen über weite unbesiedelte Landstriche für ruhige Touren, gleichzeitig sind sie gar nicht so abgelegen, sollten Probleme auftreten. Einige Routen verlaufen an radlerfreundlichen Unterkünften vorbei.

Durch das hügelige Südschottland ziehen sich die erstklassigen 7Stanes-Routen (https://forestryandland.gov.scot), z. B. im Mabie Forest; hier kann man auf halber Strecke im witzigen Marthrown of Mabie (S. 77) nächtigen. Coed y Brenin (www.beicsbrenin.co.uk) in den bewaldeten Ausläufern von Snowdonia in Wales ist das erste und immer noch größte echte Mountainbike-Trailcenter Großbritanniens. Oder man fährt über steile Routen durch die Schieferabbau-Mondlandschaften von Antur Stiniog, wo Llechwedd Glamping (S. 116) Unterkünfte bereithält. Das beste Mountainbiking in England bietet sich im Hochland von Northumberland im Kielder Forest Park mit dem größten Forst Englands. Toll sind auch die 175 km Trails am einsamen Kershopehead Bothy (S. 104).

Die Trails in den Mountainbikezentren sind oft höchstens 50 km lang. Wer länger fahren möchte, kombiniert mehrere Routen. Eine tolle Infoquelle ist Mountain Biking UK (www.mbuk.com).

Auch anderswo in Europa gibt’s tolle Touren, z. B. auf dem größten Trailnetz Europas in den Alpen bei Les Gets (www.lesgets.com) oder auf dem durch Küstenwälder führenden Finale Ligure (www.mtbfinale.eu) in Italien.

FIDDEN FARM

ISLE OF MULL, INNERE HEBRIDEN, HIGHLAND

Der Campingplatz Fidden Farm liegt malerisch an der Südwestspitze der Isle of Mull, die für ihre weißen Sandstrände und die hier brütenden Stein- und Seeadler bekannt ist. Schon die Fahrt hierher stimmt einen auf die umwerfende Schönheit ein. Erst geht's mit der Fähre von Oban nach Craignure, dann mit dem Rad (ideal), Auto oder Bus (unregelmäßig) über das windige Moor nach Fionnphort. Dort, wo die Straße sich ins Meer hinabzustürzen scheint, biegt man nach Fidden ab; wenn das Sträßchen an flachem Gras an der sandigen, felsigen Bucht vorbeikommt, ist man am Ziel der Reise!

Vielleicht gibt es kein einnehmenderes Plätzchen für einen Zeltplatz als dieses. Man hat die Wahl aus grasigen Stellplätzen abseits des Meeres oder Tussockgras-Ecken am Ufer, sollte aber an mögliche starke Winde denken. Der Blick fällt von hier auf archetypische schottische Küste: Auf der anderen Seite der vielen Inselchen im Meer liegt Iona, ein Zentrum der frühen Christenheit, während die nahe Gezeiteninsel Erraid den Autor Robert Louis Stevenson zu seiner Abenteuergeschichte *Entführt* inspirierte. Zudem laden Strand, Adler und Meer (vielleicht mit dem eigenen Kajak) zu Erkundungen ein.

KURZINFOS

Mit eigenem Zelt kann man – garantiert unbehelligt von Banditen – an diesen paradiesischen Sandstränden kampieren, die Robert Louis Stevenson einst zum Abenteuerroman *Entführt* inspierten.

Wann: Ostern–Okt.
Ausstattung: Dusche, Toilette, Müllentsorgung, Leitungswasser
Zugang: mit dem Rad oder Auto; Bus zum Ferry Terminal, Fionnphort, 2,25 km nördlich
Kontakt: keine Angaben

© LIGHTTRAVELER | SHUTTERSTOCK

LOOKOUT

ISLE OF SKYE, INNERE HEBRIDEN, HIGHLAND

Unter den rund 100 *bothies* (S. 79) der Mountain Bothies Association hebt sich dieses besonders hervor, sowohl geografisch (auf der Landspitze Rubha Hunish an der Nordspitze von Skye) als auch kulturell als eine der ungewöhnlichsten Wildnisunterkünfte Schottlands. Der Lookout (Ausguck) war einst genau das: ein Ausblicksposten der Küstenwache. Funkverbindungen machten ihn überflüssig, seit den 1970er-Jahren dient er als *bothy*.

Durch die großen Fenster eröffnet sich ein weiter Ausblick auf den Minch, eine der gefährlichsten Wasserstraßen Großbritanniens. Im Gegensatz zu vielen anderen *bothies*, die von drinnen keinerlei Aussicht bieten, gibt's hier umwerfende Panoramen. Da vor der Küste viel Getier unterwegs ist, stehen Ferngläser und eine Bestimmungskarte für Wale und Delfine zur Verfügung. Es gibt nur zwei Bettgestelle und man kann nicht reservieren, also Zelt mitnehmen! Da es sich beim *bothy*-Aufenthalt quasi um „Zelten im Gebäude" handelt, braucht man alles, was man auch beim Wildzelten benötigt. Die umliegende Halbinsel Trotternish ist bekannt für ihre einzigartigen geologischen Formationen und tollen Wanderwege.

KURZINFOS

Küstenwachposten mussten weite Ausblicke haben, weshalb die Gäste in den heutigen *bothies* wie diesem hier in wunderbaren Panoramen schwelgen können.

Wann: ganzjährig
Ausstattung: keine
Zugang: zu Fuß; Bus zum Shulista Road End an der A855 bei Duntulm
Kontakt: www.mountainbothies.org.uk

CLACHAN SANDS CAMPING AREA

NORTH UIST, ÄUSSERE HEBRIDEN

Auf der Fahrt gen Norden von Lochmaddy, der „Metropole“ von North Uist mit ein paar Häusern am Anleger der Fähre von Skye, wechselt das Moor zwischen grün und braun. Die Insel ist weitestgehend leer und geprägt von Seen und schmalen Meeresbuchten. Man nimmt die B983 Richtung Berneray und biegt links in eine Stichstraße zum Clachan Road Cemetery ab; dann folgt man dem Weg bis zu seinem Ende an einer grasbewachsenen Landzunge zwischen zwei einsamen Sandstränden, jeder mehrere Kilometer lang. Hier lässt man sich nieder.

An diesem ausgewiesenen Platz zum Wildzelten zeigt sich beispielhaft das Verständnis der Insel davon, was es heißt, Campern beste Naturerlebnisse zu ermöglichen: Man vertraut darauf, dass die Camper ihre Gebühr in die Vertrauenskasse legen, sich hier respektvoll verhalten und den Platz so verlassen, wie sie ihn vorgefunden haben. Die Stellplätze für Zelte und kleinere Wohnwagen befinden sich auf für Schottland und Irland typischem Machair, bewachsenen Sanddünen, wo auch gefährdete Vögel wie Wachtelkönige zu Hause sind.

Hier kann es windig sein, aber angesichts des wunderbaren Ausblicks auf weißen Sand, blaue See, grüne Inseln und zerklüftete Berge in der Ferne spielt das keine Rolle.

KURZINFOS

Wildcampen auf einem ausgewiesenen Platz auf dem Machair – grasbewachsenen Dünen – zwischen zwei malerischen, leeren Sandstränden dieser abgeschiedenen Inselkette.

Wann: ganzjährig
Ausstattung: Müllentsorgung, Leitungswasser
Zugang: mit dem Rad oder Auto; Bus zum Cemetery Road End, 1,5 km südöstlich
Kontakt: keine Angaben

FISHERFIELD FOREST

HIGHLAND

In den Fisherfield Forest fährt man nicht wegen der Bäume – man wird nicht viele sehen. In jeder anderen Hinsicht übertrifft dieses Gebiet aus Sumpf, Seen und Bergen aber die Erwartungen aller Outdoor-Verrückten. Seinen Platz an der Spitze schottischer Wildnis verdankt es den „Fisherfield Six", einem Sextett von Gipfeln, den abgeschiedensten *munros* (schottische Berge über 3000 Fuß/910 m) des Landes. Sie sind eine echte Herausforderung für Bergsteiger: Neben dem eigentlichen Aufstieg ist zunächst eine anstrengende Wanderung zu den Ausgangspunkten notwendig. Dann muss man noch mehrere Tage in der Wildnis überstehen, um die sechs mächtigen Berge zu bezwingen.

Der Hauptzugang erfolgt vom Parkplatz Corrie Hallie an der A832, 4 km südlich des Dundonnell Hotel. Ein 7-km-Marsch über Corrie Hallie und Abhainn Strath na Sealga führt zur einzigen steinernen Unterkunft der Gegend, dem wunderbar gelegenen Shenavall Bothy am Loch na Sealga. Dies ist das Herz des Fisherfield und die Basis für die Besteigung der umliegenden Berge; in der Nähe gibt's genügend Rasenfläche zum Campen. Egal, wo man unterkommt: Auf jeden Fall die komplette Ausrüstung fürs Nächtigen in der Wildnis mitnehmen!

Den meisten Leuten gilt der Ruadh Stac Mòr als der abgeschiedenste *munro* im Fisherfield. Wie dem auch sei – wirklich wichtig ist nur die wilde, wundervoll einsame Berglandschaft.

KURZINFOS

Dieses Niemandsland beherbergt Schottlands abgeschiedenste Ansammlung höherer Berge. Wanderer müssen sich mit dem Übernachten in der Wildnis auskennen und Durchhaltevermögen mitbringen.

Wann: ganzjährig
Ausstattung: Wasser (Bach, muss evtl. entkeimt werden)
Zugang: zu Fuß; Bus zum Badrallach Road End, 7,5 km nordöstlich vom Shenavall Bothy
Kontakt: keine Angaben

SANDWOOD BAY

THE PARPH, HIGHLAND

Wenn man vom winzigen Fischerhafen Kinlochbervie über die Moore Richtung Norden geht, erhält Einsamkeit eine ganz neue Bedeutung. In diesem fast wegelosen, absolut straßenfreien und unbesiedelten Moor gibt's nur eines: das Nichts. Einzige Ausnahme ist der zauberhafte Strand.

Um an der Sandwood Bay zu nächtigen, schultert man am Ende der Straße in Blairmore seine Schlechtwetter-Campingsachen (Trinkwasser nicht vergessen!) Nach 6 km erreicht man den atemberaubenden, 1,5 km langen Strand. Man sollte in den Dünen zelten – der Strand wird teils von der Flut überspült –, um morgens die tosende Brandung zu bewundern. Ideal ist ein Strandspaziergang als Start in den Tag, dabei erspäht man den riesigen Brandungspfeiler Am Buachaille.

Die sandige Enklave umgibt die 280 km² große Wildnis The Parph mit dem Cape Wrath, dem nordwestlichsten Punkt Großbritanniens, dazu mit den höchsten Meeresklippen. Der Strand ist auch Ziel für Wanderer auf dem 330 km langen Cape Wrath Trail vor der Schlussetappe zum Cape Wrath. Hier sind nur wenige Camper anzutreffen – die lautesten Nachbarn sind die kreischenden Seevögel.

KURZINFOS

Großbritanniens abgelegenster Strand dieser Größe grenzt an eine der legendärsten Wildnisgebiete Schottlands. In den Dünen kann man toll zwischen Meer, See und Moor zelten.

Wann: ganzjährig
Ausstattung: keine
Zugang: zu Fuß; Bus nach Kinlochbervie, 12 km südlich
Kontakt: www.johnmuirtrust.org

SHETLAND CAMPING BÖDS

SHETLAND ISLANDS

Die Shetland-Inseln hoch oben im Norden sind Großbritanniens letzter Gruß vor der Artkis. Mit ihren verträumten fjordartigen *voes* und dem nordischen Erbe haben sie viel mit Skandinavien gemeinsam. Daher gibt's hier auch eine eigene *bothy*-Version, die Naturfreunden Unterkunft gewährt. Die Shetland-Variante ist das *böd*. Früher verwahrten Fischer in den Häusern ihre Ausrüstung und wohnten hier.

In allen *böds* schläft man in atemberaubend einsamer Umgebung; es gibt sechs auf dem Festland von Shetland und drei auf den äußeren Inseln Whalsay (Grieve House), Yell (Windhouse Lodge) und Fetlar (Aithbank). Doch die *böds* bieten auch eine Verbindung zur Inselgeschichte, denn jedes hat eine bewegte Vergangenheit. Das *böd* Nesbister, ein altes Fischerhaus, in dem noch immer alte Gerätschaften hängen, befindet sich auf einer felsigen Landspitze an einer stillen kleinen Meeresbucht. Betty Mouat's dagegen ist das alte Cottage einer Frau, die einst mit einem Fischerboot nach Norwegen trieb; es steht neben einem Broch aus der Eisenzeit.

Online buchen, Camping-Ausrüstung (ohne Zelt) mitnehmen und keine Abfälle hinterlassen!

KURZINFOS

In den *bothy*-ähnlichen *böds* der Shetlands kann man an den zerklüfteten Küsten der Inseln nächtigen, in schön abgeschiedenen Buchten und an den mit Seen übersäten Mooren.

Wann: März–Okt.
Ausstattung: Strom (meistens), Heizung (Festbrennstoff), Küche, Dusche (meistens), Toilette, Leitungswasser
Zugang: per Flugzeug zum Sumburgh Airport, dann mit dem Rad
Kontakt: www.camping-bods.com

ENGLAND

In Englands abwechslungsreicher Natur, eine hügelige, geschichtsträchtige Landschaft, locken Zeltplätze auf Bauernhöfen und fantastische Glampingplätze.

Wann: April–Okt. (Camping); ganzjährig (Glamping/wildes Zelten)
Beste Nationalparks: Dartmoor NP, Lake District NP, Northumberland NP
Beste Fernwanderwege: England Coast Path (4500 km), Pennine Way (429 km), South Downs Way (161 km)
Wild zelten: verboten (außer im Dartmoor)
Nützliche Adressen: VisitEngland (www.visitengland.com), National Parks England (www.nationalparksengland.org.uk), Camping & Caravanning Club (www.campingandcaravanningclub.co.uk)

Die inoffizielle englische Nationalhymne *Jerusalem* schwärmt von „Englands grünem und lieblichem Grund", und das ist keine poetische Übertreibung. Die Landschaft verzichtet auf Superlative wie „größtes ...", „höchstes ..." oder „abgeschiedenstes ..." – ihr eigentlicher Trumpf ist die liebevolle Anmut, mit der sie sich über das Land erstreckt wie eine Decke, in die Wälder, Flüsse, Hügel und Dörfer eingewoben sind. Kehrt man nach einer Wanderung zurück in die Zivilisation, wird dieses Gefühl nicht getrübt, denn ob Windmühle, Dorf-Pub oder Festwiese: Alles fügt sich idyllisch zusammen. Und auf Abenteuerlustige warten riesige Moore und Berge.

Es gibt überall Wanderwege, von Dorfpfaden bis zu Fernwanderwegen, sowie ein sehr gutes Radwegenetz. Ach, und die Küste! Die herrlich vielfältige Abfolge von Stränden, Buchten, Kliffs, geologischen Formationen und Häfen bietet eine tolle Kulisse fürs Kajaken und Surfen. Man nächtigt auf urigen Zeltplätzen, auf der buntesten Auswahl an Glampingplätzen Europas sowie im Norden in einem *bothy* (S. 79).

WILD ZELTEN

Nur im Dartmoor National Park (S. 97) darf wild gezeltet werden. Alternativen sind die Stellplätze auf Campspace (www.campspace.com): Sie reichen von privaten Gärten bis zu Äckern. Dazu kommen zahlreiche Campingplätze mitten in der Natur – die besten sind hier aufgeführt.

AUSRÜSTUNG

Es gibt überall Geschäfte wie Blacks Outdoors, Millets und Cotswold Outdoor, v. a. in größeren Städten, zudem Fachgeschäfte. Ein guter Outdoorausrüster ist Rab. Die Karten Ordnance Survey Explorer (www.ordnancesurvey.co.uk) decken ganz England im Maßstab 1:25 000 ab. Gegen den berüchtigten englischen Regen hilft gute Regenkleidung. Hungrig? England bietet tolle Marken für Camping-Verpflegung wie Expedition Foods sowie Köstlichkeiten wie *pasties* (Pasteten mit Fleisch und Gemüse) oder kräftigen Cheddar. Und Kendal Mint Cake probieren – die nahm Edmund Hillary einst mit auf den Everest!

SICHERHEIT

Die englische Natur ist sicher: Es gibt nur wenige hohe Berge und keine gefährlichen Tiere. Einstellen muss man sich lediglich auf plötzliche starke Winde und schwere Regenfälle.

SPARTIPPS

England zählt zu den teuersten Ländern Europas. Geld sparen

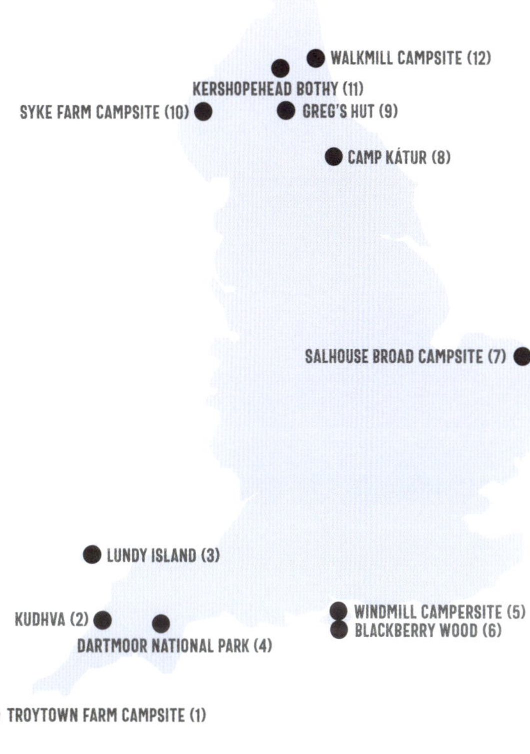

Lila Heide überzieht die englische Hügellandschaft (ganz oben); auf dem Pennine Way im Peak District (oben)

lässt sich mit Ermäßigungskarten wie dem BritRail England Pass (www.britrail.com). Auch die meisten regionalen Busunternehmen bieten Sparpässe – siehe Europe Bus Pass (www.europe buspass.com).

DIE BESTEN REGIONEN

Südwestengland

Diese Region mit mehr als 1000 km Küste und zahlreichen Inseln gilt schon seit Langem als Mekka für Urlaube am Meer. In Dartmoor darf man auch offiziell wild campen; dazu kommen atemberaubende Campingplätze.

Norfolk & Suffolk

Die flache, fruchtbare „Beule" im Osten Englands ist bekannt für ihre Broads, das größte geschützte Feuchtgebiet Großbritanniens. Die Seen und Flüsse hier bieten mehr als 200 km befahrbare Wasserwege.

Nordengland

Die wildeste Region Englands besticht mit Nationalparks wie dem bergigen Lake District und den Mooren und Stränden Northumberlands. Übernachten kann man auf Farm-Zeltplätzen und in Englands einzigen *bothies*.

TROYTOWN FARM CAMPSITE

ST AGNES, ISLES OF SCILLY

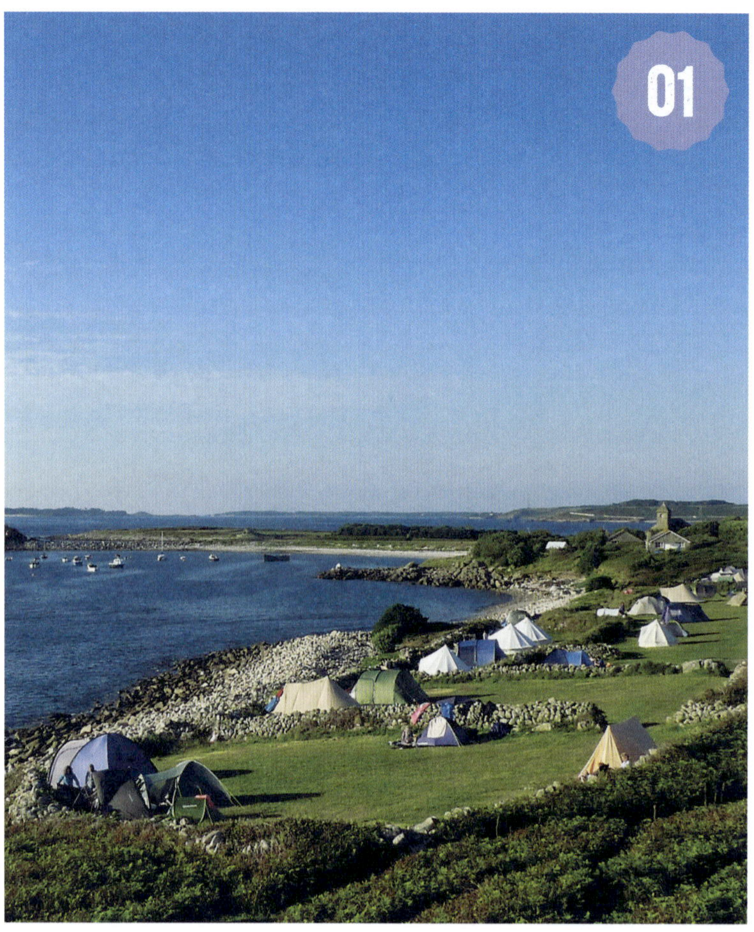

Dieses exquisite Örtchen ist Englands westlichster und südlichster Zeltplatz – nur ein paar unbewohnte Inselchen trennen ihn vom offenen Atlantik. Schon die Lage auf der winzigen Insel St Agnes in der Inselgruppe Isles of Scilly, wo mit Farnen gespickte Moore Platz machen für die von der Brandung umtosten Felsen und Riffe am Ozean, ist zauberhaft, doch der eigentliche Reiz besteht darin, dass der Campingplatz wirklich altmodisch ist. So sahen Zeltplätze aus, bevor sie zur Mode wurden. Wohnwagen und Wohnmobile sind also tabu, nur Zelte erlaubt. Auch gibt's keine Einrichtungen, die die wunderbar idyllisch-ländliche Atmosphäre stören, nur einen Bereich mit Duschen, Toiletten, Waschmaschinen, Trocknern und Wickeleinrichtungen.

Eine klassische Option sind außerdem fertig aufgebaute Rundzelte mit Matratzen (jedoch ohne Bettzeug), Kochutensilien, Picknickmöbeln und Netzen, Eimern und Spaten zum Krabbenfischen. Auch der Camperladen hat Flair; köstlich ist das Eis vom Bauernhof. Und da die Insel so klein ist, kommt man zu Fuß oder mit dem Rad vom Anleger der Boote von St Mary's (zu erreichen per Fähre oder Flugzeug ab Cornwall) zum Platz. Tipp: Den Sonnenuntergang bestaunen – hier versinken die letzten Sonnenstrahlen Großbritanniens.

KURZINFOS

Zeitlos und altehrwürdig: Dieser Zeltplatz – Englands westlichster (und südlichster) Stellplatz – befindet sich auf dem letzten bewohnten Stück England vor Neufundland. Toll bei Sonnenuntergang.

Wann: März–Okt.
Ausstattung: Grill (Rundzelte), Duschen, Toiletten, Müllentsorgung, Leitungswasser
Zugang: mit dem Boot zum Fähranleger von St Agnes, 1,3 km nordöstlich, dann zu Fuß oder mit dem Fahrrad
Kontakt: www.troytown.co.uk

KUDHVA

TREWARMETT, CORNWALL

Kudhva entspricht keinesfalls dem üblichen Bild von Cornwall. Der kornische Name bedeutet „Versteck“, und tatsächlich ist Kudhva eine ganz eigentümliche Welt. Die Anlage befindet sich in einem Schieferbruch des 19. Jhs. Hier zeigt sich die postindustrielle Zeit von ihrer malerischen Seite: Das Maschinenhaus aus den 1870er-Jahren ist überwuchert, der jetzt mit Wasser gefüllte Steinbruch ist ein spektakulärer Badeplatz, und die Steinwände bieten heute tolle Möglichkeiten zum Klettern. Die Anlage ist scheinbar endlos: Hier wartet eine Höhle oder ein Wasserfall, dort ein geheimnisvolles Dickicht.

Betreiberin Louise hat den Ort klasse ausgewählt, doch für die Umsetzung von Kudhva war ihre Vision als Modeschöpferin nötig. Die Unterkünfte sind eingebettet in die jungfräuliche Natur des Ortes: Vier Hütten, geometrische Wunderwerke mit minimalistischer Innenausstattung aus Holz, stehen in einem Meer verschlungener Bäume auf Stelzen; eine schicke dänische Holzhütte versteckt sich tief in dichtem Wald; es gibt auch Baumzelte und Tipis.

Die Anlage zu erkunden ist ein echtes Abenteuer; für die Entspannung im Anschluss sorgen ein Whirlpool, ein Lagerfeuer oder, am Wochenende, Leckereien aus der Pop-up-Küche. Die Küste mit malerischen Sandbuchten ist nicht weit, knapp 3 km bei Trebarwith. Hier kann man surfen, baden und auf dem England Coast Path wandern.

 **KURZINFOS**

Der ehemalige Steinbruch ist heute Cornwalls originellste Unterkunft in der Natur. Verhutzelte Wäldchen laden zu Spaziergängen ein, und im gefluteten Steinbruch kann man baden.

Wann: ganzjährig
Ausstattung: Bettzeug, Feuerstelle, Küche, Dusche, Toiletten, Müllentsorgung, Leitungswasser
Zugang: mit dem Rad, per Auto oder zu Fuß; Bus zum Trebarthwith Turn, 650 m westlich
Kontakt: www.kudhva.com

LUNDY ISLAND
DEVON

Man nehme einen Brocken der grünen Küstenberge von North Devon, forme die Ränder zu steilen Klippen, füge bizarre Felsformationen hinzu und transportiere das Ganze 20 windige Kilometer in den Bristol Channel – fertig ist Lundy! Es ist eine überraschend verlassene Insel mit einer recht turbulenten Geschichte als Piratenversteck, Schmuggelmekka und Domäne eines Mannes, der sich hier 1925 zum König ausrief: Martin Coles Harman.

Heute wird die Insel zu ihrem Schutz vom Landmark Trust verwaltet und beherbergt etwas sehr Wertvolles: die erste britische Marine Protected Area, ein Schutzgebiet für Langusten, Papageitaucher und 200 Kegelrobbenpaare. Zur Finanzierung werden 23 historische Gebäude, darunter ein Leuchtturm und ein Küstenwachposten, als Unterkünfte für Selbstversorger bereitgestellt. Ein von einer Steinmauer gesäumter Rasen im Dorf ist fürs Camping vorgesehen.
Die umliegenden Gebäude bieten etwas Windschutz. Der Inselpub The Marisco Tavern liegt gleich nebenan. Die Tage füllen sich mit Küstenwanderungen, dem Studium der kreischenden Seevögel und der tosenden Wellen oder mit Wracktauchen und Klettern.

KURZINFOS

Beim Zelten auf der stürmischen Insel Lundy, einem früheren Piraten- und Schmugglernest im Bristol Channel, lassen sich ihre bunte Geschichte und natürlichen Schätze erforschen.

Wann: Ende März–Okt.
Ausstattung: Dusche, Toilette, Müllentsorgung, Leitungswasser
Zugang: mit dem Boot ab Bideford, 32 km südöstlich übers Meer
Kontakt: www.landmarktrust.org.uk

04

DARTMOOR NATIONAL PARK

DEVON

Die bewaldeten, kesselförmigen Kare und kargen, mit *tors* (Hügeln) gespickten Moore von Dartmoor sind eine unschlagbare Mischung aus opulent und einsam, sanft und wild. Dieser Nationalpark sollte auf dem Radar eines jeden Outdoorfans aufleuchten. Außerdem ist dies offiziell die einzige Region Englands, in der wildes Zelten erlaubt ist. Es gibt aber auch genügend herkömmliche Zeltplätze.

Wild campen darf man nur in auf der Campingkarte des Dartmoor National Park verzeichneten Gebieten, mindestens 100 m weit weg und außerhalb Sichtweite von Straßen. Doch das größte Problem ist die Qual der Wahl. Fur Tor im Norden ist erholsam weit abseits jeglicher Zivilisation, während die schönen Erme Plains im Süden reich an prähistorischen Monumenten sind. Wilde Dartmoor-Ponys, uralte Menhire und die Silhouetten der *tors* stellen Fixpunkte in den kargen, windgepeitschten Moorpanoramen dar.

Öffentliche Verkehrsmittel verkehren außer zu den unten genannten Orten nur spärlich. Ideal ist radeln: Es gibt ein wahres Labyrinth aus winzigen, verkehrsfreien Sträßchen. Doch oben auf dem Moor geht's nur zu Fuß vorwärts.

 **KURZINFOS**

Die ungezähmte Moorlandschaft ist offiziell Englands einzige Region zum Wildcampen – also jeden Campingkomfort über Bord werfen und sich ein schönes Plätzchen in der Wildnis suchen!

Wann: ganzjährig
Ausstattung: Wasser (Bäche, muss evtl. entkeimt werden)
Zugang: zu Fuß; nächste Orte: Okehampton (Norden), Chagford (Nordosten), Tavistock (Westen), Ivybridge (Süden), Ashburton (Südosten)
Kontakt: www.dartmoor.gov.uk

WINDMILL CAMPERSITE

ISLE OF WIGHT

KURZINFOS

Angesichts schräger Wohnwagen, einem Galahad-Hubschrauber und schrullig eingerichteter Schäferhütten zum Übernachten ist es fast ein Sakrileg, hier ein Zelt aufzuschlagen.

Wann: Mai–Sept.
Ausstattung: Grill, Bettzeug, Strom, Feuerstelle, Küche, Dusche, Toilette, Müllentsorgung, Leitungswasser
Zugang: per Rad oder zu Fuß; Bus zur Carisbrooke Priory, 800 m nordöstlich
Kontakt: www.windmillcampersite.com

In der Mitte der Isle of Wight beim Carisbrooke Castle, hinter einem verschlafenen, von einer dichten Hecke gesäumten Sträßchen, versteckt sich die Windmill Campersite. Auf den ersten Blick wirkt sie eher wie eine Mischung aus Landwirtschaftsschau, alten Autos und dem Freiluftlabor eines verrückten Wissenschaftlers, nicht wie ein Zeltplatz. Sollte es in Großbritannien durchgedrehtere Campingplätze geben, dann kennen wir sie nicht!

Dieser Farm-Zeltplatz vermarktet sich als Gegenentwurf zu den größeren Plätzen der Insel. Das einladende Areal liegt in ländlicher Idylle, doch vor allem zeichnet es sich durch seine geniale Verrücktheit aus. Man kann ganz normal sein eigenes Zelt mitbringen, oder man nächtigt in einem Galahad-Hubschrauber mit dem Bett im Cockpit zwecks besserer Aussicht. Dazu kommen ein knalliger VW-Campingbus aus den 1970er-Jahren namens Bollywood mit Rolldach fürs Sternegucken sowie verschiedenste andere einzigartige Fahrzeuge und Schäferhütten. Und es wird noch besser: Ein Doppeldeckerbus beherbergt die Gemeinschaftsküche, ein Silo ein Kino, ein Reliant Robin die Waschküche und die Telefonzelle „Turdis“ die Toilette. An Unterhaltung gibt's klassische Campingplatz-Vergnügen: mit den Hoftieren kuscheln, einer Gitarren-Jamsession lauschen und rund ums Lagerfeuer Marshmallows rösten.

BLACKBERRY WOOD

SOUTH DOWNS NATIONAL PARK, EAST SUSSEX

Alles Urbane lässt weit hinter sich, wer in die Landsträßchen und Felder des South Downs National Park eintaucht. Vor der Kulisse aus goldenen und grünen Hügeln gelangt man zu einer waldigen Zufahrt, deren Schild nicht darauf schließen lässt, dass sich hier einer der besten Campingplätze der Region verbirgt.

Betreiber Tim möchte seinen Platz nicht nur getreu traditionellen Campingritualen ausrichten, sondern ihn auch zu etwas Besonderem machen. Somit findet man im Wald verteilt einige originelle Übernachtungsmöglichkeiten: einen Wessex-Hubschrauber von 1965, einen Routemaster-Bus von 1964, einen Wohnwagen aus den 1930er-Jahren mit reizender Freiluftküche und zwei surreale Baumhäuser. Für klassisches Campen unter den Sternen gibt's auch normale Stellplätze, versteckt auf ein paar Gras- und Erdlichtungen. Hinzu kommen stilvolle Feuerstellen mit Sitzen aus grobem Holz sowie ein niedlicher Spielplatz.

Wem diese ländliche Idylle nicht wild genug ist, der kann auf die „Wildside“ mit naturnäheren Stellplätzen in Wald und Wiese ausweichen. Pfade und kleine Straßen führen zum Bahnhof Plumpton und raus auf die Hügel, u. a. zum Blackcap mit tollem Ausblick auf den South Downs Way und übers gewellte Land bis hin zum Ärmelkanal in der Ferne.

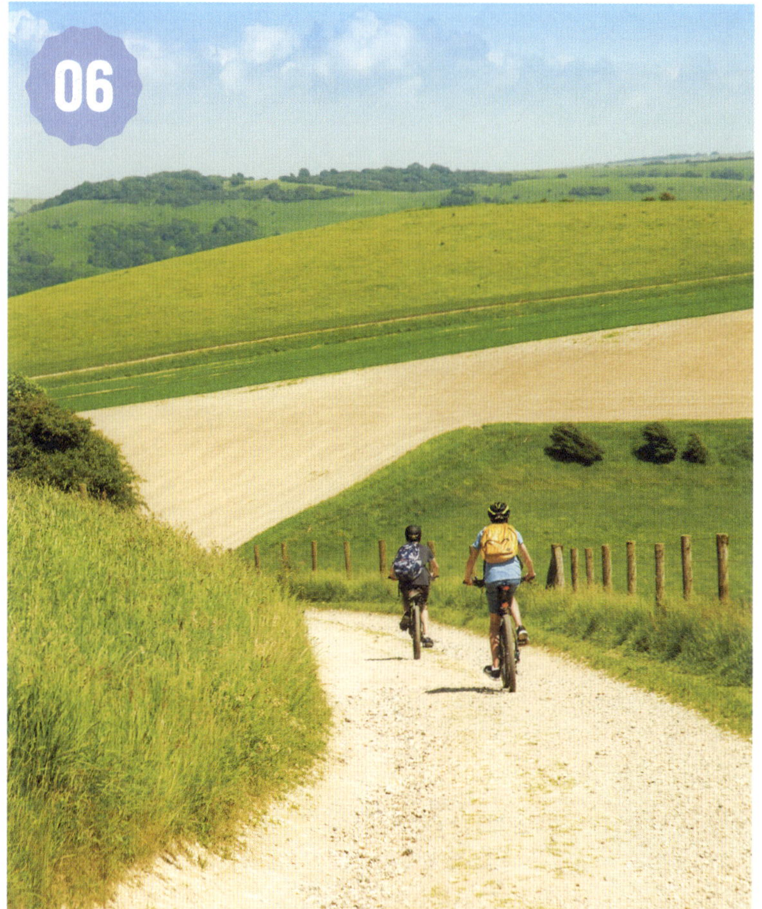

© CHESTER TUGWELL | SHUTTERSTOCK

KURZINFOS

Mit zwei Baumhäusern, über die selbst Tolkien staunen würde, surrealem Glamping, versteckten Zeltplätzen und fantastischen Feuerstellen ist der Platz einfach perfekt.

Wann: ganzjährig
Ausstattung: Grill, Strom, Feuerstelle, Heizung, Küche, Dusche, Toiletten, Müllentsorgung, Leitungswasser, WLAN
Zugang: mit dem Rad oder Auto; Zug zum Bahnhof Plumpton, 2,5 km nordöstlich
Kontakt: www.blackberrywood.com

SALHOUSE BROAD CAMPSITE

THE BROADS, NORFOLK

Von allen *broads* (Seen) in Großbritanniens größtem geschütztem Feuchtgebiet, dem Broads National Park, liegt der Salhouse der Stadt Norwich am nächsten und zählt auch zu den hübschesten. Man hätte hier daher eine touristischere Erschließung vermutet, aber der Besitzer des *broad* hat zusammen mit den Einwohnern des Dorfs Salhouse bei der Verwaltung dieses morastigen Fleckchens mit seinem wassernahen Zeltplatz den gegensätzlichen Weg eingeschlagen.

Der Salhouse Broad ist eines der am sorgsamsten geschützten Gewässer, von Land aus nur nach zehnminütigem Marsch durch den Wald zu erreichen. Wer am Zeltplatz ankommt, findet einen einfachen Platz im Einklang mit der friedvollen Umgebung vor: ohne Wascheinrichtungen, WLAN oder Shops. Verstärkte Musik ist verboten, und man wird angehalten, zu Fuß, per Rad oder mit öffentlichen Verkehrsmitteln nach Salhouse zu kommen (dafür gibt's 10 % Rabatt).

Mit einem Leihkajak oder -kanu lässt sich die Wasserwelt leicht erkunden – ein Muss ist eine Tour zum zauberhaften Hoveton Great Broad mit seinem Naturlehrpfad. Dazu laden stille kleine, quasi maßgeschneiderte Wege zu malerischen Radtouren ein.

KURZINFOS

Am baumbestandenen Ufer des Salhouse Broad verbirgt sich einer der ruhigsten Zeltplätze Ostenglands. An Ausstattung wurde gespart, damit eingefleischte Camper die Natur umso besser und unverstellter genießen können.

Wann: April–Sept.
Ausstattung: Feuerstelle, Toilette, Müllentsorgung, Leitungswasser
Zugang: Mit dem Boot, Rad oder zu Fuß; Bus zur Ward Road, Salhouse, 1,8 km südwestlich
Kontakt: www.salhousebroad.org.uk

CAMP KÁTUR

KIRKLINGTON, YORKSHIRE

Camp Kátur stellt eine tolle Einführung ins Glamping für all jene dar, die sonst luxuriösere Bleiben gewohnt sind. Der Platz inmitten alter Wälder und Wiesen auf einem Landsitz des 18. Jhs. ist flankiert von einem weitläufigen Flickenteppich aus Farmland zwischen den Yorkshire Dales und den Yorkshire Moors (beide phänomenale und leicht zu erreichende Wanderreviere).

Es steht eine breite Auswahl an Komfortcampingunterkünften zur Verfügung: Rundzelte und Hobbithäuser sowie kleine Blockhütten und Jurten bis hin zu einer Lodge für 18 Personen. Am besten sind jedoch die Kuppelbauten – Unidomes und Geodomes – mit einem Rundumblick auf Bäume und Himmel. Es gibt Feuerstellen und Grills, ein tolles Spielfort aus Holz – klasse für Kids –, ein Öko-Spa mit holzbeheiztem Whirlpool und Sauna sowie waldige Wege über das 120 ha große Gelände. Eine wunderbare Art, sich mit der Flora und Fauna zu beschäftigen, ist die Teilnahme an einem der naturkundlichen Workshops: Überlebenstraining, Wild Cooking, Waldhüttenbau und von Rangern geleitete Naturführungen. Ganzjährig gilt ein Mindestaufenthalt von zwei Nächten.

  **KURZINFOS**

Die außergewöhnlichen Unterkünfte auf diesem bewaldeten, 250 Jahre alten Landsitz umfassen alles von Jurten bis zu durchsichtigen Kuppelunterkünften mit tollem Ausblick gen Himmel.

Wann: ganzjährig
Ausstattung: Grill, Strom, Feuerstelle, Heizung, Küche, Dusche, Toiletten, Müllentsorgung, Leitungswasser, WLAN
Zugang: mit dem Auto; Bus nach Ripon (nächste reguläre Verbindungen), 14 km südlich
Kontakt: www.campkatur.com

GREG'S HUT

NORTH PENNINES, NORTHUMBERLAND

England kann es hinsichtlich einsamer Schutzhütten, der *bothies* (S. 79), vielleicht nicht mit Schottland aufnehmen, doch es bietet zumindest eine Wildnishütte, die zu den besten gehört, sowohl wegen ihrer Lage als auch ihrer Geschichte. Greg's Hut klammert sich auf einer Höhe von 700 m an vom Wetter gegerbte Hänge unterhalb des Cross Fell. Im 19. Jh. eine Schmiede und später Unterkunft für Arbeiter der nahen Bleimine, verfiel das Gebäude schließlich. Doch dann restaurierten Freunde des Bergsteigers John Gregory nach dessen tragischem Tod in den Alpen die Hütte als Andenken an ihn. Sie unterhielten sie als Schutzraum für Hirten, das Mountain Rescue Team und Naturfreude vor der Kraft der Elemente.

Das Dach, die Schlafplattform, die Steinwände und der Herd ergeben wirklich eine tolle Zuflucht – für den Herd muss man allerdings selbst Brennstoff mitbringen. Und schon der Weg hierher ist eine echte Herausforderung. Falls die Hütte belegt ist, sollte man seine Campingausrüstung parat haben. Die nächste Straße ist in Kirkland, 6,5 km entfernt, echte Zivilisation sogar noch weiter weg. Draußen zieht sich die Moorlandschaft bis zum Horizont, je nach Jahreszeit in Grün, Rostbraun oder Weiß. Der Pennine Way, Englands erster Fernwanderweg, führt hier ebenfalls auf seinem Weg zwischen dem Peak District und der schottischen Grenze vorbei.

KURZINFOS

Die ehemalige Schmiede und Unterkunft für Bleiminenarbeiter ist in eine dankbar angenommene Schutzhütte an einer exponierten Stelle des anspruchsvollen Fernwanderwegs Pennine Way verwandelt worden.

Wann: ganzjährig
Ausstattung: Heizung (Holz/Kohle selbst mitbringen!)
Zugang: zu Fuß; Bus zum Old Sun Inn, Skirwith, 9,5 km südwestlich
Kontakt: www.gregshut.org.uk

SYKE FARM CAMPSITE

BUTTERMERE, LAKE DISTRICT, CUMBRIA

Die Syke Farm Campsite liegt atemberaubend nah an felsigen Fjells und spitzen Hügeln wie den Haystacks, dem Great Gable und dem König der englischen Berge, dem Scafell Pike. Die Farm erstreckt sich über hügelige Grasflächen mit Felsen und Laubbaumwäldchen auf einem wunderbar grünen Talgrund. Durch den Campingplatz plätschert ein *beck* (Bach), doch Sahnehäubchen der Region ist zweifelsohne der ganz in der Nähe gelegene Buttermere – der „See an den Milchviehweiden". Nur fünf Fußminuten entfernt lockt das idyllische Dorf Buttermere mit Pubs und sogar einer Bushaltestelle mit regelmäßigen Verbindungen nach Keswick und zur Außenwelt. Die ganze Szenerie steht wie eine Miniaturausgabe für all das, was die herrliche Seenlandschaft des Lake District auszeichnet.

Achtung: Dies ist kein Verwöhn-Camping. In jedem Waschraum gibt's nur eine Dusche (5 Min. warmes Wasser 0,50 £), keinen Strom oder Handyempfang. Bei der Ankunft wählt man sich einfach seinen Stellplatz aus. Die Autos der Camper werden abseits des Platzes geparkt, sodass das stille Flair bewahrt bleibt. Zwei Rundzelte und zwei Jurten (mit Küche) bieten mehr Komfort, doch letztlich bleibt dies ein schlichter Campingplatz in hinreißender ländlicher Umgebung. Im Syke Farm Tearoom erhalten Camper Rabatte auf bestimmte Speisen, es gibt tolles Frühstück und Eis aus der Milch farmeigener Ayrshire-Kühe.

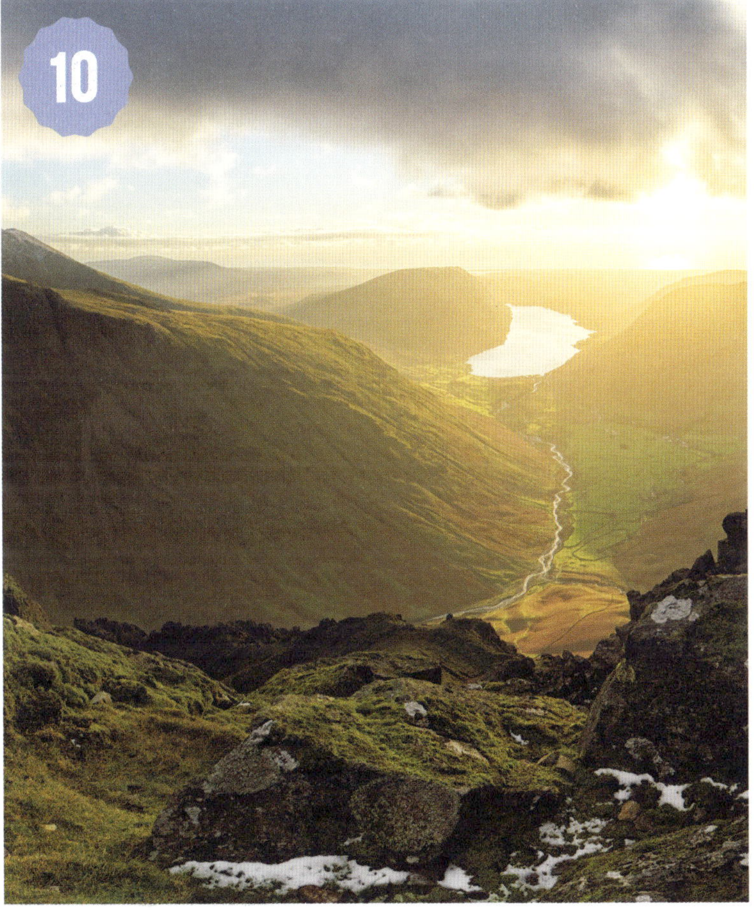

© MICHAEL HILTON | SHUTTERSTOCK

KURZINFOS

Auf diesem Platz unterhalb der schönsten Gipfel des Lake District in herrlichem Wandergebiet hat man das Gefühl, in einem lebendig gewordenen Postkartenmotiv der Region zu nächtigen.

Wann: ganzjährig
Ausstattung: Bettzeug, Heizung (Holz), Dusche, Toiletten, Müllentsorgung, Leitungswasser
Zugang: zu Fuß oder mit dem Rad oder Auto; Bus zum Fish Inn, Buttermere, 250 m östlich
Kontakt: www.sykefarmcampsite.com

KERSHOPEHEAD BOTHY

KIELDER FOREST, NORTHUMBERLAND

Der Kielder, mit rund 600 km^2 der größte Wald Englands, beherbergt nicht nur den größten Stausee Nordeuropas, sondern bietet mit dem Northumberland Dark Sky Park auch die größten Lichtschutzgebiete des Kontinents. Phänomenal sind außerdem die 175 km an Mountainbike-Trails. Sie führen am Ufer des Kielder Water entlang sowie u. a. über eine der besten Bikepacking-Routen Englands, eine 104 km lange Schleife ab Haltwhistle mit Halt auf halber Strecke im einladenden alten Farmhaus des Kershopehead Bothy.

Dieses *bothy* liegt, vom westlichen Seeufer 6 km auf der Bloody Bush Road am Lewis Burn entlang, abgeschieden auf der Lichtung eines Waldes, der sich bis nach Schottland erstreckt. Im Inneren ist es reizvoll eingerichtet, mit Sofas, Tischen und Stühlen, einem Holzofen und einer kleinen Bibliothek mit Outdoorliteratur. Die Hütte ist nur für jeweils eine Nacht gedacht, nicht für mehrtägige Aufenthalte. Hier kann man z. B. nach Fischadlern Ausschau halten. Oder man bahnt sich seinen Weg zum Kielder Observatory (5 km nördlich) mit himmlischer Aussicht. Laden und Gasthaus im Dorf Kielder (6 km) stellen die nächstgelegenen Verpflegungsmöglichkeiten dar.

KURZINFOS

Dieses Farmhaus-*bothy* mitten im größten Wald Englands ist eine zauberhafte Unterkunft an einem der rauen Mountainbike-Trails der Gegend.

Wann: ganzjährig
Ausstattung: Heizung (Holz selbst mitbringen)
Zugang: mit dem Rad; nächste Bushaltestelle gegenüber The Practice, Bellingham, 30 km südöstlich
Kontakt: keine Angaben

WALKMILL CAMPSITE

COQUET VALLEY, NORTHUMBERLAND

Alle Flüsse schlängeln sich hier durch die Landschaft, doch der River Coquet ist wirklich besonders kurvenreich. Er windet sich zwischen den Mooren im Innern des Northumberland National Park und der spektakulären Northumberland Coast Area of Outstanding National Beauty mit ihren Sandstränden hindurch und umschlingt dabei die herrlich grüne Walkmill Campsite.

Hier steht Camping im Zeichen der Tradition: Einfachheit und Abgeschiedenheit, ohne schickes Glamping oder schrulliges Entertainment, also ohne alles, was vom Ausblick auf die blumenübersäten Schafweiden und den baumgesäumten Coquet ablenken könnte.

Die besten Stellplätze liegen am Fluss. Einzige Einrichtungen sind ein Infozentrum und der Dusch- und Toilettenbereich in einem Wohnwagen. Englische Ländlichkeit von ihrer nettesten Seite!

Mit Meer und Moor in greifbarer Nähe sind herrlichste Möglichkeiten zum Wandern und Radeln gegeben. Den Coquet selbst säumen meist Pfade. Amble an der Küste ist 6,5 km entfernt, vorbei an der malerische Ruine des Warkworth Castle. Weiter oben erstreckt sich Europas größter Dark Sky Park.

KURZINFOS

Der Platz an einer Biegung des River Coquet ist der Gegenentwurf zum kommerziellen Camping: einfache Stellplätze, wo man zum Plätschern des Flusses und Blöken der Schafe einschlummert.

Wann: Ostern–Sept.
Ausstattung: Strom, Feuerstelle, Küche, Dusche, Toiletten, Müllentsorgung, Leitungswasser
Zugang: per Rad oder zu Fuß; Bus zum Beal Bank Top, Warkworth, 3,5 km östlich
Kontakt: www.walkmillcampsite.co.uk

WALES

Von sandigen Stränden und stillen Mooren bis zu prächtigen Bergen: Wales weiß Wanderer und Biker mit Landschaften und Naturunterkünften in seinen Bann zu ziehen.

Wann: April–Okt. (Camping); ganzjährig (Glamping)
Beste Nationalparks: Brecon Beacons NP, Pembrokeshire NP, Snowdonia NP
Beste Fernwanderwege: Wales Coast Path (1400 km), Cambrian Way (480 km), Offa's Dyke (285 km)
Wild zelten: illegal
Nützliche Adressen: VisitWales (www.visitwales.com), Natural Resources Wales (www.naturalresources.wales)

Das walisische Nationalpark-Triumvirat Brecon Beacons, Pembrokeshire und Snowdonia schützt wahnsinnige 20 % der Landesfläche. Zählt man die Wildnis von Mid Wales noch dazu, dann ist über die Hälfte von ganz Wales ein grenzenloses Outdoorparadies. Wales verzaubert seine Gäste mit perfekt platzierten Bergen und Hügeln und umschwärmt Küstenbesucher mit herrlichen Stränden, tiefen Buchten und dramatischen Felsformationen.

Als erstes Land weltweit war Wales komplett von Wanderwegen umsäumt. Außerdem befindet sich hier Großbritanniens erstes und immer noch größtes Mountainbike-Zentrum. Wales erschuf sogar eine eigene Outdooraktivität: das Coasteering, bei dem man die Küstenlinie über Klippensockel, Meereshöhlen und seichte Stellen im Wasser erkundet. Und die Küste lässt sich natürlich auch vom Seekajak aus erforschen. Hört sich gut an? Nichts wie hin! Tolle neuartige Unterkünfte umfassen z. B. die ersten Baumhäuser und das einzige Klippencamping Großbritanniens.

WILD ZELTEN

Ist verboten, auch wenn es an Wanderwegen in den Bergen praktiziert wird. Eine Alternative sind die Plätze auf Campspace (www.campspace.com). Hinzu kommen wild anmutende normale Plätze (die besten in diesem Kapitel!) sowie mehrere *bothies*.

AUSRÜSTUNG

Weit verbreitete Outdoorläden sind Cotswold Outdoor und Mountain Warehouse; Höherwertiges findet man in unabhängigen Läden in Outdoor-Hotspots wie Snowdonia. Zwei hervorragende Marken sind Jöttnar und Bergspezialist DMM. Ordnance Survey Explorer (www.ordnancesurvey.co.uk) bietet Karten im Maßstab 1:25 000. Und da es in Wales viel regnet, sollte man gute Regenkleidung dabeihaben. Zum Grillen am Lagerfeuer empfehlen sich Glamorgan-Würstchen, für unterwegs *laverbread* (Seetang, einst Bergarbeiternahrung) oder *barra brith* (Früchtestollen).

SICHERHEIT

Manche Teile von Wales sind sehr abgeschieden, sodass man Unterstützung bei der Orientierung benötigt. In den Ausläufern der Berge können Sümpfe beschwerlich sein, auch sollte man auf Zecken achten. Ansonsten muss man auf starken Wind und schwere Regengüsse eingestellt sein.

SPARTIPPS

Man ist nie weit vom nächsten Zeltplatz (billig) oder *bothy* (meist gratis). Und Transport for

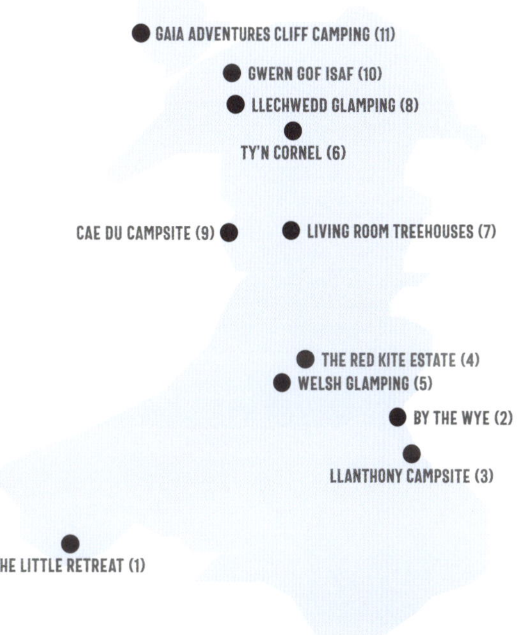

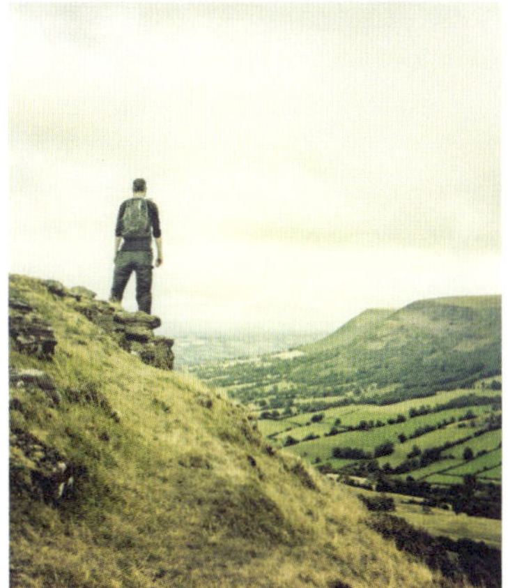

Die Green Bridge of Wales im Pembrokeshire National Park (ganz oben); im Brecon Beacons National Park (oben)

Wales bietet Reisenden sage und schreibe zehn unterschiedliche Ermäßigungskarten für Bahnen und Busse an (https://tfwrail.wales/ticket-types/rovers-and-rangers).

DIE BESTEN REGIONEN

Südwest-Wales

Der Pembrokeshire National Park macht den größten Teil dieser herrlichen Region aus. Die Küste ist vielleicht die geologisch interessanteste Großbritanniens, mit bröselnden Klippen, steilen Buchten, Höhlen und Felsnadeln, zu erkunden auf dem Küstenpfad, per Kajak oder Coasteering.

Mid Wales

Die „Walisische Wüste" ist mit ihrer gelb-grünen Bergeinöde eine wirklich abseitige Wander- und Biking-Region. Hier nächtigt man in einsamen *bothies* oder auf wilden Glampingplätzen unterm vielleicht klarsten Himmel Großbritanniens.

Snowdonia National Park

Mit den vielen gewaltigen Gipfeln, u. a. Großbritanniens vier einzigen Bergen über 1000 m Höhe südlich von Schottland, ist dies tolles Wander- und Kletterterrain mit fabelhaften einsamen Unterkünften. Auch die Küste ist zauberhaft.

THE LITTLE RETREAT

LAWRENNY, PEMBROKESHIRE

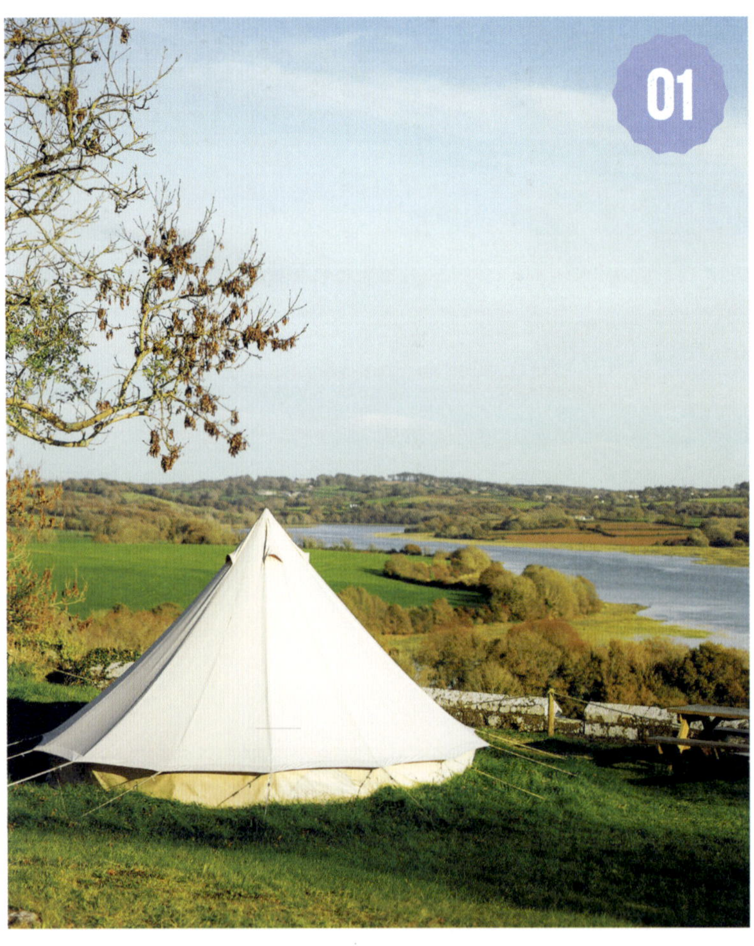

Pembrokeshire ist am besten bekannt für seine umwerfenden Strände und die als Nationalpark geschützte Küste mit herrlichen Buchten, Klippen und geologischen Formationen. Doch es hält auch einige Überraschungen parat; eine davon ist das reizende Mündungsgebiet des River Cleddau. Der Fluss fügt dem von Weidegrund geprägten Hinterland von Wales ein brackiges Element hinzu und schafft so eine einzigartige und malerische Landschaft.

The Little Retreat nutzt dieses Panorama ganz zu seinem Vorteil: Mit Blick auf das erbsengrüne Gelände und Felder, die sich bis zum gewundenen Cleddau hinabziehen, entspricht das Bild jedem Klischee alter Schmugglerwege.

An Unterkünften gibt's Rund- und Kuppelzelte und seit 2021 auch Sternenzelte mit durchsichtigem Dach. In den Rundzelten haben bis zu fünf Personen Platz, eine tolle Sache für Familien, mit Feuerstellen und Picknicktischen. Andere Unterkünfte sind luxuriöser, mit Holzöfen, eigenen Whirlpools und Gärtchen.

Zudem haben alle Gäste Zugang zu den wunderbaren organisierten Aktivitäten in der freien Natur, geleitet von echten Experten. Hierzu zählen Baden in Naturgewässern wie auch das tolle Programm „Foraging, Fishing and Feasting", bei dem man in der Natur Essbares sammelt, das dann zu einem unvergesslichen Festmahl verarbeitet wird.

KURZINFOS

Diese gehobenen Zeltunterkünfte neben einem Weidegebiet am Cleddau Estuary bringen einem nicht nur die Natur näher, sondern man lernt auch Neues und Überraschendes über sie.

Wann: ganzjährig
Ausstattung: Bettzeug, Strom, Heizung (Holz), Küche (Kuppel-/Sternenzelte), Duschen, Toiletten, Leitungswasser, WLAN
Zugang: mit dem Rad oder Auto; Bus zum Lokal Cresselly Arms, 4,25 km
Kontakt: www.littleretreats.co.uk

BY THE WYE

HAY-ON-WYE, POWYS

Das Beste an By the Wye ist, dass es die ganz netten Waldgebiete entlang des Flusses in ein spannendes Reiseziel verwandelt hat, wo jeder Flussabschnitt, alles Blattwerk und jeder Vogelgesang eindringlich erlebbar wird. Wenn man hier inmitten der Bäume in den Safarizelten schläft, werden die Bäume zu Freunden statt zur bloßen Kulisse auf einem Spaziergang durch die Natur.

Obwohl das beliebte Bücherdorf Hay-on-Wye gleich auf der anderen Seite des Flusses liegt, lässt man das städtische Leben bereits auf dem Parkplatz hinter sich. Wenn man über gewundene Pfade durch den Wald zu den Zelten geht, weisen Schilder auf hiesige Tiere hin. Dank der Stelzen, auf denen die geräumigen Safarizelte stehen, wird die Umgebung nur minimal beeinträchtigt und die Natur liegt gleich vor der Haustür. Hinter dem Projekt stehen ein Baumpfleger und Handwerker, sodass das Ergebnis nicht rein zweckmäßig, sondern eine wahre Augenweide ist: Fein gebogenes Holz säumt die Feuerstellen, wunderbar verrückte Äste bilden die Bettrahmen, und in die großen Terrassen ist wirklich viel Herzblut geflossen, geschaffen aus Liebe zu den Bäumen und für luxuriöses Camping abseits des Trubels.

Fernab der Anlage locken die Buchläden von Hay-on-Wye, tolle Kajakmöglichkeiten auf dem Wye und der Fernwanderweg Offa's Dyke Path. Auch die schönen Black Mountains sind in der Nähe.

© BY THE WYE

KURZINFOS

Die auf Stelzen stehenden Safarizelte zwischen alten Laubbäumen, gegenüber von Hay-on-Wye auf der anderen Flussseite, bringen die Gäste mit der sanften Natur Großbritanniens auf Tuchfühlung.

Wann: ganzjährig
Ausstattung: Grills, Feuerstelle, Heizung (Holz), Küche, Dusche, Toilette, Leitungswasser
Zugang: zu Fuß oder mit dem Rad oder Auto; Bus zum Clock Tower, Hay-on-Wye, 900 m südlich
Kontakt: www.bythewye.uk

LLANTHONY CAMPSITE

BRECON BEACONS NATIONAL PARK, MONMOUTHSHIRE

Die Llanthony Campsite verleiht dem Wort „altmodisch" neue Dimensionen. Der Platz besteht aus nichts als einem leeren Feld mit Kaltwasserhahn und Toilette, das Ganze inmitten des von steilen Hängen gesäumten Vale of Ewyas, wo die Zeit vor Jahrzehnten stehen geblieben zu sein scheint. Genau hier befindet sich eine der prächtigsten Ruinen von Wales, die 900 Jahre alte Llanthony Priory.

Trotz der Beliebtheit des Campingareals finden Neuankömmlinge fast immer noch ein Plätzchen; ein Stellplatz kostet weniger als 5 £. Manchmal kann man Eier von den Hennen des Farmers kaufen, weitere Verpflegung bieten die Dorfpubs, einer davon stimmungsvoll gelegen im Kloster. Planschen kann man im nahen River Honddu.

Auf dem Platz selbst lenkt nichts von der Aussicht ab. Man erkennt schnell, warum sich die Mönche zwecks Einkehr und Abgeschiedenheit einst dieses grüne Tal aussuchten. Hinter dem Kloster erheben sich die bedrohlich düsteren, vom Farnkraut braunen Hänge der Black Mountains – ein echtes Wanderparadies. Ein einstündiger Anstieg Richtung Nordosten bringt einen zum Fernwanderweg Offa's Dyke Path auf dem Kamm zwischen Wales und England.

KURZINFOS

Klassisches Camping – auf einem Feld, im Licht der Sterne, wo man sich unter kaltem Leitungswasser oder im Fluss wäscht, umgeben vom Wanderparadies der Black Mountains.

Wann: ganzjährig
Ausstattung: Toilette, Müllentsorgung, Leitungswasser
Zugang: zu Fuß oder mit dem Rad; Bus zum Skirrid Inn in Llanvihangel Crucorney, 10 km südlich
Kontakt: www.llanthonycamping.co.uk

Sterne gucken

Die wundersame Welt der Sterne wirft existenzielle Fragen auf. Was ist da draußen? Wer sind wir? Den Abendhimmel zu beobachten kann uns Perspektive verleihen und uns helfen, unseren Platz auf der Erde zu finden.

Wer in die Sterne schaut, erkennt, dass es etwas viel Größeres als uns selbst gibt – und das ist irgendwie tröstlich. Sternkonstellationen erkennen, sich bei Sternschnuppen etwas wünschen, einen roten Mond aufgehen sehen: Dies sind ganz gegenwärtige Momente von tiefer Schönheit.

Ein dunkler, klarer Sternenhimmel ist schon längst keine Selbstverständlichkeit mehr, doch glücklicherweise gibt's in Europa genügend Dark Sky Reserves (Lichtschutzgebiete) ohne Lichtverschmutzung, wo man den Großen Wagen und die Milchstraße, Venus und Mars sehen kann. Wales ist ein Topziel für Himmelsbeobachter, mit zwei International Dark Sky Reserves (Snowdonia und die Brecon Beacons) und dem Cambrian Mountains Astro Trail. Auch Schottland ist mit dem Galloway Forest Dark Sky Park und der Isle of Coll Dark Sky Island der Inneren Hebriden gut aufgestellt. Anderswo in Europa gibt's z. B. die Pyrenäen als größtes Lichtschutzgebiet Europas sowie den klaren Himmel der spanischen Sierra Nevada oder das sternenübersäte Himmelszelt der skandinavischen Arktis.

Zwar ist ein Astronomie-Fernglas oder Taschenteleskop von Vorteil, aber eigentlich benötigt man keine spezielle Ausrüstung. Einfach die Wettervorhersage anschauen, mögliche Beobachtungsposten auskundschaften und sich eine Sternkarte oder eine App wie Stellarium Mobile Plus besorgen. Mehr kosmische Inspiration auf www.darksky.org.

THE RED KITE ESTATE

ELENYDD, POWYS

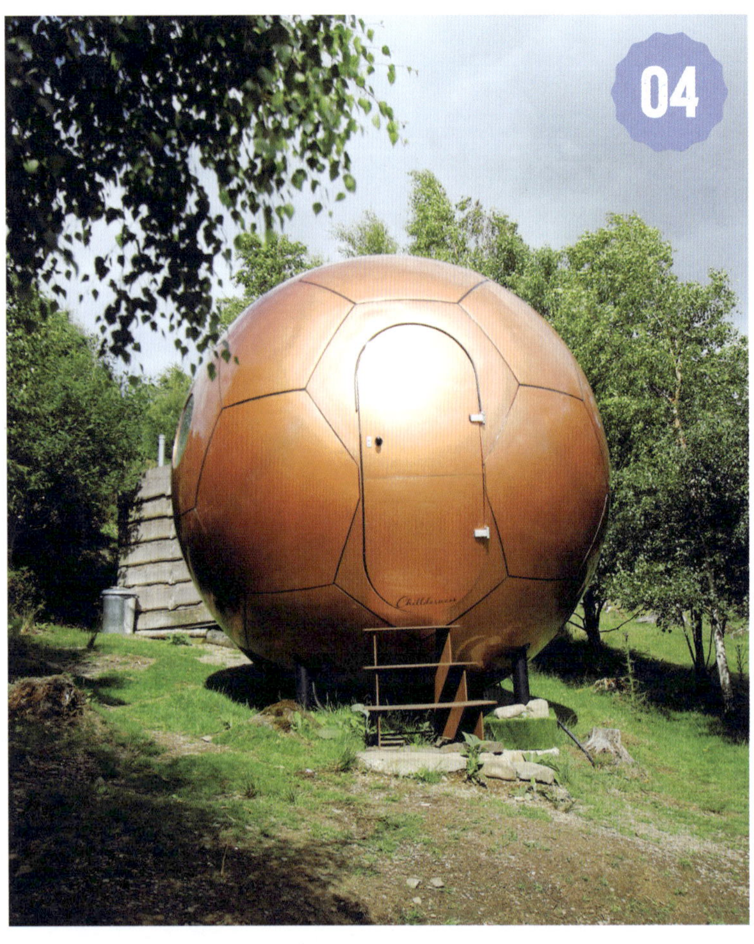

Ja, liebe Outdoorfreunde, ihr könnt nun in etwas übernachten, was euch vermutlich in euren verrücktesten Herbstträumen nicht eingefallen wäre! The Conker (Kastanie) ist die neueste, schickste Unterkunft auf diesem 32-ha-Anwesen am 1000 km² großen Moorgebiet Elenydd, dem „leeren Herzen von Wales". Die glänzende Kugel sitzt am felsigen Oberrand dieses Hochland-Refugiums – zwar gibt's Luxus wie Schlafcouch und Miniküche, doch man fühlt trotzdem jeden Windstoß und Regentropfen, so als ob man zelten würde. Bei halbwegs gutem Wetter wird auf dem idyllischen Zeltplatz am offenen Feuer gekocht. Zum Waschen gibt's einen separaten Dusch- und Toilettenblock und eine alte, mit Feuerholz beheizte Badewanne. Im *mynydd* (Hochland) kann man tagelang wandern, ohne einer Menschenseele zu begegnen, oder man geht runter in die Wälder. Betreiber David und Anjana pflanzten einheimische Baumarten wieder an, sodass auch alteingesessene Tierarten zurückkehrten wie Spechtmeisen und Rotmilane.

In den Bäumen befinden sich zudem zwei weitere runde Unterkünfte: die Tree Tents (April–Okt.), von denen eines das allererste Großbritanniens war. Auf einer Tannenlichtung oberhalb eines gluckernden Baches bieten sie Doppelbetten und Holzöfen; auf den sepraraten Terrassen gibt's Küche und Dusche.

KURZINFOS

Die Umgebung ist zeitlos, mit Großbritanniens weitläufigster Wildnis südlich der schottischen Highlands, und das Glamping ist wegweisend: Das erste Baumzelt des Landes und eine Rosskastanie zum Mieten warten auf Gäste.

Wann: ganzjährig
Ausstattung: Grill, Bettzeug, Strom, Feuerstelle, Heizung, Küche, Dusche, Toilette, Wasser
Zugang: mit dem Auto; Bus zum Post Office in Newbridge-on-Wye, 6 km östlich
Kontakt: www.chillderness.co.uk

WELSH GLAMPING

ELENYDD, POWYS

Die CO_2-Bilanz einer Unterkunft könnte kaum positiver ausfallen als beim Welsh Glamping. Das Holz für die maßgeschneiderten Hütten und deren schöne Terrassen sowie die erhöhten Plattformen der Lotus-Belle-Zelte stammt aus einem Radius von 1,5 km rund um den atemberaubend gelegenen Platz. Das Wasser entspringt einer nahen Quelle und wird durch eine Luft-Wärmepumpe beheizt.

Und was für ein Talblick einen draußen erwartet! Wiesen und Bäume im Vordergrund, wuchtige gelb-grüne Hügel dahinter, alles perfekt abgestimmt aufs typische Mid-Wales-Landschaftsgemälde. Die Lotus-Belle-Zelte (Ostern–Okt.) sind die besten Aussichtspunkte für einen Blick auf die teils ländlich-idyllische, teils karg und erhaben wirkende Landschaft. Die umliegenden Cambrian Mountains werden zudem vom wohl klarsten Himmel Großbritanniens überspannt – also abends in die Sterne schauen! Tagsüber folgt man dem Bach Afon Gwesyn abwärts zum River Irfon mit seinen reizvollen Picknickstellen. Oder man wandert flussaufwärts zum Gipfel des Drygarn Fawr, von wo aus die größte durchgehende Wildnis Großbritanniens außerhalb von Schottland lockt. Llanwrtyd Wells, mit skurrilen Outdoorevents wie dem Sumpfschnorcheln und dem Man versus Horse Marathon (Menschen versuchen, schneller als Pferde zu rennen), ist nur 10 km entfernt.

Check-in ist gewöhnlich nur montags und freitags.

KURZINFOS

Am Rande einer gewaltigen Wildnis stehen schön gestaltete Holzhütten und hübsche Lotus-Belle-Zelte für Outdoorerlebnisse, Glampingkomfort und Ausblicke auf eines der reizendsten Täler in Wales.

Wann: Jan.–Nov.
Ausstattung: Grill, Bettzeug, Feuerstelle, Heizung (Holz), Küche (Hütten), Dusche, Toiletten, Leitungswasser
Zugang: mit dem Auto; Zug zum Bahnhof Llanwrtyd, 10 km südlich
Kontakt: www.welshglamping.com

TY'N CORNEL

DOETHIE VALLEY, ELENYDD, CEREDIGION

Kaum jemand kennt das reizende Doethie Valley. An diesem Flecken weit abseits der ausgetretenen Pfade befindet sich unter den wenigen bewohnten Gebäuden das Bauernhaus Ty'n Cornel aus dem 19. Jh. Ein rauer, autofreier Weg ist die einzige Verbindung zur Zivilisation. Im Haus warten blanke Balken, ein gemütlicher Wohnbereich, eine Küche und Herbergsbetten für 20 Abenteurer; hinzu kommen Zeltstellplätze.

Es sind jedoch nur selten 20 Personen gleichzeitig im Ty'n Cornel anwesend. Neben dem Hüttenwärter, meist zugegen von März bis November, leisten einem oft nur die Naturgewalten lautstark Gesellschaft. Bei Sonnenschein, den es auszukosten gilt, erlebt man zahllose Grüntöne, meist halten jedoch alsbald wieder Wind und Regen Einzug. So freut man sich über das Dach überm Kopf, während das Wetter das Gebäude zum Knarzen bringt.

Das Hostel liegt inmitten des Moorland-Massivs des Elenydd, der größten Wildnis in Wales und England und mit einem der dunkelsten Nachthimmel Großbritanniens. Die meisten Gäste sind Wanderer auf dem 480 km langen Cambrian Way, der von Cardiff nach Conwy über die walisischen Berge führt.

KURZINFOS

Dies ist das abgelegenste Hostel in Wales, einen langen Marsch bzw. Bike-Ritt von der nächsten Straße. Hier im Doethie Valley lässt sich wunderbar die Natur genießen.

Wann: ganzjährig
Ausstattung: Strom, Heizung (Holz), Küche, Dusche, Toilette
Zugang: zu Fuß oder mit dem Rad; Bus bis Llandewi Brefi Post Office, 11,5 km westlich
Kontakt: www.elenydd-hostels.co.uk

LIVING ROOM TREEHOUSES

DYFI VALLEY, POWYS

Wer zum ersten Mal im Dyfi Valley ist, das Mid Wales in einem idyllischen Band aus großen Bergen und uralten Wäldern von Snowdonia trennt, wundert sich vielleicht über die vielen Öko-Unterkünfte in der Gegend – an jeder Ecke scheint es eine Bleibe mit Stromversorgung aus Wind-, Sonnen- oder Hydroenergie zu geben. Logische Erklärung: Das nahe Machynlleth beherbergt das Centre for Alternative Technology, und jetzige oder ehemalige Angestellte haben oft in der Nähe eigene Öko-Häuser errichtet.

So war es auf jeden Fall bei den Öko-Unternehmern Mark und Peter, als sie die ersten mietbaren Baumhäuser Großbritanniens schufen, um zu zeigen, wie man abseits der Welt und dennoch luxuriös nächtigen kann. Die Unterkünfte in einem Wald aus Eichen, Lärchen und Kiefern nutzen Quellwasser für die Duschen, werden mit Holzöfen beheizt, verfügen über schwedische Kompostklos und werden mit Kerzen beleuchtet. Plattformen in den Baumwipfeln und Wendeltreppen von der Erde zu den Häusern lassen selbst die Ewoks aus *Krieg der Sterne* neidisch werden. In der Nähe locken Wanderwege und Biketrails.

KURZINFOS

Die sechs Baumhäuser, die ersten Großbritanniens, die man mieten konnte, stehen in heimischem Wald und zeigen, dass Abgeschiedenheit nicht unbedingt Verzicht auf Komfort bedeuten muss.

Wann: ganzjährig
Ausstattung: Bettzeug, Heizung (Holz), Küche, Dusche, Toilette, Leitungswasser
Zugang: mit dem Auto, dann zu Fuß; Bus zum War Memorial in Cemmaes, 2 km nordwestlich
Kontakt: www.living-room.co

LLECHWEDD GLAMPING

BLAENAU FFESTINIOG, GWYNEDD

Wer einen Blick auf eine Karte des Snowdonia National Park wirft, wird mittig eine Aussparung entdecken: Blaenau Ffestiniog. Die einstige Schieferabbau-Hauptstadt der Welt wurde zusammen mit den umliegenden Geröllbergen aus dem Park ausgegrenzt. Die größten Löcher von Blaenau buddelte hier einst die Llechwedd Mine in die Erde – genau dort befindet sich heute Llechwedd Glamping. Als der Bergbau in den 1970er-Jahren ein Ende fand, wandte sich die Mine dem Tourismus zu und erfand Llechwedd neu als großes Outdoor-Abenteuerziel. Die Schieferlandschaft wurde für Downhill-Mountainbike-Trails und einen tollen Seilrutschenkomplex genutzt.

Solche Abenteuer vor der Haustür machen die sechs an einem Hang gelegenen Safari-Lodges von Llechwedd Glamping zu spannenden Unterkünften. Gleichwohl liegen sie fernab der Action, sodass man innehalten und darüber grübeln kann, was der Mensch der Landschaft zugemutet hat: hier ein Schieferhaufen, dort ein surreal entstellter Berghang.

Die Unterkünfte, teils Zelt, teils Lodge (die Zeltteile umhüllen schöne Holzeinrichtungen), bieten jeweils Platz für vier oder fünf Personen, mit bequemen Betten, massiven Holzmöbeln, Holzöfen, gut ausgestatteten kleinen Küchen, Elektro-Duschen, Toiletten und sogar Ladestationen, außerdem Veranden für den Ausblick.

KURZINFOS

In der kahlen Schieferlandschaft weit oberhalb der einstigen Schieferabbau-Hauptstadt der Welt, Blaenau Ffestiniog, stehen sechs behagliche, luxuriöse Lodge-Zelte bereit.

Wann: ganzjährig
Ausstattung: Grill, Bettzeug, Strom, Feuerstelle, Heizung (Holz), Küche, Dusche, Toilette, WLAN, Leitungswasser
Zugang: mit dem Rad, zu Fuß oder mit dem Auto; Bus zur Oakley Terrace, 650 m nordöstlich
Kontakt: www.llechwedd.co.uk

CAE DU CAMPSITE

SNOWDONIA NATIONAL PARK, GWYNEDD

Die Cae Du Campsite ist einer der schönsten Küstenzeltplätze in Wales. Die Stellplätze befinden sich auf einem langen, schmalen Gürtel gewellter Weiden zwischen den Ausläufern von Snowdonia und einem Steinstrand. Erstmals bot die Rinder- und Schaffarm in den 1930er-Jahren die Möglichkeit zum Zelten an, für Familienangehörige der Soldaten des damaligen Tonfanau Military Camp.

Glücklicherweise ist das alte Camping-Flair erhalten geblieben. Es gibt hier keinen manikürten Rasen, nur das seit Jahrhunderten unveränderte natürliche Grün des Landes. Zur Atmosphäre tragen auch die zerfallenden Trockenmauern bei. Es gibt keine Stromanschlüsse, nur einen gepflegten Bereich mit Waschmaschinen und Gefrierschränken für Eis. Holz für die Feuerstellen kann man kaufen, genauso wie die Lamm-Burger vom Hof, wenn einem mal das Grillgut ausgeht.

Das zerklüftete Ufer mit Panoramablick über die Cardigan Bay hinüber zur Llyn Peninsula birgt außerdem die Stelle, an der sich einst der walisische Freiheitskämpfer Owain Glyndŵr versteckte. Für Wanderer verläuft der 1400 km lange Wales Coast Path direkt an den Zelten vorbei.

Der Campingplatz liegt nur 2 km den Küstenpfad entlang vom Bahnhof Tonfanau, der von einem niedlichen Zug mit zwei Wagen angefahren wird.

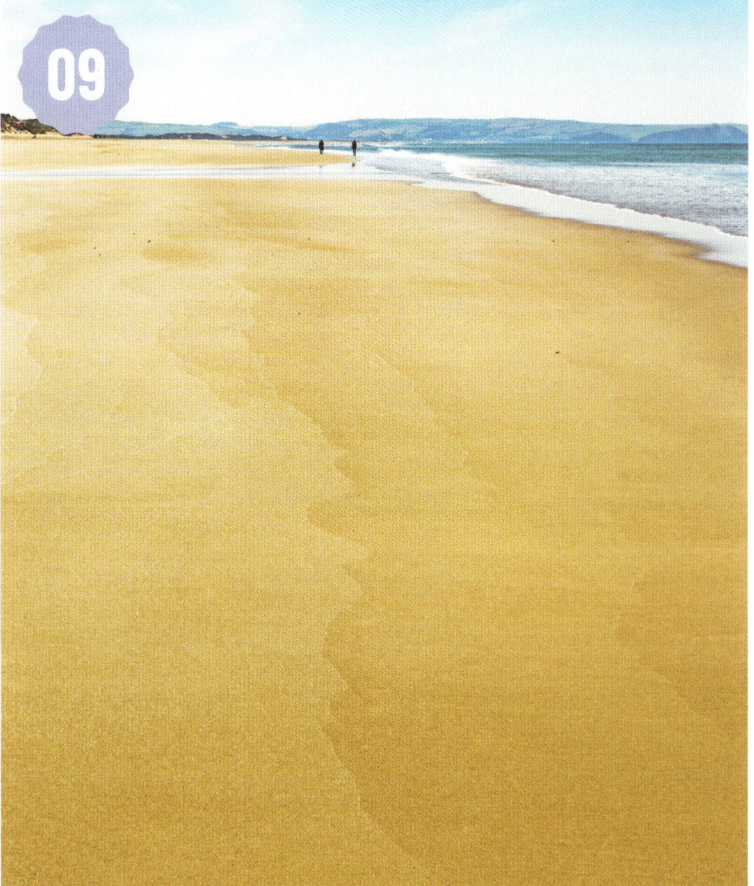

KURZINFOS

Der traditionelle Campingplatz liegt eingegrenzt zwischen den Ausläufern von Snowdonia und dem Meer an einem zerklüfteten Stückchen Küste und wartet mit einem grandiosen Ausblick hinüber zur Llyn Peninsula auf.

Wann: März–Okt.
Ausstattung: Feuerstelle, Dusche, Toilette, Müllentsorgung, Leitungswasser
Zugang: zu Fuß oder mit dem Rad oder Auto; Zug zum Bahnhof Tonfanau, 2 km südlich
Kontakt: www.caedufarmholidays.co.uk

GWERN GOF ISAF

SNOWDONIA NATIONAL PARK, CONWAY

Naturliebhaber kampieren hier schon seit 100 Jahren – warum, ist leicht zu erklären: Die Straße A5 von London nach Holyhead klettert atemberaubend durchs Afon-Llugwy-Tal in Snowdonia, vor einer Kulisse aus von Schafen abgegraster Moorlandschaft im Vordergrund und felsigen Gipfeln dahinter. Rund 5 km nordwestlich von Capel Curig und 3 km vor dem hübschen Llyn Ogwen erscheint der Farm-Campingplatz. Über sanftes Grün, auf dem man zeltet, fällt der Blick auf zerzauste Heide und den interessantesten Berg von Snowdonia, den Tryfan mit seinem markanten dreirippigen Kamm.

Gwern Gof Isaf steht ganz im Zeichen von traditionellem Farm-Camping: Die 50 Stellplätze verteilen sich auf fünf Felder; an Einrichtungen gibt's nur einen Waschraum und eine Geschirrspülstation; Hühner und andere Hoftiere wandern manchmal über den Platz; Lagerfeuer sind in umschlossenen Feuerstellen erlaubt. Nächtigen kann man auch in einer Schäferhütte, einem Cottage und in Schlafbaracken.

Von der Farm führt ein Pfad zum Heather-Terrace-Weg auf den Tryfan, der auch Kletterrouten bereithält – hier trainierte George Mallory für den Mount Everest.

KURZINFOS

Snowdonias markantester Gipfel ist der Hingucker oberhalb dieses traditionellen Farm-Campingplatzes mit Stellplätzen auf Gras, vom Wind zerzaustem Moor und mit unvorhersagbarem Wetter.

Wann: ganzjährig
Ausstattung: Dusche, Toilette, Müllentsorgung, Leitungswasser
Zugang: zu Fuß oder mit dem Rad oder Auto; Zug zum Bahnhof Betws-y-Coed, 13,75 km südöstlich
Kontakt: www.gwerngofisaf.co.uk

GAIA ADVENTURES CLIFF CAMPING

RHOSCOLYN, ISLE OF ANGLESEY, GWYNEDD

An alle Teufelskerle, Liebhaber der ultimativen Extreme und alle, die sich ihrer Höhenangst stellen wollen – hier habt ihr die Chance, an einer senkrechten Klippe hängend zu schlafen!

Was der erfahrene Kletteranbieter Gaia Adventures hier offeriert, ist einzigartig in Großbritannien. Man verbringt die Nacht auf einem Portaledge, wie es Kletterer nutzen, einer Plattform mit Metallrahmen und Zeltdach, die 3 m weit die Klippe hinuntergelassen wird. Die tragbare Plattform bietet eine ebene Fläche zum Liegen und Sitzen und man ist mit einem Sicherungsseil an den Klettergurten befestigt. Zuvor erhält man die Anleitung zum Abseilen zum Portaledge, und über Nacht steht ein erfahrener Kletterguide bereit.

An der Klippe hängend wird die sanft-grüne Insel Anglesey schnell temperamentvoll: Möwen kreischen, die Wellen tosen, der Wind heult und das Herz schlägt mehrere Dezibel lauter. Mitzubringen sind Picknickproviant, Schlafsack, Biwaksack, großer Rucksack, Stirnlampe und Wasser. Nach Robben und Delfinen Ausschau halten und vor dem Abstieg aufs Klo gehen!

KURZINFOS

Leben am Rande des Abgrunds: Hier, auf einem Portaledge an einer steilen Meeresklippe hängend, erhält der Ausdruck eine völlig neue Bedeutung.

Wann: Mai–Sept.
Ausstattung: bei Vorbestellung Verleih von Rucksack, Stirnlampe, Schlafsack und Biwaksack
Zugang: mit dem Auto; Bus nach Bryn Mor in Rhoscolyn, 1,5 km entfernt
Kontakt: www.gaiaadventures.co.uk

IRLAND

Romantische Berge, dramatische Küsten und geheimnisvolle Moore – überall kann man bestens sein Zelt aufschlagen. Und die Insel ist von zahllosen Wanderwegen durchzogen.

Wann: April–Sept./Okt. (Camping), ganzjährig (Glamping/Hütten)
Beste Nationalparks: Connemara NP, Wild Nephin Ballycroy NP, Wicklow Mountains NP
Beste Fernwanderwege: Wicklow Way (131 km), Kerry Way (214 km), Beara-Breifne Way (500 km)
Wild zelten: illegal
Nützliche Adressen: Ireland Tourist Board (www.ireland.com), National Parks Service (www.npws.ie), Camping Ireland (www.camping-ireland.ie)

Der Beiname „grüne Insel" ist wirklich treffend: Kaum ein irisches Panorama kommt ohne mannigfaltige Grüntöne aus. Wie kann man dem als Camper widerstehen? Wahrscheinlich nur, wenn man abgelenkt wird durch eine der längsten Küstenrouten der Welt, den 2500 km langen Wild Atlantic Way, durch die spannenden Wicklow Mountains im Osten, den Gebirgszug MacGillycuddy's Reeks im Südwesten oder einige der größten intakten Moore Europas.

Irland ist herrliches Wanderterrain. Wanderer haben die Wahl aus z. B. dem Kerry Way, dem Causeway Coast Way mit einem als Unesco-Welterbe gelisteten Abschnitt und dem Beara-Breifne Way quer durchs Land vom Südwesten nach Nordirland. Auf Routen wie dem North Coast Sea Kayak Trail wird das Paddeln zum Highlight.

Wildnishütten, *bothies*, und Plätze zum Wildzelten an einzelnen Wanderwegen bringen einem die Natur auch über Nacht nahe.

WILD ZELTEN

Ist offiziell verboten, aber es gibt ein paar tolle Ausnahmen. An einigen Fernwanderwegen finden sich ausgewiesene Plätze zum Wildcampen: z. B. im Glenregan-Tal (Slieve Bloom Way), in Coomshanna (Kerry Way) und am Altnabrocky Adirondack Shelter (Bangor Trail, S. 126). Auch im Connemara National Park darf wild gezeltet werden. Lagerfeuer sind oft verboten, und natürlich gilt: Keine Spuren hinterlassen!

AUSRÜSTUNG

Regatta Outdoors ist der landesweit verbreitetste Outdoorladen. In Dublin gibt's andere gute Läden wie Basecamp Outdoor. Ordnance Survey Ireland (OSI) und Northern Ireland (OSNI) bieten Karten im Maßstab 1:50 000; die Karten der Reihen Adventure (OSI) bzw. Activity (OSNI) decken wichtige Freizeitgebiete im Maßstab 1:25 000 ab. Solide Wanderkost sind Sodabrot und *barmbrack* (Früchtestollen).

SICHERHEIT

An diesem klimatisch launischen Rand Europas wechseln die Wetterverhältnisse rasant. Man muss immer auf starke Regengüsse eingestellt sein, beim Seekajaken auf starken Wellengang.

SPARTIPPS

Gratis nächtigen kann man in den Wildnishütten von Mountain Meitheal und auf den genannten Wildzeltplätzen. Züge verkehren kaum abseits der Städte; die nützlichsten Ermäßigungspässe sind daher der Leap Pass (Irland; www.transportforireland.ie) von

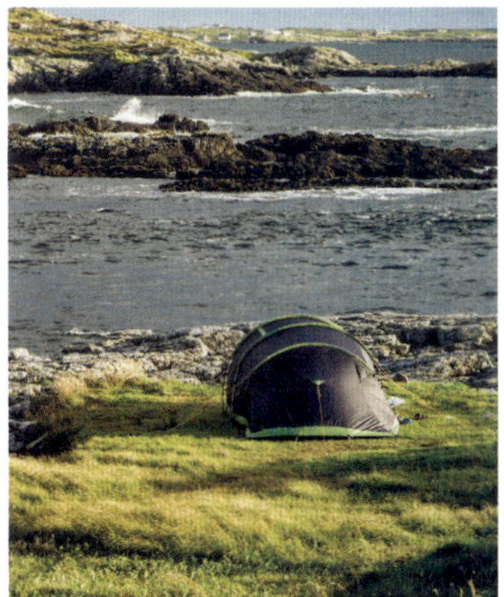

Blick vom Diamond Hill im Connemara National Park (ganz oben); direkt am Meer aufwachen an Irlands Westküste (oben)

Transport for Ireland und die Multi-Journey Travel Card (Nordirland; www.translink.co.uk) von Translink, mit bis zu 31 % Rabatt auf viele Busse in der Region.

DIE BESTEN REGIONEN

Causeway Coast

Diese als Unesco-Welterbe gelistete Küste verzaubert mit ihren Basaltklippen und Felsformationen. Die Felsbuchten können umwandert oder per Kajak erkundet werden – der Anblick ist vom Wasser am spektakulärsten, mit Übernachtung in einem nur übers Meer zu erreichenden *bothy*.

Westirland

Die hiesige Wildnis besteht aus einer urgewaltigen Küste und aus Bergen wie denen in den Nationalparks Connemara und Wild Nephin Ballycroy. Hier warten einige der besten Zeltplätze und Wildnishütten Irlands.

Südwestirland

Hinreißend grüne Halbinseln – Dingle, der Ring of Kerry und Beara, Sheep's Head, Mizen Head – sowie einige reizende Inseln locken mit schönen Plätzen mit einem einzigartigen Angebot an Abenteuern.

CHLÉIRE HAVEN

CAPE CLEAR ISLAND, COUNTY CORK

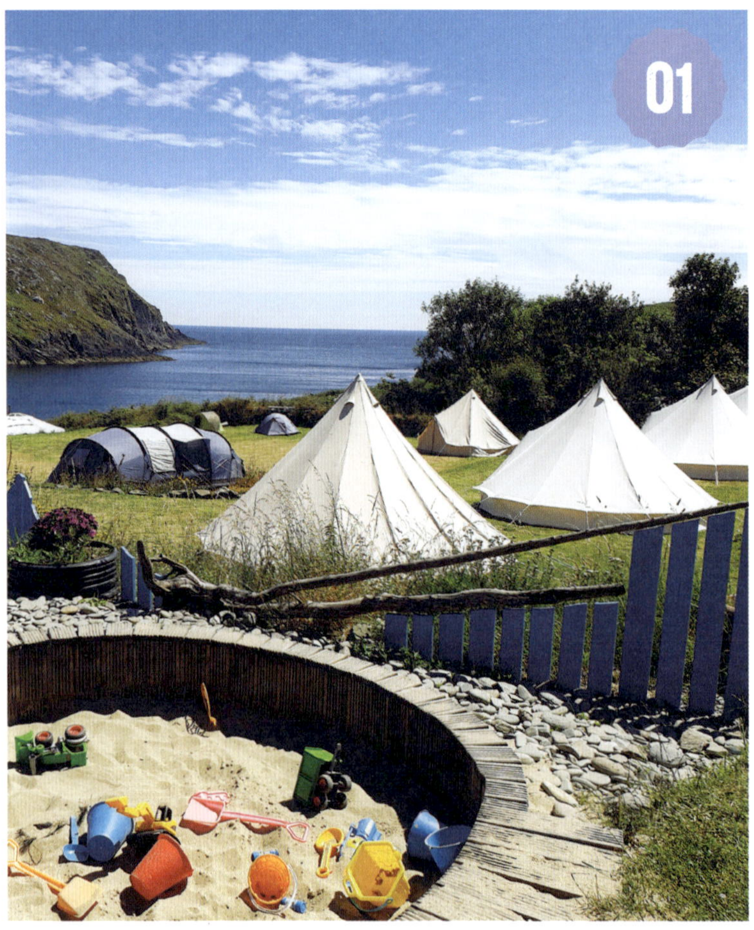

Bei der Ankunft auf der abgelegenen Insel Cape Clear zeigt ein Schild Entfernungen zu fernen Orten an: Dublin (165 Seemeilen), Murmansk (1624), San Francisco (4884). Das einzige noch weiter südlich liegende Stück Land ist Fastnet Rock, bekannt als „Irlands Träne“ – es war das Letzte von Irland, was Auswanderer auf dem Weg nach Amerika sahen. Die Insel ist ein sanftes Plätzchen mit Feldern, etwas Moor sowie geschützten kobaltblauen Buchten mit Robben und Delfinen. An der südlichsten und tiefsten Bucht von allen, die die Insel in zwei Teile schneidet, liegt Chléire Haven.

Fürs Glamping stehen geräumige Jurten mit großem Doppelbett, Einzelbett, Holzofen, Gaskocher und Kochutensilien bereit. Hinzu kommen Rundzelte sowie einige Stellplätze für normales Zelten. Die Betreiber Dave und Sally sind umweltbewusst und setzen auf Solarstrom für Beleuchtung und Duschen. Frühstückspakete können im Voraus geordert werden. Sämtliche Unterkünfte verteilen sich auf grasigem Gelände oberhalb der Klippen, die zur felsigen Küste hin abfallen.

Cape Clear bietet eine Vogelwarte, Walbeobachtungstouren, prähistorische Stätten, Küstenwanderwege und im September ein wunderbares Festival für Geschichtenerzähler. Vom Anleger der Fähre ab Baltimore ist es nur ein kurzer Spaziergang zu Chléire Haven.

KURZINFOS

Chléire Haven auf Cape Clear Island, mit Blick auf eine herrliche Meeresbucht, ist mit Jurten, Rundzelten und Stellplätzen auf Irlands südlichster Insel ideal für Glamper und Camper.

Wann: April–Sept.
Ausstattung: Grill, Feuerstelle, Dusche, Toilette, Leitungswasser, Jurten inkl. Bettzeug, Heizung und Küche
Zugang: mit dem Boot ab Fährterminal Baltimore
Kontakt: www.yurt-holidays-ireland.com

CLIFDEN ECO BEACH CAMPING & CARAVANNING PARK

CLIFDEN, CONNEMARA, COUNTY GALWAY

Ein herrlicher Campingplatz am Ende der Straße. Nach einer Viertelstunde Autofahrt von Clifden Richtung Nordwesten auf einem Moorweg wird dieser zu einem Pfad, der sich über Felder zum Meer windet und dabei auch durch himmlisches Machair führt, ein für Irland und Schottland typisches Gras-Dünen-Ökosystem.

Solch üppiges, sanft gewelltes Land mit Tussockgras an der Küste ist gewöhnlich für exklusive Golfplätze, zur touristischen Erschließung oder als Privatbesitz reserviert. Hier gehört es jedoch allen.

Der Platz erstreckt sich an einer Ecke von Connemara, die grasgrün, sandgelb und meeresblau schimmert. Je nachdem, ob man sein Zelt Richtung Strand, Bucht oder Berge ausrichtet, kann man sich an der vielseitigen Farbmischung erfreuen.

Die benachbarte Strandsichel ist ein Traum, doch die Umweltauflagen machen diesen Ort wirklich einzigartig. Die Betreiber sehen sich als Hüter dieses wertvollen Platzes und haben ihn zur ersten klimaneutralen Unterkunft Irlands gemacht (wer möchte, kann an Umweltprojekten teilnehmen). Dies ist der perfekte Ort, um zum tollen Wild Atlantic Way aufzubrechen, eine 2500 km lange Auto-/Radroute an der irischen Westküste entlang.

KURZINFOS

Der üppige, leuchtend grüne Platz an einem dünengesäumten Stück Atlantikküste mit eigenem Strand vermittelt trotz der gepflegten Einrichtungen und dank bester Öko-Ansprüche das Gefühl, in der Wildnis zu kampieren.

Wann: März–Nov.
Ausstattung: Strom, Feuerstelle, Küche, Duschen, Toiletten, WLAN, Leitungswasser
Zugang: mit dem Auto; Bus nach Clifden (10,5 km)
Kontakt: www.clifdenecocamping.ie

VIKING HOUSE

IRISH NATIONAL HERITAGE PARK, COUNTY WEXFORD

Der Irish National Heritage Park veranschaulicht 9000 Jahre turbulenter irischer Geschichte: mit fantastischen Nachbauten wie einem Steinkreis, einem *crannog* (einer uralten Seebehausung), einer Wikingersiedlung und einem *portal tomb*. Hinzu kommt die echte Ruine einer 800 Jahre alten normannischen Burg, die gerade Mittelpunkt umfassender archäologischer Grabungen ist. Teil dieses historischen Wunderlands ist auch ein Wikingerhaus, das so originalgetreu wie möglich mit Bautechniken rekonstruiert wurde, wie sie die Nordmänner einst nutzten. Man nimmt an, dass solche Gebäude hier um das Jahr 1000 herum die Landschaft prägten. Heute kann man in diesem Haus selbst die Nacht wie ein Wikinger verbringen.

Die Wände bestehen aus Flechtwerk, das Dach ist mit Eiche und Esche gedeckt, und wie in den Tagen der Wikinger befindet sich die Feuerstelle mitten im Haus. Natürlich wird auch wie in alter Zeit über offenem Feuer gekocht. Die Betten verwöhnen mit jeder Menge kuscheliger Felle. Wer möchte, kann sich als Wikinger kostümieren. Vom Haus blickt man auf eine Biegung des River Slaney. Gäste des Wikingerhauses können die Parkattraktionen gratis entdecken.

KURZINFOS

Im Irish National Heritage Park kann man in einem rekonstruierten Haus im Stil der alten Wikinger nächtigen und auch deren ausgeprägte Liebe zur Natur erfahren.

Wann: ganzjährig
Ausstattung: Bettzeug, Heizung (Holz), Küche, Dusche, Toilette, Leitungswasser
Zugang: mit dem Auto; Bus nach Ferrycarrig (Heritage Park) am Parkeingang
Kontakt: www.irishheritage.ie

FINN LOUGH BUBBLE DOMES

AGHNABLANEY, COUNTY FERMANAGH

Im Waldgebiet an Nordirlands zweitgrößtem See, dem Lough Erne, befindet sich die am schönsten ausgestattete Zurück-zur-Natur-Unterkunft der Region. Die außergewöhnlichsten Schlafstätten dieses exklusiven Waldrefugiums bilden große *bubble domes*, Kuppelhäuschen aus Glas. Egal, welche Himmelsrichtung: Hier genießen die Gäste den Ausblick auf Bäume, Wasser und in den Himmel. In jedem *bubble dome* gibt's ein handgefertigtes Himmelbett sowie eine Nasszelle.

Die Zielgruppe mag zwar eine gehobene Kundschaft sein, doch die Nähe zur Natur ist direkter als bei vielen Zelt- und Wildnisplätzen. Die Türen lassen sich zeltähnlich per Reißverschluss öffnen; die Wände sind dünn und ermöglichen eine authentische Geräuschkulisse. Man könnte den Sternen, den Launen des Wetters und dem Tagesanbruch kaum näher sein. Ein Restaurant auf dem Gelände versorgt die Gäste mit Köstlichkeiten aus regionalen Zutaten, und eins der ausgefallensten Spas Irlands bietet in verschiedenen Waldhütten einen Floating-Raum, eine Kräuter- und eine traditionelle Finnensauna mit Bootssteg für den anschließenden Sprung in den See.

KURZINFOS

Da sich bei den *bubble domes* von Finn Lough alle Annehmlichkeiten unter einer Glaskuppel befinden, hat man einen unverstellten Blick auf das schöne Seeufer, selbst von den wunderbaren handgefertigten Betten aus.

Wann: ganzjährig
Ausstattung: Bettzeug, Strom, Feuerstelle, Heizung, Dusche, Toilette, Leitungswasser
Zugang: mit dem Auto oder Rad; Bus zum Belleek Post Office, 15,75 km westlich
Kontakt: www.finnlough.com

ALTNABROCKY ADIRONDACK SHELTER

WILD NEPHIN-BALLYCROY NATIONAL PARK, COUNTY MAYO

Draußen im Wild Nephin-Ballycroy National Park nächtigen, Irlands größter und einzig wahrer Wildnis? In diesem zerklüfteten Gebiet, eine der größten Torfmoorflächen Europas, gekrönt von den Nephin-Beg-Bergen, gibt's keine Straßen, von Unterkünften ganz zu schweigen. Doch der Freiwilligenverband Mountain Meitheal hat Abhilfe geschaffen und zwei Schutzhütten nach dem Vorbild der im US-Bundesstaat New York beliebten *Adirondack shelters* errichtet. Von diesen ist der Altnabrocky Adirondack Shelter der abgelegenere – und vielleicht die einsamste Unterkunft des Landes.

Den Weg durch dieses morastige Niemandsland bahnt der Bangor Trail, einst die wichtigste Verbindung zwischen Newport im Süden und Bangor im Norden. Der 40 km lange Weg lockt schon lange Wanderer zur beschwerlichen Tagestour. Doch dank dem Altnabrocky und der ähnlich abgeschiedenen Schutzhütte Lough Avoher, beide nahe am Weg, kann man hier nun auch übernachten.

Die Schutzhütten verfügen über einfache Schlafplattformen; eine Seite ist zum berüchtigt launischen irischen Wetter hin offen, was erhebende Ausblicke auf Wälder und Hügel ermöglicht. In der Nähe gibt's eine Komposttoilette und einen Picknicktisch. Neben Wanderausrüstung sollte man auch ein Zelt mitbringen, für den unwahrscheinlichen Fall, dass die Sechs-Personen-Hütte voll ist.

KURZINFOS

Die Adirondack Shelters verdanken ihren Namen Bergen in den USA und bieten Wanderern im wildesten Hinterland Irlands, dem Wild Nephin-Ballycroy National Park, den oft herbeigesehnten notwendigen Schutz.

Wann: ganzjährig
Ausstattung: Toilette, Wasser (Bach, muss evtl. entkeimt werden)
Zugang: zu Fuß; Bus nach Newport, 25 km südlich
Kontakt: www.mountainmeitheal.ie

PORTMOON BOTHY

CAUSEWAY COAST, COUNTY ANTRIM

Die perlweißen Wände und das orangerote Dach des Portmoon Bothy sind bereits von weit oben auf dem Causeway Coast Way zwischen Dunseverick Castle und Giant's Causeway zu erkennen. Das Gebäude am Fuße der smaragdgrünen Hänge verdeutlicht die Dimension der steilen Klippen, die den Zugang von Land aus verstellen. Schönheit und Unzugänglichkeit des Hauses wecken in jedem Wanderer auf diesem vielleicht besten Wanderweg Irlands den Wunsch, eine Nacht hier verbringen zu können, sofern sie denn hinkämen.

Wer eine Paddeltour auf dem North Coast Sea Kayak Trail zwischen Waterfoot und Magilligan Point unternimmt, dem wird der Wunsch erfüllt: Auf dieser zweitägigen Strecke ist das *bothy* der perfekte Zwischenstopp.

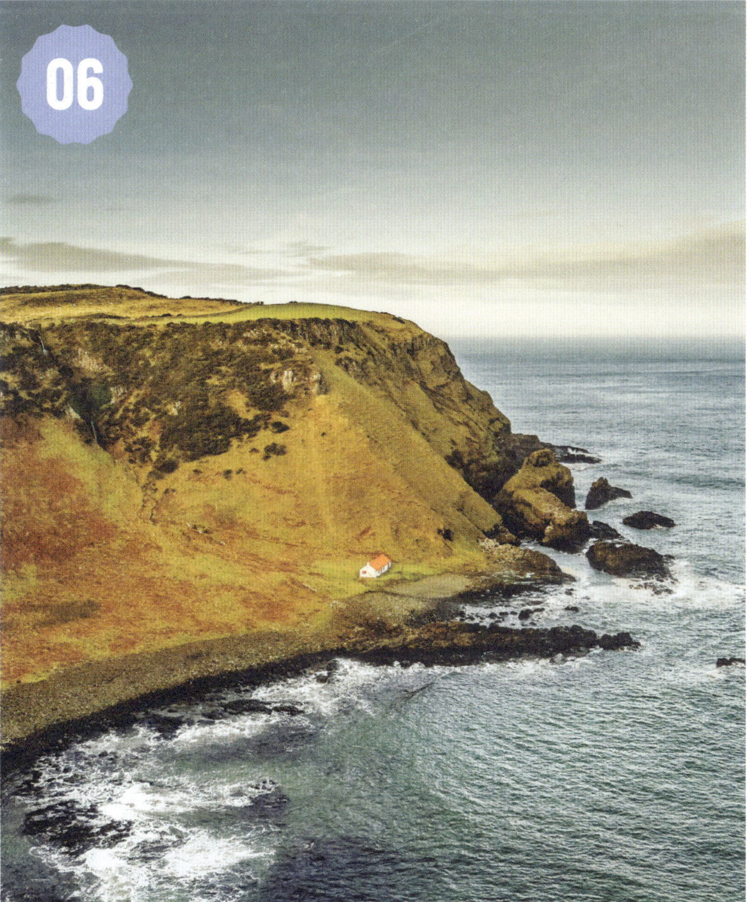

Von Waterfoot erreicht man das Portmoon Bothy kurz vor dem berühmten Highlight des Trips, dem Giant's Causeway mit Europas berühmtesten Basaltsäulen. Der ganze Abschnitt der als Unesco-Welterbe gelisteten Küste hält an Landspitzen und Buchten jedoch auch noch weitere wunderbare Plätzchen bereit.

Das von der Causeway Coast Kayak Association unterhaltene *bothy* verfügt über eine Schlafplattform für acht Personen, einen Holzofen und Zeltstellplätze. Nachts halten die Wellen Einzug in die Träume der Gäste. Reservieren, sonst ist das Haus vielleicht verschlossen!

KURZINFOS

Per Kajak geht's auf einer wunderschönen Meeresroute unterhalb von mächtigen Basaltklippen zu diesem versteckten Örtchen an der geologisch umwerfenden Küste.

Wann: ganzjährig
Ausstattung: Heizung (Holz), Küche, Toilette
Zugang: mit dem Kajak; Bus zum Dunseverick Castle, 2 km südöstlich
Kontakt: www.ccka.co.uk

DEUTSCHLAND

Von der erfrischenden Ostsee bis zu den Bayrischen Alpen ist die Liebe der Deutschen zur Natur spürbar, und das ganz besonders auf Wanderungen und beim Campen.

Wann: April–Okt. (Camping); Mitte Juni–Anfang Sept. (Hütten)
Beste Nationalparks: NP Berchtesgaden, NP Schwarzwald, NP Wattenmeer
Beste Fernwanderwege: Westweg (285 km), Rennsteig (169 km), Goldsteig (660 km)
Wild zelten: begrenzt
Nützliche Adressen: Deutsche Zentrale für Tourismus (www.germany.travel), Bergfex (www.bergfex.de), Deutscher Alpenverein (www.alpenverein.de)

Es gibt jede Menge Wildnis in diesem relativ großen Land, von den Märchenwäldern des Schwarzwalds bis zu den Stränden der Ostsee und den bizarren Sandsteinformationen der Sächsischen Schweiz, wo alles, was man zum wilden Höhlenzelten braucht, lediglich ein Biwaksack ist. Nur wenige Länder können es in Sachen Leben in der freien Natur mit Deutschland aufnehmen. Naturverbunden und umweltbewusst, dazu mit einer großen Wanderleidenschaft, ist dies ein tolles Land für Camper mit zahlreichen Nationalparks und Schutzgebieten, ausgedehnten und gut ausgeschilderten Wanderwegen, einem ausgezeichneten Netz an Berghütten und einem sehr effizienten und preiswerten öffentlichen Personenverkehr. Wer hier mit Zelt, Rucksack und Wanderstiefeln unterwegs ist, wird meist herzlich willkommen geheißen.

WILD ZELTEN

Mit Ausnahme des Boofens (Höhlencampen in der Sächsischen Schweiz) ist wild zelten meist verboten. Dem am nächsten kommen die als Unterkunft für eine oder zwei Nächte für Wanderer, Radler und Naturfreunde gedachten Naturzeltplätze (https://mehr-berge.de) mit einer begrenzten Zahl an Stellplätzen in abgeschiedener Lage und einfachen Einrichtungen. Ansonsten darf man gewöhnlich für eine Nacht auf Privatgrund zelten, wenn man vorher um Erlaubnis gefragt hat.

AUSRÜSTUNG

In jeder etwas größeren Stadt gibt's Outdoorläden; dort ist alles von Campingkochern und Brennstoff bis zu Schlafsäcken, Wanderstiefeln und warmer Unterwäsche erhältlich. Solide Kost auf mehrtägigen Wander- und Campingtouren sind z. B. luftgetrocknete Wurst, Roggenbrot und Gaskocher-Klassiker wie Käsespätzle. Einkaufen kann man u. a. in Biomärkten.

SICHERHEIT

Es sollten die gewöhnlichen Regeln des gesunden Menschenverstands walten. An der Küste sollte man die Gezeitenpläne beachten, in den Alpen die Wettervorhersagen – das Wetter kann hier schnell umschlagen. Die besten Wanderkarten im Maßstab 1:25 000 sind die des Deutschen Alpenvereins (DAV, www.dav-shop.de) und von Kompass (www.kompass.de). Von Kompass gibt's auch Radkarten.

SPARTIPPS

Mit einer Camping Card International (www.campingcardinternational.com) erhält man bis zu 25 % Rabatt auf die Camping-

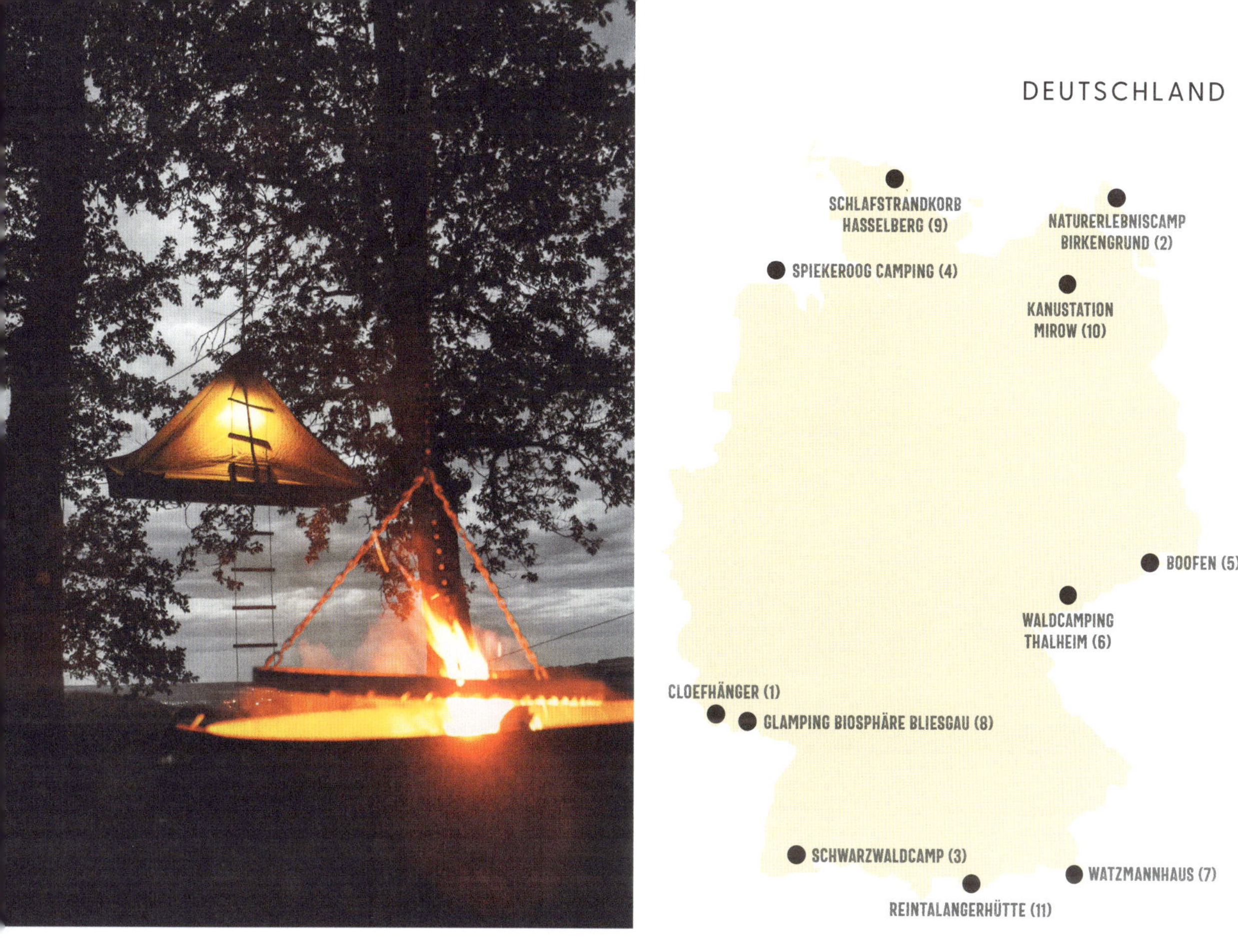

gebühren, mit der Mitgliedskarte des Deutschen Alpenvereins (www.alpenverein.de) Rabatt in Berghütten – lohnt sich vielleicht bei mehrtägigen Bergtouren. In vielen Regionen gibt's Gästekarten für die kostenlose Nutzung des ÖPNV; die Deutsche Bahn (www.bahn.de) bietet eine Reihe von Ermäßigungsfahrkarten.

DIE BESTEN REGIONEN

Schwarzwald
Der Schwarzwald ist ein echtes Campingmekka, mit Möglichkeiten zum *foraging* (Sammeln von Pflanzen in der freien Natur), Badeseen und einer endlosen Zahl von Wanderwegen sowie Radwegen und Mountainbike-Trails.

Bayrische Alpen
Die zerklüfteten Kalksteingipfel der Bayrischen Alpen im Süden des Landes sind ein echter Genuss. Für Übernachtungen in den Berghütten, allesamt durch gut markierte Wanderwege verbunden, ist der Sommer am besten.

Sächsische Schweiz
Seinem inneren Höhlenmenschen kann man mit einer Nacht Boofen in den wunderbar bizarren Gesteinsformationen dieses Nationalparks im Elbtal nachspüren.

Ostseeküste
Mit Dänemark zur Linken und Polen zur Rechten ist die Ostseeküste ein wahrer Traum für Camper, insbesondere die Insel Rügen mit ihren als Unesco-Welterbe gelisteten Buchenwäldern und den schillernd weißen Kalksteinklippen des Nationalparks Jasmund.

Mecklenburgische Seenplatte
Wer abgeschiedene Wildnis sucht, sollte diese Ecke im Norden Deutschlands ansteuern: Hier sind die Seen und Wälder maßgeschneidert für herrliche Paddel-Camping-Abenteuer.

Nach einem Abend am Lagerfeuer klettert man bei Cloefhänger (oben) buchstäblich ins Bett für eine Nacht oberhalb der Saar

CLOEFHÄNGER

CLOEF, SAARLAND

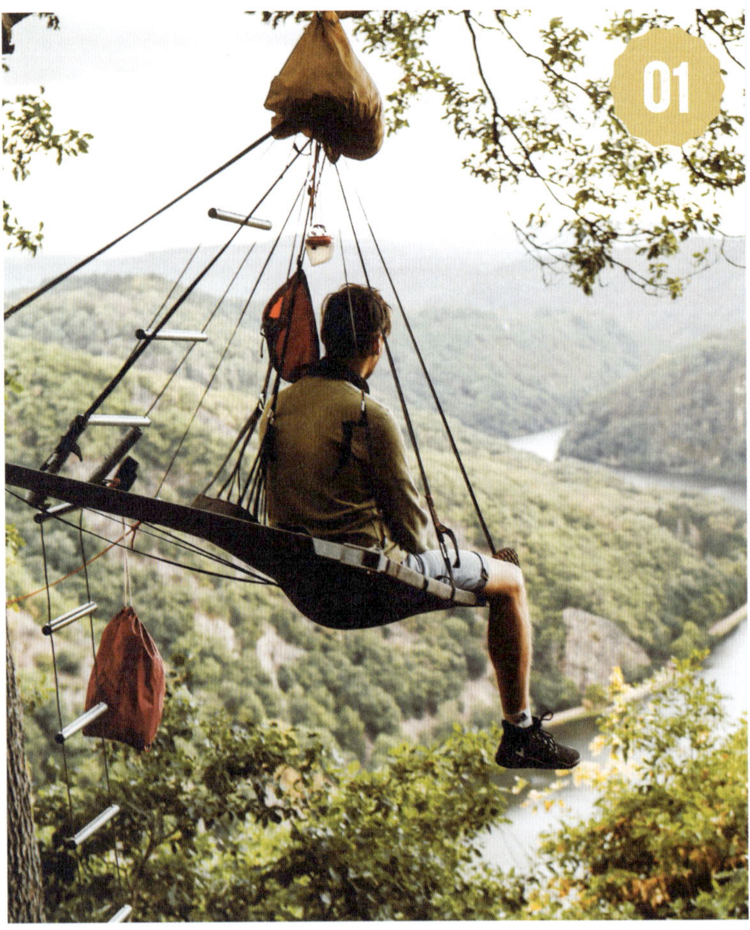

„An einem seidenen Faden hängen" erhält beim Cloefhänger eine ganz neue Bedeutung: Das Bett für die Nacht ist nichs weiter als eine Art offenes Zelt oder eine raffiniertere Form von Matratze, 2 m über dem Boden in einem Baum hängend mit Blick über den Rand eines Felsens. Hat man erstmal die Angst überwunden und die Gewissheit verinnerlicht, dass die Seile nicht reißen und kein Absturz droht, so kann man sich entspannt unter den Sternen in die Träume baumeln. Die Augen öffnet man dann morgens mit einem tollen Ausblick auf die schöne Saarschleife inmitten bewaldeter Bergfalten des Saarlands an der französischen Grenze.

Mit seiner ganz eigenen Biwakkreation führt Naturfreund und Gastgeber Martin Heger das Glamping in neue, wilde Extreme. Ein paar Dinge werden vorausgesetzt: Man muss mindestens 16 Jahre alt und schwindelfrei sein. Ansonsten muss man nur Kissen und Schlafsack sowie einen Sinn für Abenteuer mitbringen. Auf dem Biwak haben maximal zwei Personen Platz. Nach einem Lagerfeuer mit Gegrilltem hilft Martin einem hoch in den Baum, und dann ist man allein mit der Welt und dem weiten Himmel über sich.

KURZINFOS

Bei diesem Biwak-Cliffhanger hoch oben in den Bäumen oberhalb einer besonders malerischen Saarschleife hängt man im wahrsten Sinne des Wortes ab – für Wagemutige!

Wann: Juni–Sept.
Ausstattung: Toiletten (350 m entfernt)
Zugang: mit dem Auto; Bus nach Orscholz, Treffpunkt beim Parkplatz Cloefstraße
Kontakt: www.cloefhaenger.com

NATURERLEBNISCAMP BIRKENGRUND

SASSNITZ, RÜGEN, MECKLENBURG-VORPOMMERN

Wenn durch das fleckige Licht eines urwüchsigen Buchenwaldes der Blick auf atemberaubend zerklüftete Kalksteinklippen und die grüne Ostsee fällt, berührt der Nationalpark Jasmund im Norden der Insel Rügen das Herz wie kein anderes Fleckchen an der deutschen Küste. Und so versetzte die Aussicht im 19. Jh. auch den Maler Caspar David Friedrich in romantische Verzückung.

Dieser naturverbundene Campingplatz am Rand des Nationalparks ist eine ruhige Basis für Küstenwanderungen, Radtouren und Querfeldeintouren; die Stellplätze verteilen sich auf zwei Wiesen, eine für Wohnmobile und Autos, eine nur für Zelte. Wer keine Ausrüstung mitschleppen möchte, kann eine einfache Hütte mit Platz für bis zu acht Personen mieten, ausgestattet mit Etagenbetten, Tisch und Stühlen. Oder man bringt seinen Schlafsack mit, um in einem alten Hanomag-Patrouillenwagen zu nächtigen. Zwar sind Einrichtungen bewusst simpel gehalten, aber es gibt kostenlos heißes Wasser und frische Brötchen, kleine Lagerfeuer sind erlaubt und Einrichtungen zum Kochen unter freiem Himmel vorhanden (alle Zutaten selbst mitbringen!).

Die hiesige Küste ist ein echter Besuchermagnet. Pfade führen zur Piratenschlucht, zu erreichen über eine Treppe, und zu den viel fotografierten Kreidefelsen des Königsstuhls.

KURZINFOS

Der naturnahe Campingplatz ist perfekt gelegen für die Erkundung der wilden Kalksteinklippen, Buchten und Buchenwälder des Nationalparks Jasmund auf Rügen.

Wann: Mai–Okt.
Ausstattung: Grill, Strom, Küche, Duschen, Toiletten, Müllentsorgung, WLAN, Leitungswasser
Zugang: mit dem Zug zum Eisenbahn- und Busbahnhof Sassnitz, 2 km südlich
Kontakt: www.naturerlebniscamp-ruegen.de

SCHWARZWALDCAMP

SCHLUCHSEE, SCHWARZWALD, BADEN-WÜRTTEMBERG

Tagesanbruch im Schwarzwald: Zum Hämmern eines Spechts fällt goldenes Licht durch die Wipfel der Tannen und Fichten. Und wo könnte man besser in diese märchenhafte Welt eintauchen als im Schwarzwaldcamp? Hier befindet man sich mitten im kühlen Herzen des Waldes, der sich über dem stahlblauen Schluchsee erhebt, dem größten See der Region. Die Tage füllt man mit Baden oder Kanufahren (die freundlichen Platzbetreiber können helfen, Paddeltouren zu planen), mit Mountainbiken in den bewaldeten Bergen der Umgebung und mit der Suche nach Wildbeeren und Pilzen.

Man kann unter Bäumen zelten oder in einer der ausgefallenen Bleiben nächtigen, z. B. in nordischen Tipis, Baumzelten und – klasse! – einer umgebauten alten Gondel aus einem französischen Skigebiet, mit ovalem Doppelbett, Sonnenschutz und Miniküche. Die familiengerechten Tipis bieten Extras wie Popcornmaschinen, Feuerholz und kostenlose Kanunutzung. Auch Lastenräder können gratis geliehen werden, es gibt Grillbereiche und einen kleinen Laden mit regionalen Leckereien. Schlafsack mitbringen und Taschenlampe nicht vergessen – hier im Wald wird's nachts sehr düster ...

KURZINFOS

Schlummern in einem Baumzelt, einem Tipi oder einer alten Seilbahngondel in diesem einzigartigen Camp am Schluchsee im südlichen Schwarzwald.

Wann: Mai–Okt.
Ausstattung: Grill, Strom, Duschen, Toiletten, WLAN, Leitungswasser
Zugang: mit dem Zug zum Bahnhof Schluchsee, 1,3 km südöstlich
Kontakt: www.schwarzwaldcamp.com

Foraging

Nichts entfacht unsere Instinkte als Jäger und Sammler und unsere Naturverbundenheit so sehr wie das *foraging*, das Sammeln von Wildpflanzen in der freien Natur: Es ist nachhaltig und erfolgt im Einklang mit den Jahreszeiten.

Foraging hat in Europa in letzter Zeit rasant an Beliebtheit gewonnen. Die Skandinavier betreiben es schon seit Langem in ihren weiten Wäldern und an ihren abgeschiedenen Küsten. Schweden und Finnland bieten ein wahres Füllhorn: Fichtenblätter, Birkensaft, Pilze (Pfifferlinge, Große Schirmlinge, Tintenschopfling) und Beeren, die unter der Mitternachtssonne reifen, darunter besonders arktische Schätze wie Moltebeeren. Auch in Deutschland lässt sich vieles sammeln; im Schwarzwald gibt's z. B. Blaubeeren, Wildkräuter und Pilze wie den beliebten Steinpilz. Nach Pilzen und Kräutern kann man solo Ausschau halten oder im Rahmen organisierter Pilz- oder Kräuterwanderungen. In Großbritannien ist alles von der Heckenlandschaft bis zu den Küsten interessant. Überall findet man Brombeeren und Sauerampfer, Bärlauch, Nesseln und Holunder, an den rauen Küsten von Schottland und Wales jede Menge Schalentiere (Muscheln, Schnecken) und essbaren Seetang (Rotalgen, Kelp, Knorpel- und Purpurtang). Geführte *foraging*-Touren sind voll im Trend!

Ein paar Grundregeln: respektvoll sammeln und nur mitnehmen, was man auch wirklich braucht. Nur auf öffentlichem Land sammeln (oder um Erlaubnis bitten) und in Naturschutzgebieten auf Bestimmungen achten. Sich vergewissern, dass man nichts Giftiges mitnimmt. Bestimmungs-Apps wie Plant Snap (www.plantsnap.com) und Bücher wie der *Concise Foraging Guide* (The Wildlife Trusts) stellen nützliche Hilfen dar.

SPIEKEROOG CAMPING

SPIEKEROOG, OSTFRIESISCHE INSELN, NIEDERSACHSEN

04

Wie Trittsteine hinüber in eine andere Welt liegen die Ostfriesischen Inseln vor der deutschen Nordseeküste aufgereiht und verzaubern ihre Gäste mit verträumten Dünenlandschaften, weichem weißem Sand, einem weiten Himmel und erfrischenden Meeresbrisen. Das winzige, autofreie Spiekeroog ist angenehm geruhsam. Die Inseln liegen im als Unesco-Welterbe gelisteten Wattenmeer, dem weltweit größten zusammenhängenden Gezeiten-Ökosystem aus Sand und Schlick. Wenn die Flut zurückgeht, lädt das Watt zu Wanderungen mit erfahrenen Wattführern ein.

Der einzige Campingplatz auf Spiekeroog ist ein naturverbundener Platz nur für Zelte – einfach aufschlagen und die Ruhe genießen! Die Einrichtungen sind bewusst schlicht gehalten – ein Hygieneblock mit Duschen, ein Grillbereich für die Wurst nach der erfrischenden Strandwanderung und Waschmöglichkeiten fürs sandige Badezeug. In einem Kiosk kann man sich mit dem Lebensnotwendigen (wie z. B. Gas für Campingkocher) und frischen Brötchen versorgen.

Ansonsten dreht sich alles um die freie Natur. Man wandert, badet oder unternimmt Bootsfahrten hinaus zu den Robben auf den Sandbänken, und abends bestaunt man den Wechsel vom grellen Tageslicht zu malerischen Sonnenuntergängen und einem sternenübersäten Himmel.

KURZINFOS

Die Gezeiten und der vom Wind verwehte Sand prägen die Küstenlandschaft der ostfriesischen Insel, die sich von diesem Campingplatz in den Dünen bestens erkunden lässt.

Wann: Mai–Mitte Sept.
Ausstattung: Grill, Duschen, Toiletten, Leitungswasser
Zugang: mit der Fähre zum Fähranleger, 3 km östlich
Kontakt: www.spiekeroog.de

BOOFEN

SÄCHSISCHE SCHWEIZ, SACHSEN

Boofen (Höhlencampen) stammt vom umgangssprachlichen Wort pofen (schlafen) ab. Genau danach stand den Kletterern nach einem harten Tag des Herumkraxelns an den Sandsteinfelsen in der Sächsischen Schweiz der Sinn. Doch wo soll man vor dem Aufbruch in aller Frühe eine gute Mütze Schlaf herbekommen? Hier kommen die Höhlen und Überhänge ins Spiel. Seit mehr als 100 Jahren ist der Nationalpark Sächsische Schweiz mit seinen über 1000 Gipfeln ein Magnet für Bergsteiger. Hier hat die Natur völlig verrücktgespielt und poröses Gestein zu bizarren Säulen, Klippen und Tafelbergen geformt, die sich über Wäldern, tiefen Flusstälern und der gewundenen Elbe erheben. Die Schweiz im Namen ist ein bisschen weit hergeholt, aber an der rauen Romantik der Gegend kann absolut kein Zweifel bestehen.

Wer beim Boofen seinem inneren Höhlenmenschen nachspüren möchte, braucht nur Biwak- oder Schlafsack, Lampe, Karte, Sinn für Abenteuer und Proviant. Boofen ist eine tolle Möglichkeit, in die Wildnis des Nationalparks einzutauchen, solange man den Gesetzen der Felsen gehorcht. Es gibt 57 offiziell ausgewiesene Höhlen (Karte auf der Website); offenes Feuer ist verboten. Doch das nimmt einer unvergesslichen Nacht im Freien nichts von ihrem urzeitlichen Zauber.

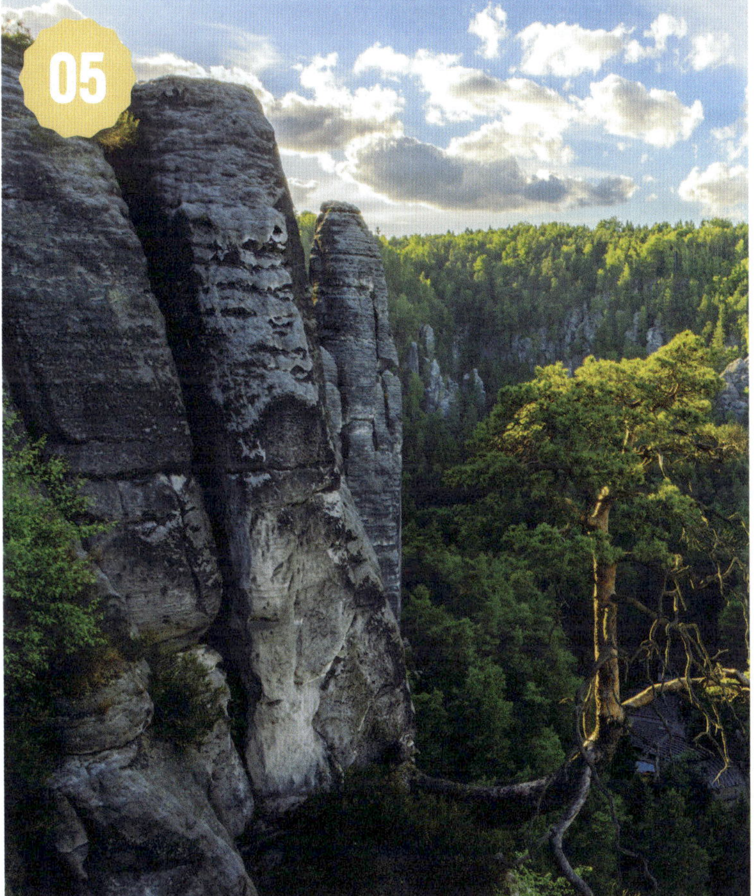

© MAKS ERSHOV | SHUTTERSTOCK

KURZINFOS

In der Sandsteinwildnis des Nationalparks Sächsische Schweiz kommen Wanderer und Bergsteiger voll auf ihre Kosten. Hier ist schon seit 100 Jahren Boofen (Höhlencamping) angesagt!

Wann: ganzjährig
Ausstattung: Wasser (Bäche, muss entkeimt werden)
Zugang: zu Fuß; Zug zum Bahnhof Bad Schandau
Kontakt: www.saechsische-schweiz.info

WALDCAMPING THALHEIM

THALHEIM, ERZGEBIRGE, SACHSEN

Das Erzgebirge an der tschechischen Grenze liegt abseits der Touristenströme am Rand des sanften Hügellands Südsachsens. Die tiefen Wälder, die sich wirklich märchenhaft ausnehmen, bieten Rast und Ruhe. In dieses folkloristische Bild passt wunderbar die hiesige Tradition der Holzschnitzerei – ein Weihnachten ohne Nussknacker und Räuchermännchen wäre kein richtiges Weihnachten.

Auf diesem Campingplatz im Birkenwald wird Ruhe großgeschrieben. Wer kein Zelt aufbauen möchte, kann in einer der einzigartigen, familiengerechten Glamping-Alternativen unterkommen: coolen, mit Holz beheizten Tipis mit Schaffellen, Traumfängern (sowie anderer Deko aus der Kultur der amerikanischen Ureinwohner) und Feuerstellen; einem alten Planwagen wie aus einem Western, umgebaut zum kleinen Liebesnest für zwei; und im naturnahen „Bett im Wald", einer offenen Lärchenholzhütte mit zwei Doppelbetten tief im Wald.

Tagsüber kann man wandern, bergsteigen, Mountainbike fahren oder auch an einem der angebotenen Kurse teilnehmen: Dies sind z. B. Kräuterwanderungen, Überlebenstraining in der Wildnis und Kochen über dem offenen Feuer.

KURZINFOS

Der Camping- und Glampingplatz in einem stillen Birkenwald in den Ausläufern des Erzgebirges bringt seinen Gästen die Natur nahe.

Wann: Mai–Okt.
Ausstattung: Grill, Feuerstelle, Duschen, Toiletten, Leitungswasser
Zugang: mit dem Auto oder Bus nach Thalheim, 2 km südlich
Kontakt: www.waldcamping-erzgebirgsbad.de

WATZMANNHAUS

NATIONALPARK BERCHTESGADEN, BAYERN

Mit den in die Wolken ragenden Alpengipfeln, seinen glitzernden Seen und wie für eine Gutenachtgeschichte geschaffenen Orten überschüttet der Nationalpark Berchtesgaden seine Gäste regelrecht mit einem Übermaß an Schönheit wie keine andere Region Deutschlands. Hoch und mächtig erhebt sich über dem fjordartigen, smaragdgrünen Königssee der felsige, 2713 m hohe Watzmann – der Zauberberg der Region und ein legendäres Bergsteigermekka. Wie man hier unten sagt: Der Berg ruft!

Schon seit über 130 Jahren tummeln sich in dieser Hütte Bergsteiger, um den gefürchteten Watzmann zu erklimmen, die kleineren Gipfel (Mittelspitze und Hockeck) anzugehen oder die viertägige Hüttenwanderung Watzmanntour in Angriff zu nehmen, die wunderbar durch den Nationalpark führt. Ob Wanderer, Kletterer oder Bergsteiger – diese Hütte ist eine ideale Basis für alle Bergenthusiasten.

Die Mehrbett- und Doppelzimmer sowie das Matratzenlager sind einfach und hell. Solide Bergkost wird im Gasthaus und auf der Terrasse mit sensationellem Ausblick serviert. Schlafsack, Taschenlampe, Handtuch und Bargeld mitbringen (keine Kreditkarten)!

KURZINFOS

Diese Hütte auf 1930 m im grandiosen Nationalpark Berchtesgaden in Bayern sorgt für alpine Hochgefühle und ist bei Wanderern und Bergsteigern gleichermaßen beliebt.

Wann: Mitte Mai–Mitte Okt.
Ausstattung: Strom, Duschen, Toiletten, Leitungswasser
Zugang: zu Fuß; Bus zur Wimbachbrücke, 6,3 km nördlich
Kontakt: www.alpenverein-muenchen-oberland.de

GLAMPING BIOSPHÄRE BLIESGAU

KLEINBLITTERSDORF, SAARLAND

Das Saarland steht oft im Schatten angeblich schönerer Regionen Deutschlands, doch mit seinen Weiden und Flusstälern hat es einen stillen Charme. Das frische Glampingrefugium ist ein ideales Sprungbrett für die Rad- und Wanderwege im Unesco-Biosphärenreservat Bliesgau. Dieses beherbergt Obstgärten, Buchenwälder und artenreiches Grasland sowie jede Menge Tiere und Pflanzen wie Eulen, seltene Orchideen und Goldene Scheckenfalter.

Die vier Glampinghütten aus Holz sind wahre Wunderwerke des organischen, nachhaltigen Designs. Durch ihre natürliche Farbgebung, die Bullaugenfenster und den zeitgenössischen Stil ähneln sie einem umgedrehten Bootsrumpf. Vom Weingarten-Bereich blickt man auf Reben, vom Waldgarten in die Bäume und vom Sonnengarten hinüber nach Frankreich. Luxus gibt's in Form von integrierten Villeroy-&-Boch-Bädern, hochwertiger Bettwäsche und Miniküchen. In einer Scheune kann man sich mit regionalen Erzeugnissen eindecken.

In die Natur lässt sich hier auf vielfältige Weise eintauchen, von Pilz- und Kräuterwanderungen im Biosphärenreservat bis zur Wanderung auf einem Abschnitt des Jakobswegs und zur Radtour auf Radfernwegen, die tiefer ins Saarland sowie hinüber ins benachbarte Lothringen führen. Nach dem Wandern und Radeln kann man sich im Thermalbad nebenan entspannen.

KURZINFOS

Die nachhaltig ausgerichteten Glampingunterkünfte in den sanften Hügeln des Saarlands sind ideale Ausgangspunkte, um zu radeln, zu wandern, Wildpflanzen zu sammeln und seltene Tiere zu erspähen.

Wann: ganzjährig
Ausstattung: Bettzeug, Strom, Küche, Duschen, Toiletten, Leitungswasser, WLAN
Zugang: mit dem Zug; Bus zur Saarland Therme hält direkt vor der Tür
Kontakt: https://glamping-resorts.de

SCHLAFSTRANDKORB HASSELBERG

HASSELBERG, SCHLESWIG-HOLSTEIN

Die gemütlichen Strandkörbe sind ein liebgewonnener Teil der deutschen Seebadkultur und allemal besser als normale Strandliegen. Jetzt kann man auch in einem übernachten, dabei mit den Zehen in weichem Sand buddeln und sich vom sanften Plätschern der Wellen und den leichten Meeresbrisen in den Schlaf wiegen lassen. Dies ist z. B. an der Geltinger Bucht im Osten Schleswig-Holsteins möglich. Mit schönem Blick auf die Flensburger Förde und die dänische Küste genießt man klares Licht und weite Horizonte.

Drei wetterfeste Strandkörbe an den blasssandigen, von Dünen gesäumten Stränden von Hasselberg und Kronsgaard und am kleinen Hafen von Wackerballig bieten eine ausgefallene Möglichkeit, am Strand zu nächtigen. Die Schlafstrandkörbe sind ziemlich ausgeklügelt, mit winziger Terrasse und Sitzbank, die sich zum Bett ausklappen lässt – zur Not groß genug für zwei Personen, aber man sollte vorher abklären, dass es in Ordnung ist, seinem Schlafpartner auf die Pelle zu rücken. Dazu gibt's einen kleinen Tisch und Stauraum für die Ausrüstung.

Schlafsack, Taschenlampe und Proviant mitbringen! Öffentliche Toiletten sind nur einen Katzensprung entfernt, und wer braucht schon eine Dusche, wenn das Meer vor der Haustür liegt?

KURZINFOS

Mit den Zehen im Sand graben, übers Meer nach Dänemark blicken und das wechselnde Licht der Ostsee bewundern – in clever designten Strandkörben an der Geltinger Bucht.

Wann: Mai–Anfang Okt.
Ausstattung: Toiletten
Zugang: mit dem Auto; Bus bis Gundelsby Nordstraße, Hasselberg, 2 km westlich
Kontakt: www.ferienland ostsee.de

KANUSTATION MIROW

MECKLENBURGISCHE SEENPLATTE, MECKLENBURG-VORPOMMERN

Wer noch nie an der Mecklenburgischen Seenplatte war, hat einiges versäumt: Diese Ecke Norddeutschlands besitzt eine ganz eigene stille Schönheit. Sie ist eine Region der Wälder und Gewässer: Die Buchen- und Fichtenwälder sind mit 1000 Seen gespickt, und die Alleen führen unter dem Blätterdach der Bäume hindurch – einst angepflanzt von Fischhändlern, die ihre Ware vor der Sommersonne schützen wollten. Highlight der Region ist der Nationalpark Müritz. Gleich südlich befindet sich die Kanustation Mirow in hübscher Lage am Mirower See.

Beim Anblick der Seen juckt es einem in den Fingern. Ist das Zelt aufgebaut, können sogleich die Gewässer per Kanu oder Kajak erkundet werden. Neben den Seen gibt's unzählige andere Gewässer zu erforschen; mit Fernglas und Geduld erspäht man Eisvögel, Fisch- und Seeadler. Auf dem Campingplatz kann man nicht nur Ausrüstung leihen, sondern sich auch bei der Planung der Paddeltour unter die Arme greifen lassen. Der Platz selbst wartet mit Spielen im Freien und einem Naturlehrpfad auf, außerdem einer Hütte für Eis und Kaltgetränke nach einem anstrengenden Tag auf dem Wasser.

KURZINFOS

Auf diesem Platz am See im wilden und wasserreichen Herzen der Mecklenburgischen Seenplatte genießt man den geruhsamen, intuitiven Rhythmus des Paddelcampings.

Wann: April–Okt.
Ausstattung: Grill, Strom, Duschen, Toiletten, WLAN, Leitungswasser
Zugang: mit dem Zug zum Bahnhof Mirow, 3,8 km südlich
Kontakt: www.kanustation.de

REINTALANGERHÜTTE

REINTAL, GARMISCH-PARTENKIRCHEN, BAYERN

Umsäumt von hohen Bergwänden und Fichtenwald, verströmt diese Berghütte jede Menge rustikalen Alpencharme. Die Reintalangerhütte direkt am Ufer der Partnach liegt am Fuß der mächtigen Zugspitze, mit 2962 m Höhe Deutschlands höchster Berg und Krone des Wettersteingebirges in den Nördlichen Kalkalpen. Die Kulisse ist wirklich spektakulär, und angesichts einiger besonders bedrohlich aussehender Felsen geraten Bergsteiger in Verzückung. Dennoch ist die Hütte am Ende des Reintals auch für wanderfreudige Familien erfreulich gut zugänglich.

Schon seit 1912 umhegt die Hütte Wanderer und Kletterer und hat seitdem kaum etwas von ihrem Flair eingebüßt. Ein Kachelofen im dunklen, holzgetäfelten Gastraum hält die Gäste mollig warm. Serviert wird hier Sättigendes wie Schweinsbraten mit Knödeln und Blaukraut – die richtige Stärkung nach einem Tag in den Bergen.

Auch den Talboden säumen ein paar wunderschöne Wege, während anspruchsvollere Hochgebirgs-Tagestouren z. B. hinauf auf den 2744 m hohen Hochwanner führen; erfahrene Bergsteiger nehmen auch die Zugspitze mit ihrem Gletscher in Angriff.

KURZINFOS

Erfahrene Bergsteiger sind wegen der Zugspitze vor Ort, aber auch Wanderer verlieben sich in die rustikale Schönheit dieser an der Partnach gelegenen Alpenhütte im Reintal.

Wann: Ende Mai–Mitte Okt.
Ausstattung: Strom, Duschen, Toiletten, Leitungswasser
Zugang: zu Fuß; Zug zum Bahnhof Garmisch-Partenkirchen, 15,8 km nördlich
Kontakt: www.alpenverein-muenchen-oberland.de

FRANKREICH

Ob man sein Zelt an der wilden Westküste der Bretagne oder an den Ufern der Loire aufschlägt – in Frankreich hat das Campen eine ganz eigene Qualität.

Wann: April–Okt. (Camping); Mitte Juni–Anfang Sept. (Hütten)
Beste Nationalparks: PN des Écrins, PN des Pyrénées, PN du Mercantour
Beste Fernwanderwege: Walker's Haute Route (180 km), GR10 (866 km), Tour du Mont Blanc (158 km)
Wild zelten: begrenzt
Nützliche Adressen: Atout France (www.atout-france.fr), Fédération Française des Clubs Alpins et de Montagne (www.ffcam.fr), Cabanes de France (www.cabanes-de-france.com)

Groß, vielfältig und zuweilen sensationell wild – Frankreich ist ein Traum für Camper. Hier nächtigt man im Herzen der Natur, sei es an den famosen Gletscherseen und Gipfeln der Pyrenäen im Südwesten, in den Alpen mit dem 4809 m hohen Mont Blanc im Osten oder in den malerischen Olivenhainen und Lavendelfeldern der Provence.

Man zeltet auf Biohöfen, auf Hügeln oder an Flüssen und nutzt sein Zelt als Ausgangspunkt zur Erkundung der herrlichen Natur, ob auf langen Wanderungen, Radtouren oder mehrtägigen Paddeltrips. Wer in einer Berghütte nächtigt, hat den Sternenhimmel ganz für sich allein. Oder man nutzt die tollen Glampingangebote, von nostalgischen Wohnwagen im Beaujolais bis zu umgebauten Calvados-Fässern tief im Cidre-Land der Normandie. Die Auswahl ist unendlich.

WILD ZELTEN

Le camping sauvage ist eine Grauzone. In touristischen Gebieten und Nationalparks ist es gewöhnlich verboten und wird mit hohen Strafen geahndet. Je abgeschiedener die Orte, desto mehr wird es toleriert, besonders wenn man nur zwischen 19 und 9 Uhr zeltet. Ansonsten den Landeigentümer fragen! Oder man probiert *camping à la ferme* (kleine Zeltplätze auf Bauernhöfen) und Zelten auf dem Land (https://rural-camping.com).

AUSRÜSTUNG

Campingausrüstung kann in Städten und Urlaubsorten geliehen werden – gut ist Intersport (www.intersport.fr). Köstliche Zutaten fürs Essen findet man auf Märkten, z. B. *saucisson sec* (Dauerwurst), Käse und knuspriges Brot, Dosen mit *cassoulet* (Eintopf mit Fleisch und Bohnen) und *bouillabaisse* (provenzalischer Fischeintopf).

SICHERHEIT

An der Atlantikküste die Gezeiten beachten, in den Alpen das Wetter (www.mountain-forecast.com). Die besten topografischen Wanderkarten bietet die GPS-kompatible IGN-Reihe TOP25/Série Bleue. Eine Alternative ist die Kartenapp IGNrando.

SPARTIPPS

Die Camping Card International (www.campingcardinternational.com) bietet Rabatte von bis zu 25 % auf die Campinggebühren. Billiger ist es zudem außerhalb der Hauptsaison und auf den schlichten *campings municipaux* (städtischen Campingplätzen).

DIE BESTEN REGIONEN

Provence

Lavendelfelder, Olivenhaine und Weinberge – die sonnenverwöhnte Landidylle ist ein Paradies für Camper. Touristische Hotspots meiden!

Lac Blanc mit Mont Blanc (links); die GR10, einer der besten Fernwanderwege Frankreichs (unten)

Bretagne
Keltisches Flair, tosende Brandung, zerklüftete Küsten zum Wandern und Radeln sowie nette Inseln.

Französische Alpen
Der mächtige Mont Blanc thront über den höchsten Gipfeln Europas. Die volle Gletscherherrlichkeit bietet der Parc National des Écrins.

Loire-Tal
Beschauliche Campingtage mit Wandern und Radeln zwischen Schlössern und Weinbergen.

Pyrenäen
Wasserfälle, Seen, Gletscher und schroffe Gipfel: Im Parc National des Pyrénées zeigt sich Frankreich von seiner wildesten Seite, mit tollen Wandermöglichkeiten, Zeltplätzen und Berghütten.

LES FOLIES DE LA SERVE

DEUX-GROSNES, BEAUJOLAIS, AUVERGNE-RHÔNE-ALPES

Wer sich hier in einen der handgezimmerten Wohnwagen einmietet, könnte meinen, dem hiesigen Beaujolais zu stark zugesprochen zu haben. Die von den Zimmerleuten Pascaline und Pascal Patin entworfenen ekzentrischen Wagen sind eine Ode ans geruhsame Reisen und die Romantik vergangener Tage. Eins der extravaganten kleinen Liebesnester gibt sich mit Zierspiegeln, Paillettenkissen und viel Lila und Rosa orientalisch, angefüllt mit auf Reisen nach Afrika und Indien gesammeltem Krimskrams. Ein anderer Wagen ist elegant mit Kirsch- und Ulmenholz vertäfelt und mit Antiquitäten aus den 1920er-Jahren dekoriert. Rustikaler ist hingegen die schöne, winzige Holzhütte.

Gelegen in Gärten in der hügeligen Weinlandschaft des Haut-Beaujolais, ist dies ein ruhiges Plätzchen zum Träumen und ein echtes Stückchen *la bonne vie* (das gute Leben). Zu Fuß oder per Drahtesel lassen sich Weingüter, *auberges* und kleine Dörfchen erreichen. Abends kann man sich draußen an einem knisternden Feuer unterm funkelnden Sternenhimmel erfreuen.

Im Bauernhaus wird morgens ein schönes Frühstück mit Gebäck, Brot, Marmelade, Saft und Kaffee serviert, und wer rechtzeitig Bescheid sagt, kann sich ein Picknick packen lassen. Das Bettzeug wird gestellt, Handtücher selbst mitbringen!

KURZINFOS

Wer in einem nostalgischen Wohnwagen im idyllischen Herzen des Weinanbaugebiets Beaujolais übernachtet, erlebt die Romantik vergangener Tage.

Wann: April–Mitte Nov.
Ausstattung: Grill, Bettzeug, Strom, Duschen, Toiletten, Leitungswasser, WLAN
Zugang: mit dem Auto; Bus nach Deux-Grosnes, 6 km westlich
Kontakt: www.lesfolies-delaserve.com

MAS DE LA FARGASSA

AMÉLIE-LES-BAINS, PYRÉNÉES-ORIENTALES, OCCITANIE

Dieser Hof, einen Katzensprung von der spanischen Grenze entfernt in den sonnigen Ausläufern der Pyrenäen, ist ein ländliches Paradies. Durch bewaldete Hänge mit Kastanien, Buchen und Eichen ergießt sich ein Bergfluss. Eine verfallene Eisenschmiede ist als wunderbarer Biohof wieder auferstanden, mit viel Leidenschaft und Liebe zur Natur geführt von Frauke und ihrer Familie.

Ob man im Schatten zeltet, in einem holländischen Albatros-Zelt von De Waard nächtigt (Juli und August) oder sich für den Schweinestall entscheidet, der zur rustikalen Hütte umgestaltet wurde – alles klasse! Morgens wecken einen gackernde Hühner und meckernde Ziegen; zum Frühstück gibt's Obst vom Bauernhof (Pflaumen, Kirschen, Äpfel, Beeren), frisch gelegte Eier, Brot und Marmelade aus eigener Herstellung. Abends kann man sich am Lagerfeuer zur Familie gesellen und musizieren.

Mit Pferden, Eseln und einem zahmen Wildschwein, Möglichkeiten zum Baden im Fluss und Wanderungen in den schroffen Gorges du Mondony ist dies ein toller Ort für Kinder. Ambitioniertere Wanderer können sich auf den 955 km langen Sentier des Pyrénées (GR10) begeben, der von Küste zu Küste führt und übers Gelände verläuft. Schlafsäcke und Handtücher mitbringen! Gebrutzelt wird in der Gemeinschaftsküche.

KURZINFOS

Der familienfreundliche Biohof in den Ausläufern der Pyrenäen ist ideal zum Campen abseits des Trubels, mit verschiedenen Bade- und Wandermöglichkeiten gleich vor der Tür.

Wann: ganzjährig
Ausstattung: Grill, Strom, Feuerstelle, Duschen, Toiletten, Leitungswasser
Zugang: mit dem Auto; Bus nach Amélie-les-Bains, 9,5 km nördlich
Kontakt: https://lafargassa.com

TIPIS INDIENS

GAVARNIE-GÈDRE, HAUTES-PYRÉNÉES, OCCITANIE

Wenn starker Regen fällt und sich die Wasserfälle die steilen Wände des Cirque de Gavarnie hinab ergießen, scheint Gott höchstselbst die Hähne aufgedreht zu haben. Der gewaltige Felsenkessel ermunterte Victor Hugo zu lyrischen Höhenflügen: Er beschrieb ihn als „Kolosseum der Natur“. Und genau dieser Anblick erwartet Besucher auf dem Campingplatz in den Hautes-Pyrénées.

Eigentümer Francis Caussieu hat keine Mühen und Kosten gescheut, um nicht einfach irgendwelche Zelte aufzustellen, sondern handgefertigte Tipis. Einige davon bieten Platz für fünf Personen, mit zwei Betten und einem Doppel-Klappsofa sowie Zugang zu einem Schafstall mit Küche, Bad und Lounge. Noch abgeschiedener sind die Öko-Tipis für vier Personen, mit Campingkochern, Freiluft-Duschkabinen und Trockentoiletten.

Dieser Platz mitten im Nationalpark ist ideal für Familien und Wanderer. Zum Sonnenaufgang lockt das 3 km entfernte Plateau de Saugué mit tollem Ausblick auf den Cirque de Gavarnie; von Luz-St-Sauveur führen markierte Wege zu Bergdörfern und -seen. Oder man sucht sich eigene Wege hoch zu Wäldern und 3000-m-Gipfeln.

KURZINFOS

Die handgefertigten Tipis auf einem Hügel im Parc National des Pyrénées bieten herrliche Ausblicke auf den faszinierenden Felskessel Cirque de Gavarnie.

Wann: Mai–Sept.
Ausstattung: Bettzeug (Gebühr), Strom, Feuerstelle, Duschen, Toiletten, Leitungswasser, WLAN
Zugang: mit dem Auto; Bus nach Luz-St-Sauveur, 15 km nördlich
Kontakt: http://tipis-indiens.com

PERCHÉ DANS LE PERCHE

LA RENARDIÈRE, NORMANDIE

Naturliebhaber? *Bienvenue!* Dieses normannische Refugium befindet sich in einem 10 ha großen Naturschutzgebiet und beeindruckt mit einem wundervollen Sternenhimmel. Das Land ist sanft gewellt, mit Wäldern und Wiesen voller Tiere – Dachse, Füchse, Rehwild, Wildschweine. Naturschutz liegt den Betreibern Claire und Ivan sehr am Herzen: Für die Bearbeitung des Landes nutzen sie uralte Techniken. Zum Eintauchen in die Welt der Bäume haben sie außerdem einen 1,2 km langen Rundweg angelegt.

Toll ist das lichtdurchflutete Baumhaus aus Douglas-Kiefer in einer jahrhundertealten Kastanie; das breite Doppelbett lockt mit Gänsedaunenbettdecke und Bio-Baumwolle. Außerdem gibt's ein Wohnzimmer, eine Küche und ein Bad, aber kein WLAN und keinen Handyempfang; stattdessen kann man auf der Terrasse durchs Fernglas spähen oder Naturbücher durchblättern, während man dem Abendchor der Frösche und Eulen lauscht. Die Frühstückskörbe sind reich gefüllt mit gutem Brot, Marmelade, Honig, Eiern und saisonalen Gartenfrüchten. Oder man geht hoch zur geräumigeren Sechs-Personen-Hütte – ein wunderbar ländlicher Zufluchtsort!

KURZINFOS

Die liebevoll erbauten Baumhäuser im Naturreservat in einem Lichtschutzgebiet der südlichen Normandie sind ein klasse Ziel auf dem Land mit Waldspaziergängen, Tierbeobachtungen und Sternegucken.

Wann: Mitte Feb.–Nov.
Ausstattung: Grill, Bettzeug, Strom, Feuerstelle, Heizung, Duschen, Toiletten, Leitungswasser
Zugang: mit dem Auto; Zug zum Bahnhof La Ferté-Bernard, 12,5 km südlich
Kontakt: www.perchedansleperche.com

CAMPING AU BORD DE LOIRE

GENNES-VAL-DE-LOIRE, MAINE-ET-LOIRE, PAYS DE LA LOIRE

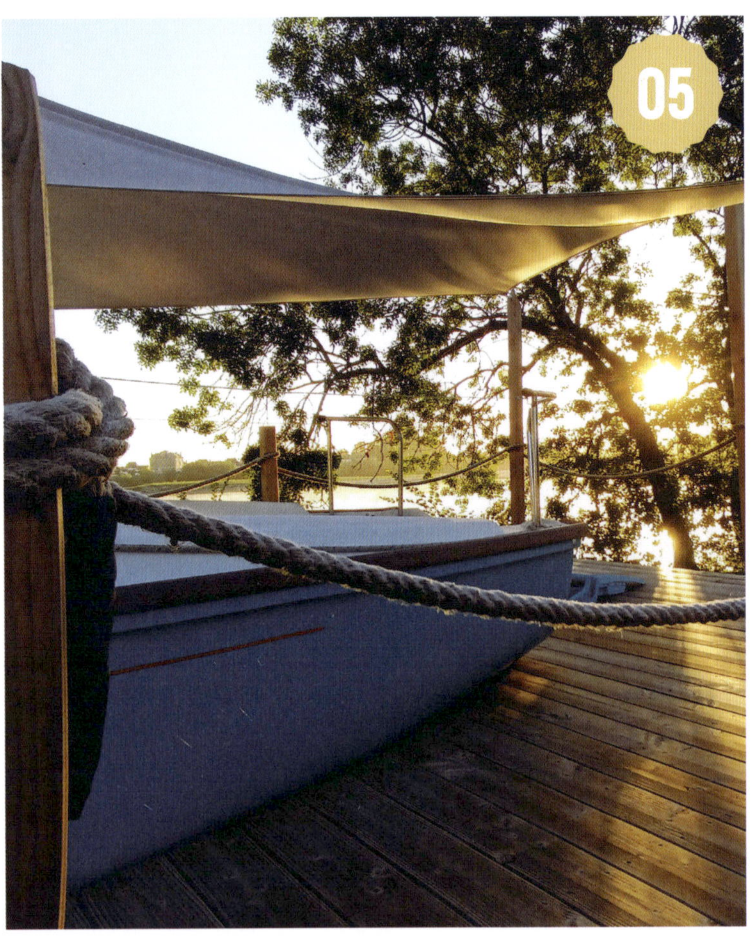

KURZINFOS

Nirgends sind die Verlockungen der Loire deutlicher zu spüren als auf diesem Camping- und Glampingplatz am Fluss, wo man zwischen Weinreben und Schlössern kajaken und radeln kann.

Wann: Mitte April–Sept.
Ausstattung: Grill, Strom, Duschen, Toiletten, WLAN, Leitungswasser
Zugang: mit dem Fahrrad; Zug zum Bahnhof Les Rosiers-sur-Loire, 2,5 km nördlich
Kontakt: https://campingauborddeloire.com

Die Loire ist Frankreichs längster Fluss und eine Lebensader des Landes. Sie entspringt im Zentralmassiv und windet sich dann 1020 km durch einen großen Teil des Landes bis hin zum Atlantik. Die Region wirkt wie ein Schaukasten der schönsten Vorzüge Frankreichs: mit Bergen und Weiden, Dörfern und Inseln, gepflegten Gärten sowie Schlössern, in denen sich einst Könige, Königinnen und Herzöge tummelten. Die Loire, ein riesiges Unesco-Welterbe, besticht mit Geschichte und Landschaften, mit Wander- und Radelmöglichkeiten sowie herausragendem Essen und Wein.

Auf diesem bewaldeten Campingplatz kann man direkt am Flussufer zelten. Wer zu Fuß oder mit dem Rad ankommt und nicht so viel mit sich tragen möchte, kann ein Zelt mieten (einige davon mit Küche und Terrasse) oder in einer der originellen Glampingunterkünfte unterkommen, z. B. in einem umgebauten Boot und Katamaran. Grillplätze, ein Spielplatz, ein Volleyballfeld, Badminton und Tischtennis sprechen besonders Familien an. Und alle lieben das frische Brot vom Bäcker zum *petit déjeuner*.

Das Highlight ist natürlich der Fluss, den man wunderbar auf der tollen, 800 km langen Radroute Loire à Vélo oder auf dem Fernwanderweg GR3 erkunden kann. Beliebt sind auch Kajaktouren auf dem Fluss sowie Heißluftballonfahrten über ihn hinweg.

Wild zelten

Wildes Zelten ist in vielen europäischen Ländern zwar offiziell verboten, aber es gibt einige rechtliche Schlupflöcher wie etwa in Frankreich. Das Paradies für Wildcamper ist Skandinavien, solange man sich an ein paar Grundregeln hält.

Anderswo sind Umsicht und sorgfältiges Planen vonnöten. Im Zweifel sollte man vor Ort oder bei den Landbesitzern nachfragen. Viele Länder unterscheiden wie Frankreich zwischen dem Zelten für eine Woche am Strand und diskretem Kampieren für eine Nacht weit abseits von Straßen, Ackerland und Wohngebäuden. Grundregel: ein abgeschiedenes Plätzchen suchen, nach 19 Uhr ankommen und vor 9 Uhr verschwinden, ohne Spuren zu hinterlassen. Selbst in den Alpen in der Schweiz und Österreich kann man so u. U. an abgeschiedenen Stellen oberhalb der Baumgrenze (2000 m) campen. Estland bietet in Nationalparks wie Matsalu (S. 240) und Lahemaa (S. 239) Plätze zum Wildzelten, während es in Polen mittlerweile in Staatsforsten erlaubt ist.

In Großbritannien ist wildes Zelten gewöhnlich tabu; eine Ausnahme für Fernwanderer sind die Moore von Dartmoor (S. 97). In Deutschland ist wildes Zelten ebenfalls verboten, außer in der bizarren Felslandschaft des Nationalparks Sächsische Schweiz, einem Paradies fürs Boofen (wildes Höhlencampen, S. 135). Irland wartet mit Plätzen zum Wildcampen an Wanderwegen wie dem Slieve Bloom Way und offenen Schutzhütten (S. 126) in abgelegenen Wandergebieten des Nephin-Ballycroy National Park und der Wicklow Mountains auf.

Ansonsten kann man auf Zeltplätze auf dem Land oder friedvolle Micro-Camps ausweichen; Campspace (https://campspace.com) bietet für den Anfang eine gute Auswahl.

© SANDER VAN DER WERF | SHUTTERSTOCK; CHRISTOPHER MOSWITZER | SHUTTERSTOCK

PARCEL TINY HOUSE

SAINT-ÉMILION, BORDEAUX, NOUVELLE-AQUITAINE

Das winzige, umweltfreundliche Hüttenjuwel fügt sich in eine malerische Szenerie mit Weinreben, so weit das Auge reicht. Und die Reben von Saint-Émilion sind keine gewöhnlichen: Sie sind der ganze Stolz von Bordeaux und werden zu einigen der besten Rotweine der Welt gekeltert. *Santé!* Zur Freude über diese Unterkunft kann man ruhig mal anstoßen.

Traumhafte Tage füllt man mit Spaziergängen und Picknicks zwischen den Reben sowie mit *dégustations* (Verkostungen) mit Véronique und Pascal. Und wenn abends die Sterne funkeln, darf das ebenfalls begossen werden.

Das minimalistische, nachhaltig erbaute Holzhäuschen überzeugt mit schickem Design, großen Fenstern für Luft und Licht sowie natürlichen Materialien und Farben. Es gibt ein bequemes Doppelbett, eine Küche, Öko-Dusche und Trockentoilette – und man fragt sich: Wo kommt der ganze Platz her? Denn die Hütte wirkt nie beengt.

Dieses Refugium ohne TV und WLAN ermöglicht es, der Welt zu entfliehen und echten Naturgenuss zu erleben. Nicht weit entfernt liegt das hübsche mittelalterliche Städtchen Saint-Émilion – verlockend, aber das ist das süße *rien faire* (Nichtstun) natürlich auch!

KURZINFOS

Diese kleine, aber perfekt konzipierte und umweltfreundliche Holzhütte in den herrlichen Weingärten von Saint-Émilion ist ein wunderbar weltabgewandtes Paradies für Weinliebhaber.

Wann: ganzjährig
Ausstattung: Bettzeug, Strom, Heizung, Duschen, Toiletten, Leitungswasser
Zugang: mit dem Auto; Zug zum Bahnhof Saint-Émilion, 4,5 km südlich
Kontakt: www.parceltinyhouse.com

07

BOT-CONAN GLAMPING

PLAGE DE LANTECOSTE, FINISTÈRE, BRETAGNE

Nur wenige Regionen Frankreichs erwärmen Campingfreunden so sehr das Herz wie die Bretagne. Daher kann es hier im Sommer aber auch voll sein. Nicht so jedoch im friedlichen Finistère, dem westlichsten Département Frankreichs mit seiner wilden, windigen Küste mit versteckten Buchten, Klippenwegen und keltischem Erbe.

In dieses Panorama fügt sich bestens der stille, baumbestandene Glampingplatz, der mit Meeresbrisen und traumhaften Küstenlandschaften erfreut. An einer kieferngesäumten Bucht zieht sich der Platz sanft zum Atlantik hinunter und ist somit ein ideales Ziel für Strandspaß abseits des Trubels.

Den besten Ausblick bieten die Zelte in der ersten Reihe. Die mit natürlichen Materialien und alten Möbeln eingerichteten Safari-Lodges und Rundzelte verfügen über Futons, Grillstellen, Außenküchen und eigene Terrassen für den Blick auf die Wellen oder in die Sterne. Alle haben Zugang zu zwei Badehäusern mit Rasendach, einer Sauna und einem Whirlpool.

An der Bucht lässt sich wunderbar der Tag vertrödeln. Außerdem locken fantastische Küstenwege, und man kann kostenlos Fahrräder, Kanus und Paddelbretter ausleihen.

KURZINFOS

Auf diesem stillen Glampingplatz mit Safarizelten unter den Bäumen an einer abgeschiedenen Bucht am tosenden Atlantik überwältigt Gäste die Schönheit der Küste des bretonischen Finistère.

Wann: Mai–Okt.
Ausstattung: Grill, Bettzeug, Strom, Heizung, Duschen, Toiletten, Leitungswasser, WLAN
Zugang: mit dem Auto oder per Bus nach Lantecoste, 850 m südlich
Kontakt: www.botconan.com

REFUGE DE BASTAN

NÉOUVIELLE, HAUTES-PYRÉNÉES, OCCITANIE

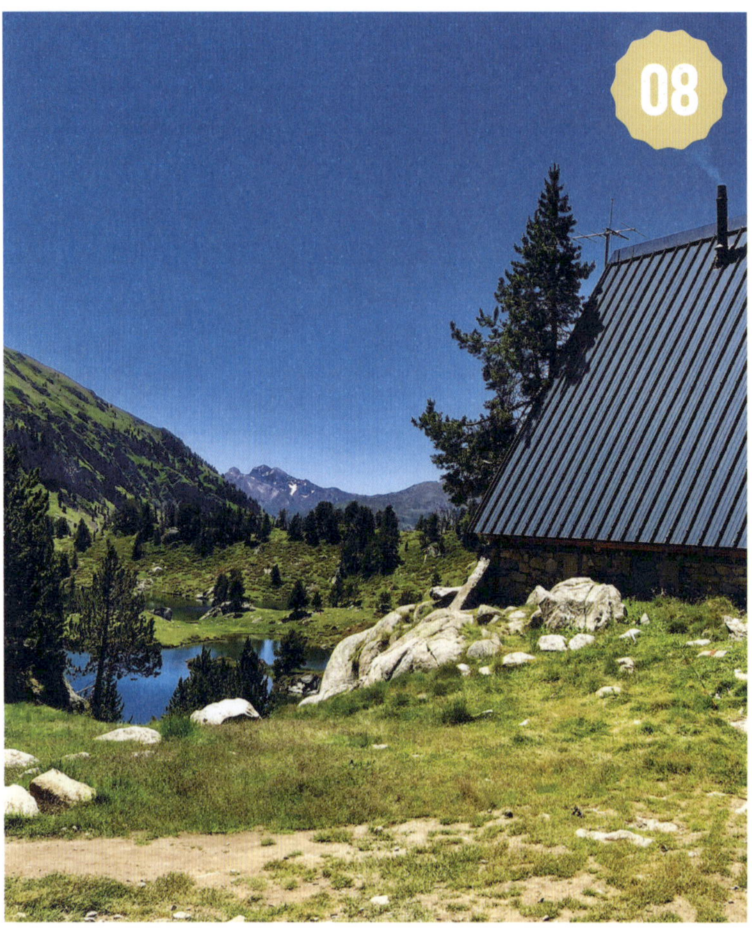

Müde Wanderer auf dem Fernwanderweg GR10 seufzen vor Freude und Erleichterung beim Anblick des Refuge de Bastan hoch oben auf 2240 m in den Néouvielle-Bergen in der östlichen Ecke des Parc National des Pyrénées. Von der Hütte bietet sich ein weiter Ausblick auf die zerklüfteten Granitgipfel sowie auf rund ein Dutzend tintenblauer Seen. Im Frühjahr bieten die Seeufer ein Farbenmeer aus Rhododendren, und im Sommer kühlen sich die Wanderer im mit 20 °C angenehm warmen Wasser ab. Diese Ecke der Pyrenäen ist noch immer wunderbar wild, mit Bergkiefern und Weiden, auf denen Hirten nach traditioneller Art ihre Herden hüten.

Die rustikale, familiengeführte Hütte im Herzen der Reserve Naturelle Nationale du Néouvielle erreicht man nach einer 1,5-stündigen Wanderung hoch vom Col de Portet auf der markierten GR10. An Unterkünften gibt's Dorms und Gemeinschaftszelte mit Matratzen (Kissen und Schlafsack mitbringen!) sowie eine Gemeinschaftsbadehütte mit solarbeheiztem Wasser und Trockentoilette. Schlicht? *Oui.* Aber die Ausblicke sind himmlisch und die Wanderwege unschlagbar. Und Leckereien wie Schwein vom Bauernhof und hausgemachter Blaubeerkuchen schmecken nirgends besser als auf der Terrasse mit Bergblick, wenn in der Ferne Murmeltiere und Steinadler zu hören sind.

KURZINFOS

Wer zu dieser Berghütte in der Reserve Naturelle Nationale du Néouvielle hochwandert, wird mit sensationellen Blicken auf eine Kette von Seen und Gipfeln der Pyrenäen belohnt.

Wann: Ende Mai–Anfang Okt.
Ausstattung: Toiletten, Leitungswasser
Zugang: mit dem Auto oder zu Fuß; Bus nach Saint-Lary Soulan, 16 km östlich
Kontakt: http://refugedebastan.fr

LA DOMAINE DE LA COUR AU GRIP

REPENTIGNY, PAYS D'AUGE, NORMANDIE

Wer hat noch nie davon geträumt, in einem Calvados-Fass zu nächtigen mit idyllischem Ausblick auf die dunstigen Apfelgärten des Pays d'Auge in der Normandie?

Vor einigen Jahren wurde ein alter Mostbauernhof aus dem 19. Jh. vor dem Verfall gerettet – das Flechtwerk mit Lehm wurde liebevoll instandgesetzt, die Hölzer wurden glänzend restauriert. Die Eigentümer fanden jede Menge Gerätschaften zur Mostproduktion sowie Flaschen und ein perfekt erhaltenes, 110 l fassendes Calvados-Eichenfass. Dieses wurde geschickt in einen gemütlichen Schlafraum verwandelt, in einem stillen Garten mit Blick ins weite Tal. Wo könnte man besser einen hiesigen Cidre genießen als im goldenen Licht des späten Nachmittags oder im warmen Schein der untergehenden Sonne?

Ein paar Schritte von hier steht die rustikale Scheune, wo eine Lounge mit einem aus einem alten Cidre-Fass gefertigten Schaukelstuhl und einem Gästebad wartet.

Die Domaine de la Cour liegt direkt an der gut ausgeschilderten, bestens radelbaren Route du Cidre, die sich über 40 km an Schlössern, sanften Hügeln, Obstgärten und Herrenhäusern entlangwindet. Unterwegs kann man frischen, fruchtigen *cidre bouché* und süßen *cidre doux*, würzigen *cidre brut* und kräftigeren Calvados (Apfelbranntwein) probieren.

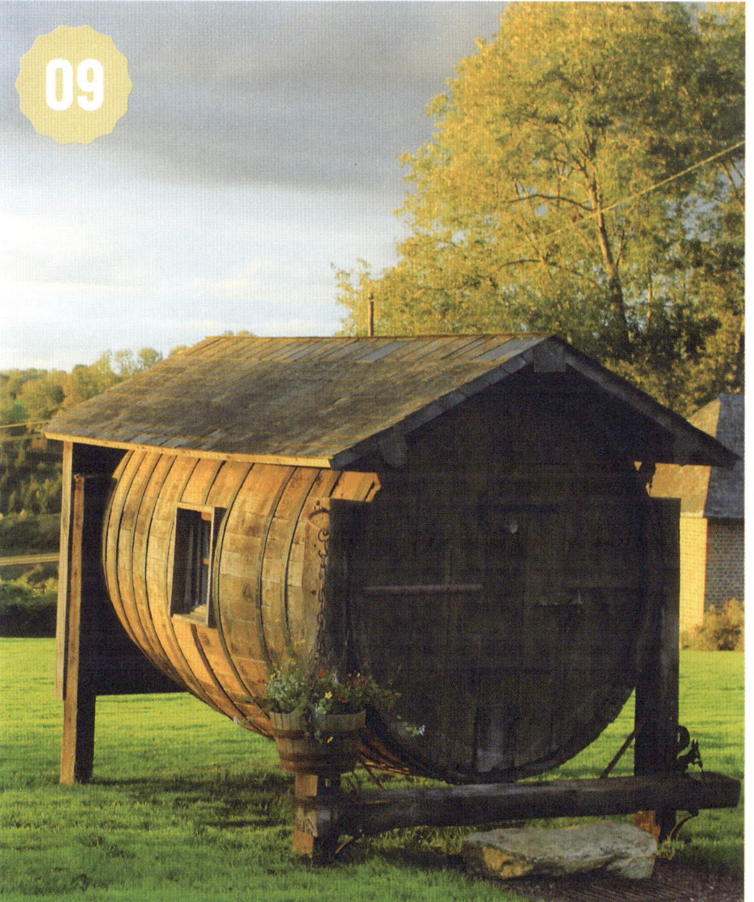

KURZINFOS

Nichts verkörpert französische Landidylle besser als eine Nacht in einem alten Calvados-Fass im Herzen des normannischen Cidre-Gebietes, mit verträumten Tagen und netten Radtouren durch Apfelgärten.

Wann: ganzjährig
Ausstattung: Duschen, Toiletten, Leitungswasser, WLAN
Zugang: mit dem Auto oder Fahrrad; Zug zum Bahnhof Sées, 6 km westlich
Kontakt: https://domainedelacouraugrip.com

REFUGE ALBERT 1ER

CHAMONIX, FRANZÖSISCHE ALPEN, AUVERGNE-RHÔNE-ALPES

Die Wanderung hoch zu dieser Hütte des französischen Alpenvereins ist wirklich umwerfend: Vom Dorf Le Tour klettert man vier Stunden steile, felsige Serpentinen hoch und am Le-Tour-Gletscher vorbei, und das vor der Kulisse der schneebedeckten Spitzen des Mont-Blanc-Massivs. Auf 2707 m angelangt, kann man schließlich Luft schnappen. Die braucht man auch, denn der Ausblick von der Berghütte auf den Gletscher mit seinen Spalten und auf die kantigen Gipfel der Aiguille du Tour (3540 m), des Chardonnet (3824 m) und der Grande Fourche (3610 m) ist atemberaubend.

Auf jeden Fall reservieren – die Hütte ist beliebt, und das zu Recht. Wer zum Wandern oder Skiwandern hier ist, kann die mehrtägige Haute Route (von Chamonix nach Zermatt) oder die 170 km lange Tour du Mont Blanc in Angriff nehmen. Neben dem Schlafsack sollte man für die Dorms auch Ohrstöpsel dabeihaben, denn bei Tagesanbruch ist schon jede Menge los. Die Hütte ist schlicht (nur Barzahlung), mit simplen Gerichten für hungriges Bergvolk. Im Winter sollte man sich über sichere, lawinenfreie Zugangsrouten informieren; dann gibt's nur 30 Dormbetten und kein Personal (Okt.–April).

KURZINFOS

Von dieser für Wanderer, Gipfelstürmer und Skiwanderer bestens hoch oben in den Alpen gelegenen Berghütte eröffnen sich grandiose Ausblicke aufs Mont-Blanc-Massiv.

Wann: ganzjährig
Ausstattung: Heizung, Toiletten, Leitungswasser
Zugang: Bus nach Le Tour, 7,5 km westlich, dann zu Fuß
Kontakt: https://refugealbert1er.ffcam.fr

CAMP VALLÉE DU TARN

COURRIS, TARN, MIDI-PYRÉNÉES, OCCITANIE

Dieser kühle Campingplatz direkt am Ufer des Tarn in den sonnenverwöhnten Midi-Pyrénées wird mit viel Leidenschaft von den Holländern Monique und Erik geführt. Für ihre Gäste scheuen sie keine Mühen, mit frischen Croissants am Morgen und wöchentlichen Grillabenden unter dem Sternenzelt. Camper finden hier Ruhe, Schatten und Hängematten für entschleunigendes Entspannen sowie jede Menge Aktivitäten am Fluss – man kann Kanus und Räder mieten, um die Wildnis zu erkunden, baden und sich im Angeln versuchen. Vogelkundler freuen sich über Uhus und Nachtigallen. Wer nicht zelten möchte, kann in einem der gemütlichen Rundzelte mit richtigen Doppelbetten, Campküchen und Terrassen nächtigen.

Und die Umgebung? Fabelhaft! Die Region besticht mit tiefen Flussschluchten, ockerfarbenen Bergdörfern und *bastides* (Wehrdörfer). Ambialet mit seinen mittelalterlichen Türmen oberhalb eines Flussbogens ist nur zehn Minuten zu Fuß entfernt. Wandern, Radeln und Höhlenwandern kann man bestens im Osten auf der einsamen Karsthochebene der Grands Causses. Hier begegnet man stundenlang keiner einzigen Menschenseele.

KURZINFOS

Auf diesem relaxten Campingplatz in den Midi-Pyrénées kann man gemütlich in Hängematten schaukeln und auf dem Tarn herumpaddeln.

Wann: April–Sept.
Ausstattung: Grill, Bettzeug (in Tipis), Strom, Feuerstelle, Duschen, Toiletten, WLAN, Leitungswasser
Zugang: mit dem Auto; Zug zum Bahnhof Albi-Ville, 25 km westlich
Kontakt: https://de.campvalleedutarn.com

PARC NATIONAL DES ÉCRINS

ALPES DU DAUPHINÉ, PROVENCE-ALPES-CÔTE D'AZUR-AUVERGNE-RHÔNE-ALPES

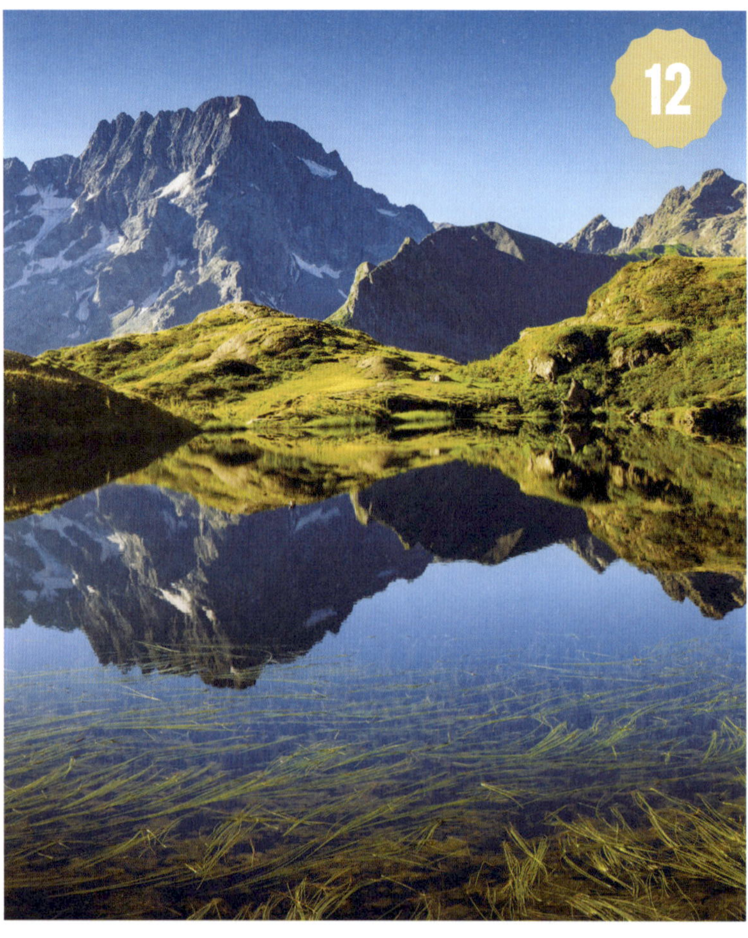

Den Französischen Alpen fehlt es wahrlich nicht an aufreibenden Berglandschaften, doch der Écrins ist tatsächlich der Gipfel. Der von den Flüssen Durance und Drac ausgeschnittene, gewaltige, 918 km^2 große Nationapark ist ein überbordendes Spektakel aus Gletschern, Buchenwäldern, Wasserfällen, Bergwiesen, Seen und messerscharfen Gipfeln – den Höhepunkt bildet die 4102 m hohe Barre des Écrins: ein Mekka für Mountainbiker, Felskletterer und Bergwanderer, mit 700 km an Wegen, von denen viele alten Hirten- und Schmugglerpfaden folgen. Am längsten ist die 180 km lange Tour des Ecrins (GR54), ein anspruchsvoller Rundweg, für den man mindestens eine Woche veranschlagen sollte.

Zwar gibt es zahlreiche Berghütten im Park, doch im Sommer sind viele überfüllt – wer die Wildnis also wirklich genießen möchte, zeltet wild. Man darf kleine, einfache Zelte aufstellen oder einen Biwaksack mitbringen und eine Nacht an einer Stelle verbringen, die mehr als eine Stunde von den Parkgrenzen oder einer Straße entfernt ist. Niederlassen darf man sich ab 19 Uhr, und bis 9 Uhr sollte man wieder verschwunden sein, ohne Spuren zu hinterlassen – dann gibt's keine Probleme.

Am besten erreicht man den Park aus Richtung Norden; ein guter Ausgangspunkt ist Bourg d'Oisans (50 km südöstlich von Grenoble).

KURZINFOS

In diesem gewaltigen Nationalpark zeigen sich die Französischen Alpen von ihrer besten Seite – und das ganz besonders in einem wilden Camp in der abgeschiedensten Ecke des Parks.

Wann: Juni–Sept.
Ausstattung: Wasser (entkeimt)
Zugang: Bus nach Bourg d'Oisans, 6 km nördlich, dann zu Fuß
Kontakt: www.ecrins-parcnational.fr

LITTLE CARPE DIEM

LES POURCELLES, LES MÉES, HAUTE PROVENCE, PROVENCE-ALPES-CÔTE D'AZUR

Die Provence – schon der Name der sonnenverwöhnten Region im Süden Frankreichs ruft Bilder von lila Lavendelfeldern, in goldenes Licht getauchten Olivenhainen, auf Hügeln hockenden *petits villages* mit Zikaden und Pastis zum Sonnenuntergang hervor. Fast wär's ein Klischee – wenn es nicht wahr wäre!

Auf diesem stillen Campingplatz an einem sanften Hügel erhält man einen Eindruck von der Provence, bevor der Tourismus Einzug hielt. Wohnmobile sind tabu, aber man kann sein Zelt zwischen Lavendel, Oliven und uralten Eichen aufbauen. Oder man mietet eines der Kuppel- oder der schickeren Safarizelte in Familiengröße, mit Kiefernholz, Doppel- und Stockbetten, kleiner Küche, Wohnraum sowie privatem Bad und eigener Terrasse.

Für ausreichend Abwechslung sorgen ein solarbeheizter Pool mit Meditationspergola, Grillstellen, ein Pétanquefeld, Tischtennisplatten und Blumengärten. Abends kann man im Bistro zu einem Glas kühlem Rosé auf dem Gelände geerntete Oliven genießen und in einen Himmel voller Sterne schauen. Jeden Morgen werden frisches Brot und frische Croissants serviert, sodass man gut gestärkt ist für einen Tag voller Erkundungen in der Umgebung, egal ob man im frischen Lac d'Esparron badet oder durch die Gorges de Trévans wandert.

KURZINFOS

Von diesem Campingplatz inmitten von Olivenhainen und Lavendelfeldern aus kann man die sonnenverwöhnte Provence mit ihren Wildblumen und Dörfchen erkunden.

Wann: Mitte April–Ende Sept.
Ausstattung: Grill, Strom, Duschen, Toiletten, Müllentsorgung, Leitungswasser, WLAN
Zugang: mit dem Auto oder per Bus nach Les Pourcelles, 1,4 km westlich
Kontakt: www.littlecarpediem.com

SCHWEIZ

Die Schweizer haben es wie niemand sonst geschafft, die Natur zu bändigen und erlebbar zu machen, mit Camps, Berghütten und genialem Pop-up-Glamping, das nachhaltige Alpenabenteuer verspricht.

Wann: April–Okt. (Camping); Mitte Juni–Sept. (Hütten)
Beste Parks: Schweizerischer NP, Biosphärenreservat Entlebuch, Naturpark Parc Ela
Beste Fernwanderwege: Via Alpina Schweiz (390 km), Trans Swiss Trail (488 km), Alpenpässe-Weg (695 km)
Wild zelten: begrenzt
Nützliche Adressen: My Switzerland (www.myswitzerland.com), SchweizMobil (www.schweizmobil.ch), Schweizer Alpen-Club (www.sac-cas.ch)

Die Alpen nehmen mehr als die Hälfte des Landes ein – somit sind sie zweifellos die größte Attraktion der Schweiz. Die Schweizer sind höchst aktiv und naturverbunden und heißen Gleichgesinnte stets herzlich willkommen – ob in den Gletschertälern des Wallis mit dem Matterhorn am Horizont, beim Kajaken auf dem Rhein oder beim Zelten am legendären Eiger im Berner Oberland.

Hoch in den Bergen gelegene Zeltplätze und Berghütten machen das Wandern von Hütte zu Hütte selbst inmitten abgeschiedener Viertausender zu einem Kinderspiel. Außerdem hat die Schweiz einige geniale Glampingunterkünfte in petto: von Iglus und Heuschobern bis zu Pop-up-Bubbles in den Weinbergen und einem „Bienenkorb" mit Blick auf den sensationell sternenreichen Nachthimmel.

WILD ZELTEN

Streng genommen ist wildes Zelten nur oberhalb der Baumgrenze erlaubt, in den Alpen ab etwa 2000 m, und selbst dann sollte man diskret vorgehen: sich bei Sonnenuntergang niederlassen, bei Tagesanbruch verschwinden. In Tälern, Wäldern, Naturschutz- und Feuchtgebieten und an Berghütten sollte man nicht wild zelten. Jeder Kanton hat seine eigenen Regeln, also vor Ort nachfragen!

AUSRÜSTUNG

Intersport (www.intersport.ch) ist überall vertreten, mit Outdoor-Kleidung und -ausrüstung sowie Verleih von Rädern, Skiern, Kletterausrüstung usw. In Supermärkten gibt's tolle Campingverpflegung wie Birchermüesli, schweres Roggenbrot, luftgetrockneten Schinken, Alpenkäse und verzehrfertige Älplermagronen (Alpenmakkaroni) und Rösti (ähnlich Kartoffelpuffern).

SICHERHEIT

In den Alpen kann das Wetter schnell umschlagen, also die Vorhersage checken (www.bergfex.com). Empfehlenswert sind Kompass und Wanderkarte. Der Schweizer Alpen-Club (www.sac-cas.ch) gibt Karten (1:25 000) heraus. Auch sollte man das alpine Notsignal (sechs Signale in einer Minute; per Pfeife, Leuchtsignal oder Rauchzeichen) kennen. Die Schweizer Bergrettung erreicht man unter der Rufummer 1414.

SPARTIPPS

Campen ist eine Möglichkeit, die teure Schweiz erschwinglich zu bereisen. Eine CampingCard ACSI (www.acsi.eu) gewährt Nebensaisonrabatte von bis zu 60 %. Auf Hüttenwanderungen kann man als Mitglied des Schweizer Alpen-Clubs günstiger übernachten. Toll für öffentliche Verkehrsmittel ist der Swiss Travel Pass.

Das Matterhorn streckt sich gen Milchstraße (links); die abenteuerlich gelegene Mönchsjochhütte (unten)

DIE BESTEN REGIONEN

Berner Alpen
Eiger, Mönch und Jungfrau thronen über dem Herzen der Schweizer Alpen – eine Region perfekt zum Campen und Glampen und für Nächte in Berghütten.

Graubünden
Gezackte graue Gipfel, windgepeitschte Pässe und der wilde Rhein – Graubünden ist herrlich ungezähmt und Heimat des einzigartigen Schweizerischen Nationalparks.

Wallis
Schneebedeckte Viertausender und der mächtige Zacken des Matterhorns bilden die Kulisse für einige der abgeschiedensten Täler und besten Freiluftbleiben der Schweiz.

Tessin
Im Süden, wo sich die Schweiz nach Italien erstreckt, dauert die Camping- und Hüttensaison länger. Hier warten wilde, bewaldete Täler und von Bergen gesäumte Seen.

Nordostschweiz
Eine schöne Region der Wiesen, Weinberge und Obstgärten, wo man in Heubetten oder in einer Pop-up-Kuppel schlafen kann.

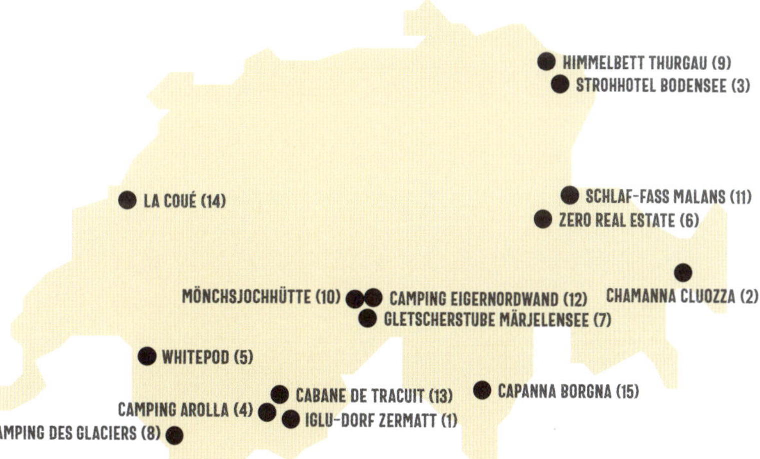

IGLU-DORF ZERMATT

ZERMATT, WALLIS

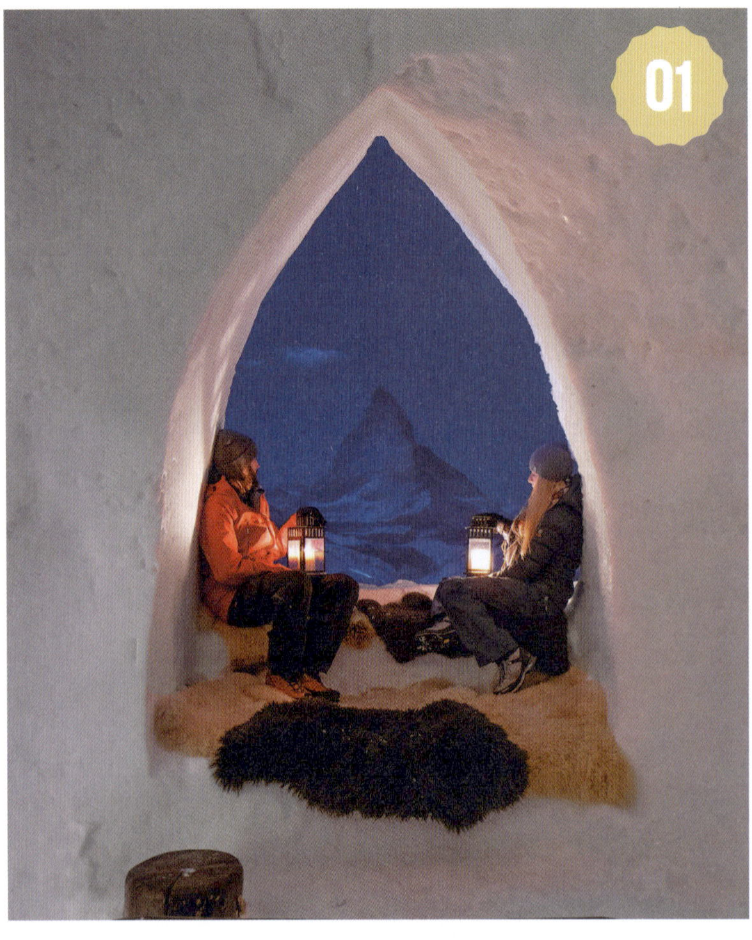

Nur wenige Schweizer Ferienorte üben eine derartige Anziehungskraft aus wie Zermatt mit dem 4478 m hohen Matterhorn und einem endlosen Angebot an weiten, sonnigen Abfahrtspisten. In den Iglus hoch oberhalb des Orts auf 2727 m Höhe kann man für eine Nacht seinen Arktis-Traum leben – natürlich auf original Schweizer Art. Wenn im Winter Schnee fällt, beginnen Künstler mit der Ausgestaltung der Iglus: Sie verzieren die gefrorenen Wände fantasievoll mit feinen naturalistischen und geometrischen Mustern.

Da wir hier ja in der Schweiz sind, darf man auch einen gewissen Luxus erwarten – etwa Glühwein und Fondue auf der Sonnenterrasse, gefolgt von einer Schneeschuhwanderung unterm Sternenzelt und einem Bad im Whirlpool. Die Iglus bieten zwei bis vier Personen Platz und sind sehr gemütlich, mit Betten aus Schnee, Schaffellen zum Reinkuscheln, Thermomatten und Schlafsäcken mit Kälteschutz bis -40 °C. Wer sich eine Suite leistet, für den gibt's obendrein Champagner und einen eigenen Whirlpool. Auch der Morgen ist ausnehmend schön, denn dann hat man die Pisten und den Blick auf den Berg ganz für sich allein. Hier sollte man jede Minute auskosten – von diesem Erlebnis wird man noch schwärmen, wenn der Schnee schon lange wieder geschmolzen ist.

KURZINFOS

In diesem frostigen Igludorf hoch oben über dem schicken Alpenferienort Zermatt mit Blick aufs mächtige Matterhorn aufwachen.

Wann: Mitte Dez.–Mitte April
Ausstattung: Bettzeug, Strom, Toiletten, Leitungswasser
Zugang: Zug zum Bahnhof Zermatt, 900 m nördlich; dann mit der Seilbahn und zu Fuß
Kontakt: www.iglu-dorf.com

CHAMANNA CLUOZZA

ZERNEZ, ENGADIN, GRAUBÜNDEN

Vorbei an reißenden Bergbächen und durch Lärchen- und Kiefernwälder geht's hinauf zu dieser hölzernen Berghütte auf 1882 m Höhe in den zerklüfteten, von Moränen durchzogenen Livigno-Alpen – hier in der Südostschweiz an der Grenze zu Italien liegt die abgeschiedene Traumhütte. Der Schweizerische Nationalpark ist noch ein echter Geheimtipp. Die Natur ist komplett sich selbst überlassen worden; es werden seit der Gründung des Parks 1914 keine Bäume gefällt, keine Wiesen gemäht und keine Tiere gejagt. Wanderungen führen über stille Bergkämme. Auf windigen Weiden blüht das seltene Edelweiß, und Steinböcke, Gämsen, Murmeltiere und Goldadler genießen ihre Freiheit.

Die einfache Hütte versucht, so wenig wie möglich in die Natur einzugreifen; es gibt keinen Handyempfang und Strom aus Wasserkraft nur fürs Notwendigste. Kein Problem! Die Luft ist rein, die Ausblicke sind erhebend, und das Essen ist herzhaft (alle Übernachtungen mit Halbpension). Außerdem ist dies die einzige Unterkunft im Nationalpark – zelten ist verboten. Den eigenen Schlafsack und eine gute Wanderkarte mitbringen! Die Hütte erreicht man nach einer mittelschweren dreieinhalbstündigen Wanderung hoch vom Alpendorf Zernez im Engadin-Tal in Graubünden.

KURZINFOS

Diese wahre Alpen-Traumhütte liegt mitten im von Wanderwegen durchzogenen Herzen des Schweizerischen Nationalparks im wunderbar abgelegenen Val Cluozza.

Wann: Juli–Okt.
Ausstattung: Toiletten, Leitungswasser
Zugang: Zug zum Bahnhof Zernez, 8 km nördlich, dann zu Fuß
Kontakt: www.sac-cas.ch

STROHHOTEL BODENSEE

FRASNACHT, THURGAU

Vom „Hotel" im Namen sollte man sich nicht täuschen lassen – diese eigenwillige, naturverbundene Bauernhofunterkunft direkt am Bodenseeradweg bietet neben Ausblicken auf Viehweiden eine große Scheune, wo man in einem duftenden Bett aus Stroh nächtigen kann. Taschenlampe, Mückenspray und Schlafsack mitbringen (oder hier einen leihen)!

Die kleine Ansammlung an Hoftieren wie Kühen, Kaninchen, Katzen, Hunden und Pferden ist ein echter Hit bei Familien mit Kindern, genauso wie das liebevoll zubereitete Frühstück mit selbst gebackenem Brot, Marmelade, Joghurt, Milch und Käse aus der Region. Aus dem kleinen Obstgarten stammen die Früchte für die Säfte, den Most und die Desserts, die im Café angeboten werden. Schön für Selbstversorger und Radler sind auch die Abstellmöglichkeiten für Fahrräder, die kleine Gästeküche und ein Gemeinschaftsraum.

Morgens kann man einen Abschnitt des 270 km langen Bodenseeradwegs in Angriff nehmen, der vorbei an Weinbergen, Wiesen und Stränden, Ortschaften und Burgen durch die Schweiz, Deutschland und Österreich führt. Oder man begibt sich auf den See zum Stehpaddeln, Kanu- oder Kajakfahren.

KURZINFOS

Im Sommer kann man auf diesem von Obstgärten gesäumten Bauernhof am Bodensee im Heu schlafen, mit Rad- und Wanderwegen direkt vor der Tür.

Wann: Ostern–Mitte Sept.
Ausstattung: Strom, Duschen, Toiletten, Leitungswasser
Zugang: mit dem Rad oder Auto oder mit dem Bus bis Frasnacht Post, 450 m südlich
Kontakt: www.mostgalerie.ch

CAMPING AROLLA

AROLLA, VAL D'HÉRENS, WALLIS

Bei dieser Kulisse glaubt man, die Hauptrolle in einem Alpenfilm zu spielen! Der Zeltplatz liegt auf 1950 m Höhe und ist damit Europas höchster – was für eine Aussicht! Über Wiesen fällt der Blick auf Kiefern- und Lärchenwälder hoch zu den Gipfeln der Walliser Alpen. Die Vorfreude auf die Erkundung der Wildnis des Val d'Hérens (Eringertal) lässt die Herzen höherschlagen.

Der Platz weiß um seine Umgebung und nutzt die tollen Panoramen bestens aus, mit Stellplätzen auf Gras oberhalb des Gletscherflüsschens Borgne d'Arolla. Wer kein eigenes Zelt dabeihat, kann in einem der Glampingzelte mit Doppelbetten, Holzöfen und einfachen Kochutensilien unterkommen. Ein kleiner Laden hat heimische Bioprodukte, frisches Brot zum Frühstück (am Abend vorher bestellen) und kostenlose Küchenkräuter für den Campingschmaus. Die Betreiber kennen sich aus und geben Tipps für Wanderungen: lange Touren wie die Haute Route von Chamonix nach Zermatt, die Tour Matterhorn oder kurze Märsche hoch zu Berghütten für's Mittagsmahl. Bergsteiger können Gipfel erklimmen, auch Gletscherüberquerungen sind möglich.

KURZINFOS

Mit sensationellen Ausblicken und tollen Wander- und Klettermöglichkeiten vor der Haustür katapultiert einen der höchste Zeltplatz Europas im Val d'Hérens direkt in den Heidi-Himmel.

Wann: Juni–Sept.
Ausstattung: Strom, Duschen, Toiletten, Leitungswasser, WLAN
Zugang: per Zug, Auto oder Bus – Haltestelle Arolla (Les Haudères) direkt vor der Tür
Kontakt: www.camping-arolla.com

WHITEPOD

LES CERNIERS, MONTHEY, WALLIS

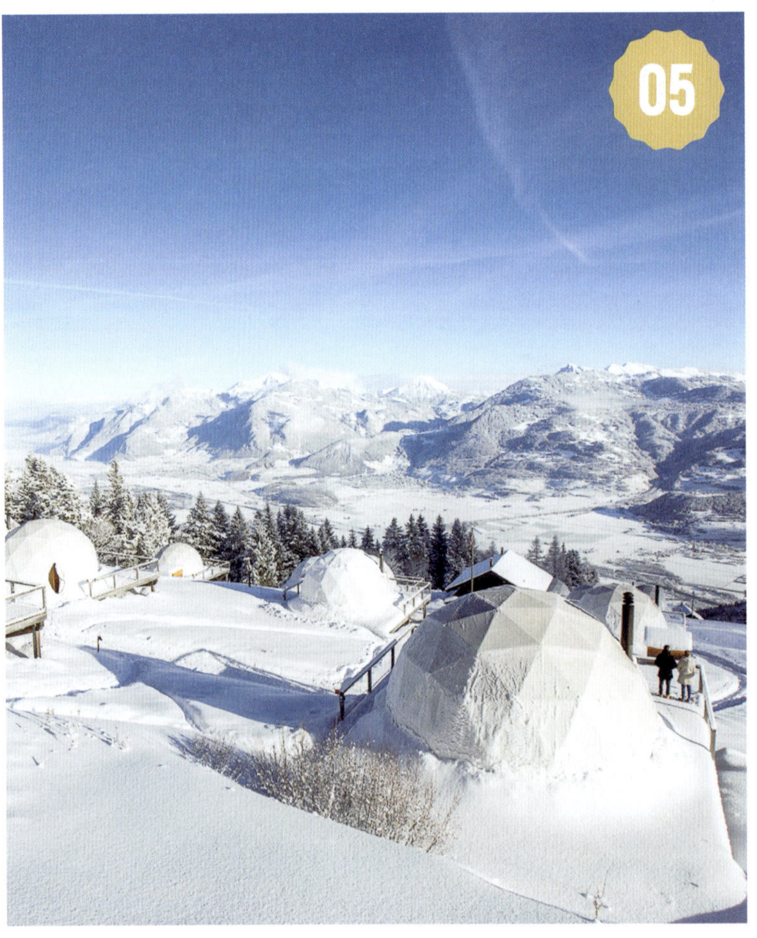

Die Türme der Dents-du-Midi erheben sich wie natürliche Bollwerke über Les Cerniers in Monthey. Hier liegt auf 1400 m Höhe die Anlage Whitepod, die wie eine Zukunftsvision erscheint. Die auf Holzplattformen am Hang stehenden geodätischen Kuppeln mit einer unglaublich schönen Aussicht sind ein Musterbeispiel für Schweizer Erfindungsreichtum. Jede der nachhaltigen Kuppeln wird mit einem Holzpelletofen beheizt, nutzt wiederaufbereitetes Wasser und biologisch abbaubare Produkte. Das Design ist minimalistisch, mit fantasievollen Anklängen an die Natur bei der maßgeschneiderten Holzeinrichtung.

Von den Betten aus eröffnet sich durch bodentiefe Fenster eine wundervolle Aussicht. Und was wäre so ein Zurück-zur-Natur-Refugium in der Schweiz ohne ein bisschen Luxus? So gibt's also breite Doppelbetten, Terrassen mit Bergblick, tolles Frühstück aus regionalen und hausgemachten Zutaten, kostenlosen Nachmittagstee und sogar einen abendlichen Shuttleservice zur Unterkunft. Im Sommer kann man in einem der schönsten Teile der Schweizer Alpen nach Herzenslust bergsteigen und biken, im Winter schneeschuhwandern, Hundeschlittenfahrten unternehmen oder (auf einfachen blauen bis mittelschweren roten Pisten) Ski fahren – alles was man sich nur wünscht!

KURZINFOS

Ob bei Sonne oder Schnee: Der Ausblick auf die Dents-du-Midi von diesen geodätischen Kuppeln, jede ein kleines Wunder in Sachen Nachhaltigkeit und Symmetrie, ist einfach immer überwältigend.

Wann: Ende Mai–Mitte Okt.; Mitte Dez.–April
Ausstattung: Bettzeug, Heizung, Duschen, Toiletten, Leitungswasser, WLAN
Zugang: mit dem Auto oder per Bus nach Les Cerniers, 450 m
Kontakt: www.whitepod.com

Million Stars

Dank Million Stars, einer breit gefächerten, spannenden Gruppe einzigartiger Freiluftunterkünfte, verteilt auf die ganze wundervolle kleine Schweiz, leuchten die Sterne hier nun umso heller.

Die Glampingbleiben reichen von zukunftsweisend bis zu wirklich bizarr, haben aber zwei Dinge gemeinsam: eine enge Verbindung zur Natur und einen unverstellten Blick auf den nächtlichen Sternenhimmel durch ein Dachfenster, eine Glaskuppel oder direkt vom Bett unter freiem Himmel auf einem Berg mit tollem Alpenpanorama. Klingt gut, oder?

Hier muss man sich nicht mit Zeltstangen und Heringen herumärgern – es ist alles bis ins kleinste Detail durchdacht. So kann man etwa von einer schick umgebauten Gondel an einem Felsrand in Engelberg, vom Bett unter einem Apfelbaum im Thurgau oder von einem kiefernholzverkleideten „Bienenkorb" mit Ausblick auf die Eigernordwand in die Sterne schauen. Nicht das Richtige dabei? Wie wär's dann mit einer alten Sternwarte aus den 1920er-Jahren auf 2000 m Höhe in St. Moritz oder einer Holzhütte mit Glasdach und Blick auf Weiden im Emmental, die zugleich an ein Stück löchrigen Käse erinnert?

Diese Unterkünfte zum Sternegucken sind nicht nur clever, sondern auch gemütlich, viele mit Doppelbetten und Frühstück, Toiletten und Duschen in nächster Nähe. Da nur Platz für je zwei Personen ist, sollte man im Voraus buchen (siehe www.myswitzerland.com). Die meisten Unterkünfte sind von Juli bis Oktober geöffnet.

ZERO REAL ESTATE
OSTSCHWEIZ

Man stelle sich eine Alpenwiese vor: den Duft der Wildblumen in der Sommerbrise, das Geläut der Kuhglocken, in den Lüften kreisende Greifvögel. Dazu noch ein Bett auf einer Holzplattform, mit gestärktem, schneeweißem Leinen. Mehr braucht es nicht. Ein Bett mit zwei Nachttischchen und Lampen. Keine Wände, keine Fenster, keine Decken, keine Fußböden – nichts, was die Aussicht verstellt, die Verbindung zur Natur stört oder den Blick auf die Sterne trübt.

Das ist Zero Real Estate, eine einzigartige „Unterkunft" mit direkter Einbindung in die tolle Landschaft der Ostschweiz. Die bizarre Idee der Konzeptkünstler Frank und Patrik Riklin und des Hotelexperten Daniel Charbonnier garantiert denkwürdige Nächte. Lediglich sieben Betten sind hoch oben in den Bergen verteilt (den Ort erfährt man nach der Buchung). Wenn man sich dann eingekuschelt hat, kann man die Sterne zählen ...

Und es wurde wirklich an alles gedacht: Toiletten befinden sich nur fünf Gehminuten entfernt; ein privater „Butler", der in der Nähe verweilt, bringt morgens das Frühstück ans Bett. Falls ein Sturm heraufzieht, kein Problem – dann kann man stornieren und für einen anderen Termin neu buchen.

KURZINFOS

Keine Wände, keine Fenster, nur die Schweizer Alpen ringsum und den Nachthimmel als Gesellschaft – was könnte schöner sein als dieses völlig offene Bett auf einem Hügel?

Wann: Juni–Aug.
Ausstattung: Bettzeug, Toiletten
Zugang: zu Fuß; der jeweilige Standort wird bei der Buchung mitgeteilt
Kontakt: https://zerorealestate.ch

GLETSCHERSTUBE MÄRJELENSEE

MÄRJELENSEE, ALETSCHGLETSCHER, WALLIS

Wenn einen ein Ausblick in der Schweiz jemals sprachlos macht, dann ist es sicher der vom Märjelensee aus, einem milchigen, türkisfarbenen See inmitten von Viertausendern am Rand des Aletschgletschers, des größten der Alpen. Das Panorama umfasst düstere Gipfel wie das 4193 m hohe Aletschhorn sowie weiter nördlich das heilige Dreigespann der Berner Alpen: Eiger, Mönch und Jungfrau. Vom See führen gut markierte Wege im Schatten des Gletschers entlang, zuweilen vorbei an Herden neugieriger Schwarznasenschafe. Anderswo wäre solch ein Terrain nur hartgesottenen Bergsteigern zugänglich, doch hier hat man die Natur auf wunderbare und nachhaltige Weise gezähmt.

Diese hölzerne und freundliche private Berghütte auf der Märjelenalp neben dem See ist von der Seilbahnstation Fiescheralp zu Fuß in rund anderthalb Stunden zu erreichen. Die kiefernholzvertäfelten Dorms sind einigermaßen ruhig; es sind auch Familien willkommen, und man kann ein Freiluftbett (siehe Foto) buchen.

KURZINFOS

In dieser rustikalen Berghütte können Wanderer inmitten über 4000 m hoher Schweizer Berggiganten übernachten und den mächtigen Aletschgletscher bestaunen.

Wann: Mitte Juli–Sept.
Ausstattung: Bettzeug, Strom, Leitungswasser, Toiletten
Zugang: mit der Seilbahn zur Fiescheralp, 4,8 km südlich, dann zu Fuß
Kontakt: www.gletscherstube.ch

CAMPING DES GLACIERS

VAL FERRET, WALLIS

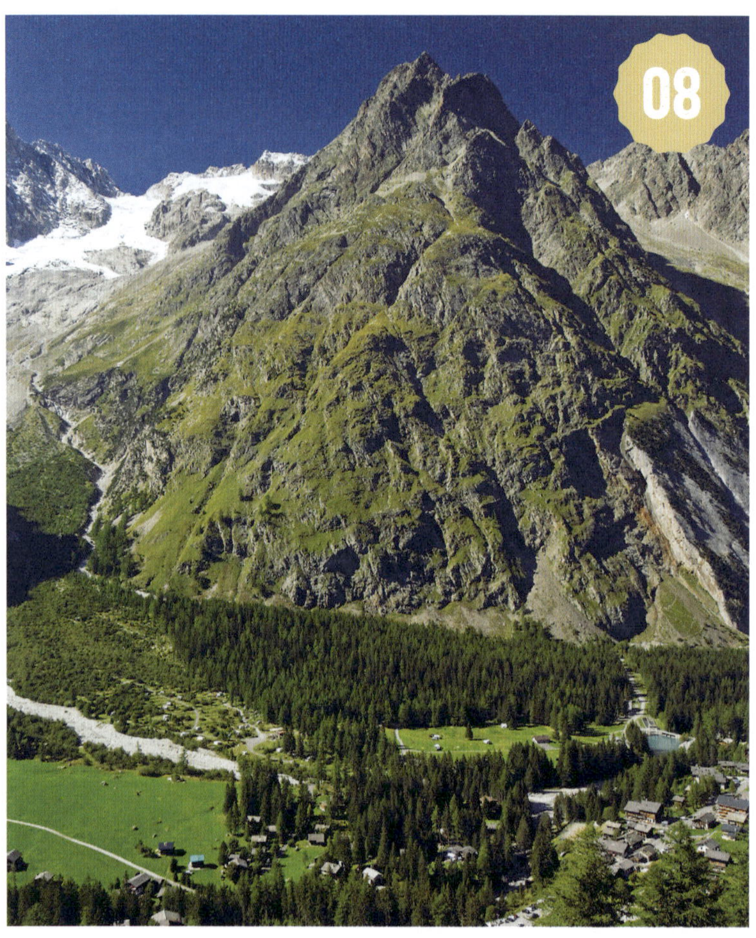

Mit den stets schneebedeckten Gipfeln des Mount-Blanc-Massivs an der Grenze zu Frankreich und Italien am Horizont ist die Kulisse dieses Campingplatzes wirklich atemberaubend. Ein wahres Alpenparadies! Die Stellplätze befinden sich auf Wiesenterrassen, im Wald oder am Ufer eines Gletscherflüsschens, das sich über die Felsen ergießt. Von allen Stellplätzen schaut man versonnen hinauf zum Mont Dolent (3823 m), Tour Noir (3836 m) und La-Neuve-Gletscher – angesichts dieser Aussicht möchte man am liebsten sofort in die Berge aufbrechen, sobald man den letzten Hering eingeschlagen hat. Wer kein Zelt mitbringt, kann ein Chalet, einen Wohnwagen oder ein Zelt mieten. Etwas Besonderes ist das Baumzelt, das in den Bäumen hängt; es besteht aus einem Stoff, der sich dem Rücken anpasst, sodass ein erholsamer Schlaf garantiert ist.

Wanderer, Bergsteiger und Mountainbiker haben angesichts der vielen Wege, Gipfel und Abfahrten die Qual der Wahl. Auch Familien fühlen sich hier pudelwohl, dank Kletterwand, Spielplatz und Trampolin oder auf einfachen Wanderungen hinauf zu Alpwiesen, wo Käse noch auf traditionelle Art hergestellt wird. Hier oben zu picknicken ist ein echter Genuss!

KURZINFOS

Auf diesem traumhaft gelegenen Campingplatz tief in den Bergfurchen des Val Ferret an der Grenze zu Frankreich und Italien wird man vom Mont Blanc begrüßt.

Wann: Mitte Mai–Anfang Okt.
Ausstattung: Grill, Strom, Toiletten, Müllentsorgung, Leitungswasser, WLAN
Zugang: mit dem Auto oder per Bus nach La Fouly, 300 m östlich
Kontakt: www.camping-glaciers.ch

HIMMELBETT THURGAU

THURGAU, NORDOSTSCHWEIZ

Wer je in einer Blase wegdösen wollte, hat hier die Gelegenheit dazu! Trotz ihrer ganz eigenen stillen, geruhsamen Schönheit sind die Weinberge, Obstgärten, Fluss- und Seeufer des Thurgau in der Nordwestschweiz touristisch nach wie vor nicht überlaufen. Hier besteht die Möglichkeit, in Pop-up-Kuppeln zu nächtigen, die in der Dunkelheit schimmern und den Blick auf die majestätische Unendlichkeit des Nachthimmels werfen. Vom komfortablen Bett aus kann man in die Sterne schauen und entfernte Planeten entdecken. Morgens wird man gelegentlich sanft vom Läuten ferner Kuhglocken geweckt, zu einem Frühstück aus frischem Brot, regionalem Käse und Obst.

Jede „Blase" ist mit akkubetriebenen Lampen und von einheimischen Zimmerleuten angefertigten Holzmöbeln ausgestattet; Toiletten und Duschen sind einen kurzen Spaziergang entfernt. Es gibt verschiedene Standorte (bei der Buchung checken): So landet man wahlweise am Ufer der Thur oder in einem Apfelgarten in der Nähe des Bodensees, wo man mit Blick auf die Alpen am Horizont endlos kajaken, baden und radeln kann. Einige Bauernhöfe verfügen über Grillplätze, andere servieren Mahlzeiten aus hausgemachten Zutaten, und fast alle bieten die kostenlose Nutzung von Rädern oder E-Bikes für Erkundungstouren an.

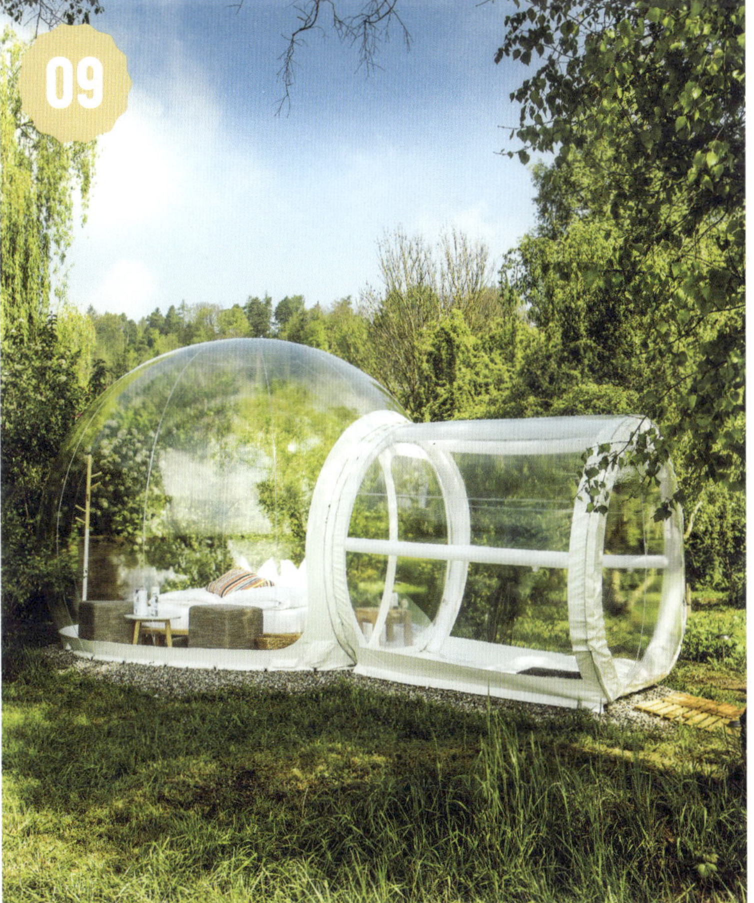

KURZINFOS

Von diesen Pop-up-Blasen in Weinbergen, auf Wiesen und in Obstgärten der Nordostschweiz kann man den Himmel nach Sternen und Sternbildern absuchen.

Wann: April–Okt.
Ausstattung: Grill, Bettzeug, Duschen, Toiletten, Leitungswasser
Zugang: mit dem Auto, Zug oder Bus; verschiedene Standorte (nähere Angaben bei der Buchung)
Kontakt: https://himmelbett.cloud

MÖNCHSJOCHHÜTTE

JUNGFRAUJOCH, BERNER OBERLAND, BERN

Das ist im wahrsten Sinne des Wortes der Gipfel: Die Mönchsjochhütte ist die höchste bewirtschaftete Hütte in den Schweizer Alpen, atemberaubend gelegen auf 3657 m Höhe. Zu erreichen ist sie zu Fuß durch den Schnee vom Jungfraujoch aus, Europas höchstem Bahnhof auf 3454 m. Der Ausblick auf den Aletschgletscher und unzählige Alpengipfel ist sensationell, doch im Sommer ist es hier völlig überlaufen. Glücklicherweise kann man den Massen jedoch entkommen, indem man eine Dreiviertelstunde zu dieser Hütte wandert, einem Liebling der Kletterer, Gletscherwanderer und Skitourer, ganz zu schweigen von den Normalsterblichen, die nur wegen der Aussicht hier sind. Von hier aus erstrahlen Eiger (3967 m), Mönch (4107 m) und Jungfrau (4158 m) in ihrer ganzen Pracht.

Übernachtet wird im simplen Schlafsaal, man wäscht sich mit Schmelzwasser und isst herzhafte Bergkost wie Gulaschsuppe und Rösti. Das Klackern der Karabiner ist schon zu frühster Morgenstunde zu hören (Leute mit leichtem Schlaf benötigen Ohrstöpsel). Frühstück wird von 2 bis 7.30 Uhr serviert – kein Problem, da man diese himmlischen Sonnenaufgänge ja sowieso nicht verpassen möchte!

KURZINFOS

In der höchsten bewirtschafteten Hütte der Schweiz, zu erreichen durch eine Schneewanderung, kann man den Bergkolossen Eiger, Mönch und Jungfrau auf die Pelle rücken.

Wann: Mitte März–Mitte Okt.
Ausstattung: Toiletten, Leitungswasser
Zugang: mit dem Zug zum Jungfraujoch, 2,2 km westlich, dann zu Fuß
Kontakt: www.moenchsjoch.ch

SCHLAF-FASS MALANS

MAIENFELD, BÜNDNER HERRSCHAFT, GRAUBÜNDEN

Wen je das heftige Verlangen plagte, über Alpenwiesen zu hüpfen, der hat hier die Möglichkeit dazu. In der Region Bündner Herrschaft in Graubünden breiten sich am Fuße wilder Gipfel hügelige Weinbau-Landschaften aus, die Johanna Spyri zu ihren Heidi-Geschichten inspirierten.

Vor diesem Hintergrund werden in den Dörfern Jenins und Maienfeld Übernachtungen in Schlaffässern angeboten. Hierzu wurden Weinfässer in urige Räume mit rot-weiß kariertem Bettzeug und Mini-Terrassen umgebaut. In jedem Fass ist gerade Platz genug für zwei Personen für eine behagliche Nacht nach einem Tag mit Besuchen von Weingütern und Torkeln (Weinkellern) im Rheintal.

Zur Ankunft empfiehlt sich erst einmal ein Gläschen Spätburgunder, Riesling oder Silvaner. Fürs Abendessen und Frühstück wurde schon gesorgt, mit Essenskörben voller heimischer Leckereien wie Alpenkäse, frischem Brot und Bündner Nusstorte.

In den winzigen Fässern finden auch Toilette und Waschbecken Platz. Eine Dusche gibt's nicht, aber dafür ist das Thermalbad von Bad Ragaz nur zehn Minuten mit dem Bus entfernt.

KURZINFOS

In der Region, die die Heidi-Geschichten hervorbrachte, können Besucher die Nacht in umgebauten Weinfässern mit Blick auf Rebstöcke verbringen. Hier werden Alpen-Träume wahr!

Wann: ganzjährig
Ausstattung: Bettzeug, Strom, Heizung, Toiletten, Leitungswasser, WLAN
Zugang: mit dem Auto oder per Bus bis Maienfeld-Post, 850 m südlich
Kontakt: https://schlaf-fass.ch

CAMPING EIGERNORDWAND

GRINDELWALD, BERNER OBERLAND, BERN

Wie der grimmige Zacken der Eigernordwand in der Morgensonne errötet, ist das Erste, was man nach dem Aufwachen auf diesem Campingplatz in Grindelwald erblickt. Und was für ein Monstrum dieser Bergkoloss ist! Zwar ist er „nur" knapp unter 4000 m hoch, doch die 1800 m hohe Steilwand ist wirklich furchteinflößend, selbst für die wagemutigsten und erfahrensten Kletterer. Die „Mordwand", wie sie auch genannt wird, hat schon jede Menge Tragödien erlebt, aber auch zahlreiche Triumphe – die erste erfolgreiche Durchsteigung erfolgte 1938. Auch heute noch ist sie für hartgesottene Bergsteiger der Heilige Gral.

Der Campingplatz ist recht schnörkellos – man sucht sich einfach ein Plätzchen auf der Wiese. Doch die Lage und die Bergblicke sind unglaublich. Einige der schönsten Wanderwege und Mountainbike-Trails der Schweiz führen hinauf in das vergletscherte Jungfraugebiet; im Winter bieten sich herrliche Möglichkeiten zum Ski- und Schlittenfahren. Dank Spielplatz und Grillhütte, Snackkarte und Sonnenterrasse fühlen sich auch Familien mit Kindern pudelwohl. Also zurücklehnen und durchs Fernglas den Klettercracks beim Aufstieg über die Felswand zuschauen! Selbst mal probieren? Vielleicht lieber doch nicht ...

KURZINFOS

Aus komfortabler Zeltlage auf dem Wiesen-Campingplatz im schönen Grindelwald können die Gäste voller Ehrfurcht auf Bergsteiger an der Eigernordwand schauen.

Wann: Ende Mai–Mitte Okt.; Mitte Dez.–Ende April
Ausstattung: Grill, Strom, Duschen, Toiletten, WLAN, Leitungswasser
Zugang: mit dem Zug nach Grindelwald, 2,2 km
Kontakt: www.eigernordwand.ch

CABANE DE TRACUIT

ZINAL, VAL D'ANNIVIERS, WALLIS

In der Cabane de Tracuit hoch über Zinal am Ende des Val d'Anniviers im Wallis ist man nicht unbedingt zum Plaudern aufgelegt. Das liegt nicht daran, dass man generell ungesellig wäre, sondern eher an dem fünfstündigen atemraubenden Aufstieg hoch vom Dorf mit einem Höhenunterschied von 1580 m. Doch auch der Ausblick über den Wolken ist es, der hier sprachlos macht. Denn einige der höchsten Berge der Schweiz hat man direkt vor der Nase: das Bishorn (4159 m), das Weißhorn (4505 m) und die Tête de Milon (3693 m). Absolut umwerfend!

Wenn man dann wieder zu Atem gekommen ist, kann man sich's in der Bleibe gemütlich machen. Nicht schlecht, oder? Diese architektonisch innovative Hütte des Schweizer Alpen-Clubs ist so entworfen, dass sie sich bestens in die Landschaft einfügt und die Wildnis aus Eis und Fels widerspiegelt. Ein echtes Wunderwerk des Umweltbewusstseins: Eine glänzende Stahlfassade reflektiert die Berglandschaft, die andere ist zwecks Energiegewinnung mit Solarpaneelen verkleidet. Bei solch einem Ausblick hier zu nächtigen ist unvergesslich, egal ob man Gipfel erklimmen möchte oder nicht. Doch wer möchte: Eine der einfachsten Viertausender-Besteigungen der Alpen ist nicht weit weg, nämlich die Normalroute aufs Bishorn.

KURZINFOS

Die architektonisch markante Berghütte auf irren 3256 m Höhe ist mit ihrem hypermodernen Design und ihren Bergpanoramen wirklich atemberaubend – ein toller Logenplatz!

Wann: März–Sept.
Ausstattung: Strom, Duschen, Toiletten, WLAN, Leitungswasser
Zugang: mit dem Bus nach Zinal, 2 km westlich, dann zu Fuß
Kontakt: www.tracuit.ch

LA COUÉ

VAL-DE-TRAVERS, NEUCHÂTEL

Wer in den Wäldern des Val-de-Travers Feen sieht, ist nicht völlig durchgedreht. Dieses stille Bergtal, ein lautes Jodeln entfernt von Frankreich, wird schon Pays des Fées (Feenland) genannt, seit hier seit 1740 Absinth destilliert wird. Die Spirituose, die mit Kräutern wie Wermut (einer Pflanze, die im Tal heimisch ist) hergestellt wird, erhielt wegen ihrer Farbe und Stärke den Spitznamen *la fée verte* (die grüne Fee). Heute kann man im Tal wunderbar wandern und radeln, Absinthbrennereien besuchen und den Creux du Van ansteuern, einen riesigen mondsichelförmigen Kessel östlich von La Coué, zu erreichen nach 9 km an einem Bach entlang.

Der von der Familie Beck geführte Biohof bietet mit Kaninchen, Pferden, Schafen, Eseln, Ziegen, Hühnern und Angusrindern ein Stückchen Landidylle. Man kann zelten (ohne Reservierung) oder in einem „Ecopod" und Baumzelt (reservieren!) unterkommen; das Baumzelt wartet mit Doppelbett und Loungeterrasse auf. Für den Morgen gibt's einen Frühstückskorb voller regionaler Köstlichkeiten, abends selbst gebackenes Brot und gegrilltes Fleisch von Rindern des Hofs, mit traumhaften Ausblicken als Beilage.

KURZINFOS

Wer auf diesem Biohof campt oder glampt, kann im bewaldeten, kräuterreichen Hochland des Val-de-Travers mit den grünen Feen auf Tuchfühlung gehen.

Wann: April–Sept.
Ausstattung: Grill, Strom, Duschen, Toiletten, Leitungswasser, WLAN
Zugang: mit dem Zug nach Travers, 2 km nördlich, oder mit dem Auto
Kontakt: https://lacoue.ch

CAPANNA BORGNA

VOGORNO, VAL VERZASCA, TESSIN

Vogorno ist das Tor zum Verzasca-Tal im Tessin, wo ein Fluss über Felsbrocken und vorbei an Kastanien und Buchen, romanischen Brücken und winzigen Dörfern mit schiefergedeckten Häusern strömt. Eins dieser Dörfchen klammert sich fest an terrassierte Hänge: Corippo, das schnuckeligste 15-Seelen-Dorf der Schweiz.

Das Örtchen eignet sich toll zum Baden und für gemütliche Wanderungen. Mittagsmahlzeiten werden in Grotti (rustikalen Tessiner Gasthäusern) zu sich genommen. Abenteuerlustige können sich vom Verzasca-Damm 220 m weit in die Tiefe stürzen. Die Basis für alle möglichen fantastischen Wanderungen und Klettertouren ist diese traditionelle Hütte aus Stein hoch über dem Tal auf 1912 m Höhe, eingerahmt von rauen Gipfeln und mit Ausblick bis zum Lago di Vogorno. Die Hütte hat 22 Schlafsaalplätze, dazu eine Küche mit Gas und Holz sowie Solarzellen für die Beleuchtung. Auch wenn der Hüttenwart nicht anwesend ist, findet man etwas Proviant wie Nudeln, Reis und Suppe, um sich einfache Gerichte zu kochen – nach fast fünfstündigem Aufstieg von Vogorno kommt eine herzhafte Stärkung sehr gelegen.

KURZINFOS

Die Berghütte fesselt Wanderer und Bergsteiger mit tollen Ausblicken auf den Lago di Vogorno und ist eine perfekte Basis für die Erkundung der einsamen, bewaldeten Berge des Tessiner Verzasca-Tals.

Wann: ganzjährig
Ausstattung: Bettzeug, Strom, Duschen, Toiletten, Leitungswasser, WLAN
Zugang: Bus nach Vogorno, Sant Antonio, 9 km westlich, dann zu Fuß
Kontakt: www.sac-cas.ch

ÖSTERREICH

Österreich deckt die gesamte Palette an Naturunterkünften ab – von Berghütten bis zu Zeltplätzen am See, Glamping in Weinbergen und aus frischem Schnee gebauten Iglus.

Wann: April–Okt. (Camping); Mitte Juni–Sept. (Hütten)
Beste Nationalparks: NP Hohe Tauern, NP Gesäuse, NP Kalkalpen
Beste Fernwanderwege: Adlerweg (413 km), Berliner Höhenweg (85 km), Donauradweg Österreich (381 km)
Wild zelten: begrenzt
Nützliche Adressen: Österreich Werbung (www.austria.info), Alpenverein Österreich (www.alpenverein.at), Naturfreunde Österreich (www.naturfreunde.at)

Der Berg ruft – die Alpen bedecken fast zwei Drittel von Österreich, sodass man hier beim Campen oft Höhenluft schnuppert. Wer sich das Tragen eines Zeltes ersparen möchte,
kann beim Wandern Zwischenstopps in rustikalen Hütten mit einfachen Schlafsälen, umwerfenden Ausblicken und tollen Sonnenaufgängen einlegen.

Hinzu kommen die Seen des Salzkammerguts und Kärntens sowie die Weinberge und Obstgärten von Nieder- und Oberösterreich, wo Donau und Steyr fließen. Und egal, ob man im eigenen Zelt, in einem Weinfass, einem Baumzelt oder in einem Wiesenbett nächtigt – unter freiem Himmel zu schlafen bringt einem dieses naturverbundene Land näher.

WILD ZELTEN

Die Regelungen sind verwirrend, denn jedes Bundesland hat eigene Vorschriften (informieren!). In den meisten Ländern ist Biwaken oberhalb der Baumgrenze und abseits von Weideland erlaubt, aber man muss den jeweiligen Eigentümer vielleicht um Erlaubnis fragen.

AUSRÜSTUNG

In allen größeren Städten und Urlaubsorten Österreichs gibt's sehr gute Outdoorläden, z. B. Intersport (www.intersport.at), die auch Ausrüstung wie Mountainbikes, Skier und Kletterausrüstung verleihen. Und überall sind Müsli, Dauerwurst, harter Bergkäse und Nudeln erhältlich.

SICHERHEIT

Das Bergwetter ist für seine Launen berüchtigt – Vorhersagen auf Bergfex (www.bergfex.com) checken! Im Hochgebirge sollte man vielleicht Pfeife, Taschenlampe, Lawinenstock und Schaufel dabeihaben. Das alpine Notsignal sind sechs Signale in einer Minute, durch Pfeifen, Rufen, Leuchtsignal usw. Wanderkarten bieten Freytag & Berndt (www.freytagberndt.com), Kompass (www.kompass.de) und der ÖAV (www.alpenverein.at).

SPARTIPPS

Mit der Camping Card International (www.campingcardinternational.com) erhält man bis zu 40 % Rabatt. Auf Hüttenwanderungen bietet die Mitgliedschaft im Alpenverein Ermäßigungen. In der Zwischensaison (April–Juni und Sept.–Okt.) sind Campingplätze teils etwas günstiger.

DIE BESTEN REGIONEN

Tirol

Das alpine Herz Österreichs ist ideal fürs Sommercampen und für Hüttenübernachtungen. Es sind verschiedenste Aktivitäten möglich, vom Wandern und Klettern bis zum Radeln und Raften.

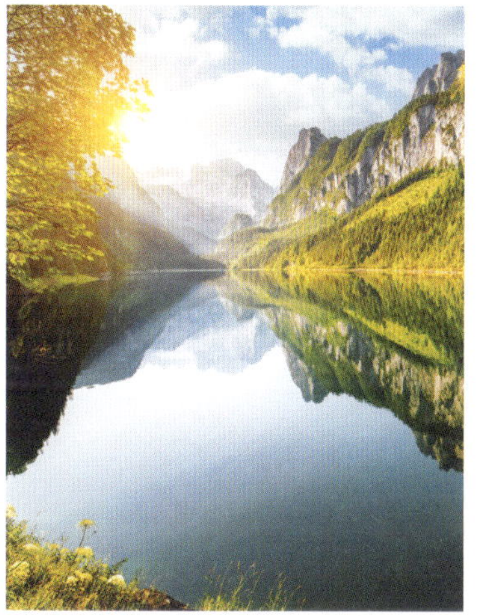

Skiwandern im Winter ab der Stüdlhütte (ganz oben); der Vordere Gosausee im Salzkammergut (oben)

Salzkammergut
Zelten an außerordentlich blauen Seen und dann für mehr Action zum Wandern, Radeln, Kajaken oder Stehpaddeln aufbrechen.

Oberösterreich
Bietet naturnahe Übernachtungen in von Obstgärten gesäumten Tälern, mit Essenszutaten direkt vom Bauernhof und Wandern und Radeln in weniger bekannten Nationalparks.

Niederösterreich
Weinberge, Obstgärten, Burgruinen und die Donau sorgen im Osten des Landes für sanfte Landschaften zum Campen.

Kärnten
Im Nationalpark Hohe Tauern und in abgelegenen Tälern wandern, zelten oder in Hütten nächtigen.

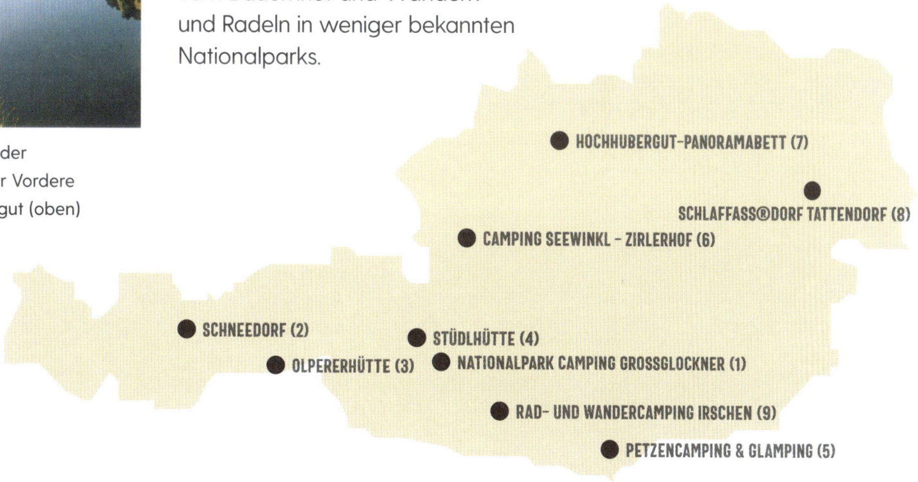

HOCHHUBERGUT-PANORAMABETT (7)
SCHLAFFASS®DORF TATTENDORF (8)
CAMPING SEEWINKL – ZIRLERHOF (6)
SCHNEEDORF (2)
STÜDLHÜTTE (4)
OLPERERHÜTTE (3)
NATIONALPARK CAMPING GROSSGLOCKNER (1)
RAD- UND WANDERCAMPING IRSCHEN (9)
PETZENCAMPING & GLAMPING (5)

NATIONALPARK CAMPING GROSSGLOCKNER

HEILIGENBLUT, KÄRNTEN

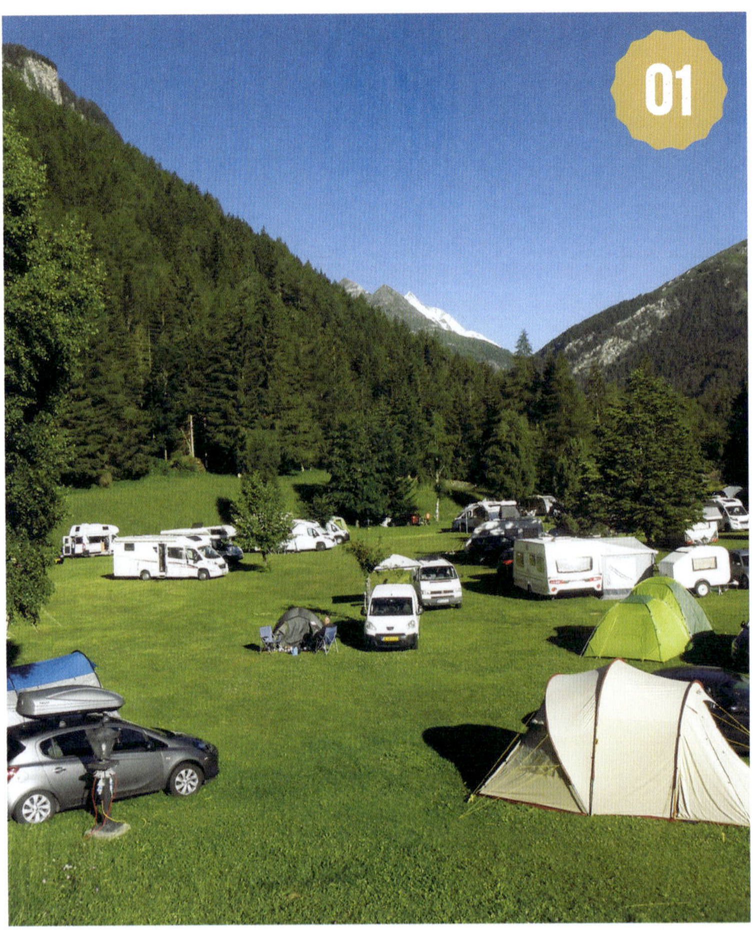

Der Nationalpark Hohe Tauern ist reinstes Alpenspektakel, ein endloses Meer aus Dreitausendern mit dem mächtigen, 3798 m hohen Großglockner an der Spitze, dem höchsten Berg des Landes. Zu dieser Kulisse erwacht man auf dem ruhigen, aber zentralen Campingplatz in Heiligenblut. Vom Dorf fällt der Blick auf den nadeldünnen Turm einer Wallfahrtskirche aus dem 15. Jh. – eins der markantesten Bilder an der Großglockner-Hochalpenstraße, die sich über 48 km an bewaldeten Hängen, Bergen und schillernden Seen vorbeiwindet. Von Heiligenblut ist es eine umwerfend schöne 16-km-Strecke Richtung Osten zur Kaiser-Franz-Josefs-Höhe, wo man dem Bergkoloss und dem Pasterze-Gletscher, der sich an dessen Seite ergießt, ganz nahe kommt.

Das ruhige Campingareal an einem Bach hat zahlreiche Vorzüge, u. a. genügend Platz zwischen den Stellplätzen, ein holzvertäfeltes, freundliches Restaurant mit Alpenküche (z. B. riesigen Schnitzeln) und pünktlich zum Frühstück geliefertes frisches Brot. Doch wer herkommt, tut dies vor allem wegen der Umgebung, die mit einigen der besten Wanderwege und Bike-Trails, Langlaufloipen, Abfahrtspisten und Bergbesteigungen direkt vor der Zelttür aufwartet. Über Bergführer und Rangertouren im Nationalpark informiert die Touristeninformation.

KURZINFOS

Hoch oben inmitten der höchsten Gipfel und Gletscher Österreichs liegt der Platz im Herzen des Nationalparks Hohe Tauern, wie gemacht für Outdoorabenteuer auf höchstem Niveau.

Wann: ganzjährig
Ausstattung: Strom, Duschen, Toiletten, Leitungswasser, WLAN
Zugang: mit dem Auto oder per Bus nach Heiligenblut, 100 m östlich
Kontakt: www.nationalpark-camping.at

SCHNEEDORF
ÖTZTAL, TIROL

Mit seiner herrlichen Alpenkulisse aus Schiefer- und Gneissgipfeln oberhalb eines schönen Flusstals entspricht das Ötztal in Tirol jeder Vorstellung vom Bilderbuch-Österreich. Am schönsten ist es hier, wenn Schnee liegt, doch noch romantischer, als sich in einer Holzhütte zusammenzukuscheln, ist es, die Nacht abseits des Skitrubels in einem Bergiglu zu verbringen. Jeden Winter nach dichtem Schneefall verwandeln Bildhauer Unmengen von Eis in dieses glitzernde Igludorf in Hochötz auf 2000 m Höhe, leicht erreichbar und doch robust genug, um selbst Schneestürme zu überstehen.

Wenn die Skifahrer weg sind, ist man allein mit den perlenweißen Gipfeln und dem frischen Knirschen des Pulverschnees, den Sternen und der Stille. Doch in einem Iglu zu übernachten bedeutet nicht automatisch, auf Luxus verzichten zu müssen: Nach einem Becher Glühwein und einem Käsefondue kann man Schlitten fahren oder sich auf eine Fackelwanderung begeben und kehrt dann zum himmlisch glimmernden Iglu zurück, wo Schaffelle und Schlafsäcke mit Kälteschutz bis -40 °C für mollige Wärme sorgen. Ebenso herrlich ist der Morgen: Wenn man die Augen aufschlägt, hat man die weiße Wunderwelt ganz für sich allein – Hochgefühl pur! Übrigens gilt hier: Nur Bares ist Wahres.

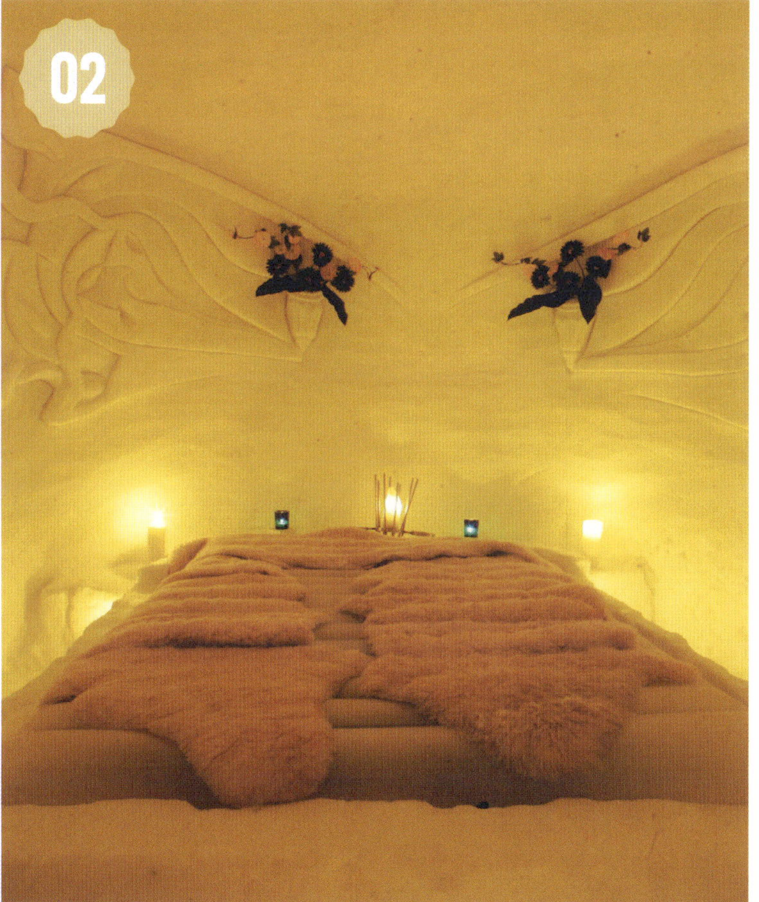

KURZINFOS

Bei diesen liebevoll gestalteten Iglus hoch oben in den Tiroler Alpen muss man sich auf eine frostige Begrüßung einstellen. An Aktivitäten locken u. a. Ski- und Schlittenfahren.

Wann: Ende Dez.–Mitte April Mi–So
Ausstattung: Heizung, Toiletten, Leitungswasser
Zugang: mit der Acherkogel-Seilbahn, 1,6 km südwestlich, oder zu Fuß
Kontakt: https://schneedorf.com

OLPERERHÜTTE

GINZLING, ZILLERTAL, TIROL

Auf den Dreitausendern rund um das milchigblaue Schmelzwasser des Schlegeis-Stausees tief im Tiroler Zillertal glitzern Gletscher um die Wette. Hoch über dem See, zu erreichen über einen Pfad, der sich durch Kiefernwald und über Grashänge nach oben schlängelt, bietet diese Berghütte des Deutschen Alpenvereins (DAV) einen herrlichen Anblick, egal ob im Spätfrühling, wenn die Alpenrosen blühen, oder nach dem ersten Schneefall.

Von der Hütte am Fuße des Olperer (3476 m) fällt der Blick auf die eisigen Zacken der Zillertaler Alpen und den Schlegeiskees-Gletscher. Oberhalb der Hütte besteht das Terrain aus Geröll, Eis und Fels – raues Geläuf für Wanderer und Bergsteiger. Und so ist die Hütte auch ein idealer Stopp auf Fernwanderwegen wie dem 502, einer Alpenüberquerung zwischen München und Venedig, und dem Berliner Höhenweg. Erfahrene Bergsteiger nutzen die Hütte als Basis für den Riepenkopf (2905 m) und Hohen Riffler (3231 m).

In den holzvertäfelten Zimmern und Dorms stehen vier bis acht Betten, das Restaurant serviert Tiroler Gröstl (Pfannengericht mit Kartoffeln, Ei und Schinken). Schlafsack, Müllsack und Stirnlampe mitbringen! Nur Barzahlung.

KURZINFOS

Die Hütte tief im Tiroler Zillertal besticht mit grandiosen Ausblicken auf den Schlegeis-Stausee und eine Reihe von Gipfeln, die erklettert werden wollen.

Wann: Ende Mai–Anfang Okt.

Ausstattung: Strom, Duschen, Toiletten, Leitungswasser

Zugang: Bus zum Schlegeisspeicher, 3,2 km südlich, dann zu Fuß

Kontakt: www.olpererhuette.de

03

STÜDLHÜTTE

GLOCKNERGRUPPE, OSTTIROL

Die Stüdlhütte erfreut sich einer Adlerhorstlage auf 2802 m Höhe. Hier oben am Fuße von Österreichs höchstem Berg, dem Großglockner (3798 m), wo die Luft dünn ist, steht diese in verschiedenster Hinsicht wirklich atemberaubende, architektonisch innovative Hütte mit Solarstromversorgung. Am Anfang der Sommersaison lockt sie vorwiegend Skitourer an, doch wenn der Schnee schmilzt, kommen immer mehr Wanderer und natürlich auch Bergsteiger auf dem Weg auf den Großglockner vorbei.

Allein hier oben an der Hütte zu sein ist ein Erlebnis: mit zauberhaften Sonnenauf- und -untergängen und regionalen Spezialitäten aus heimischen Zutaten auf der Terrasse mit Blick auf die höchsten Bergriesen des Landes. Wer sich auf den Weg zum Fanatkogel (2905 m) oder zur Schere (3043 m) macht, erhascht vielleicht flüchtige Blicke auf Steinböcke. In den Dorms liegen die Matratzen dicht nebeneinander, also Ohrstöpsel gegen morgendliches Packen und Karabinerklappern nicht vergessen.

Wer möchte, kann einen Abschnitt des Tiroler Adlerwegs wandern, es kletternd mit dem Fels aufnehmen oder nachts draußen die Stille und Sterne bestaunen.

KURZINFOS

Die Höhe, die Architektur und das Panorama mit den höchsten Bergen Österreichs machen die Stüdlhütte zu einer der schönsten Hütten des Landes für Wanderer, Bergsteiger und Skitourer.

Wann: März–Mitte Okt.
Ausstattung: Heizung, Duschen, Toiletten, Leitungswasser
Zugang: Bus nach Kals am Grossglockner, 7 km südlich, dann zu Fuß
Kontakt: www.alpenverein-muenchen-oberland.de

PETZENCAMPING & GLAMPING

PIRKDORFER SEE, KÄRNTEN

Wo sich die rauen, bewaldeten Berge Südkärntens nach Slowenien hinüberziehen, erfreut sich dieser Campingplatz einer traumhaften Lage am Pirkdorfer See. Den Horizont beherrscht der 2125 m hohe Petzen, der höchste Gipfel der östlichen Karawanken. An sonnigen Tagen, an denen man die Dusche vielleicht besser durch ein Bad im warmen, stillen Seewasser ersetzt, bietet der Berg einen herrlichen Anblick. Im Winter kann man oben Ski fahren oder im Tal die Langlaufloipen entlanggleiten.

Es gibt reichlich Platz zwischen den Zelten, ein Restaurant mit regionalen Speisen und einen Spielplatz – toll für Familien mit Kindern. Luxuriöser sind die Glampingzelte für bis zu sechs Personen. Sie verfügen über richtige Betten, voll ausgestattete Küchen und Veranden mit Liegestühlen zum See hin; dazu kommen z. B. Nespresso-Maschinen und Bademäntel. Noch cooler sind die Sky Tents (Baumzelte) auf Holzstelzen. Außerdem gibt's noch eine Baumsauna, einen Lagerfeuerbereich und einen Naturpool – alles sehr stilvoll! Glamper können gratis SUP-Bretter und Tretboote leihen, außerdem werden sie mit einem Willkommenskorb voller regionaler Leckereien begrüßt.

KURZINFOS

Auf diesem Camping- und Glampingplatz an einem See in Kärnten zeigt sich Österreich von seiner sonnigen Seite, mit tollem Bergblick und viel Action auf dem See.

Wann: ganzjährig
Ausstattung: Bettzeug, Feuerstelle, Strom, Duschen, Toiletten, Müllentsorgung, Leitungswasser, WLAN
Zugang: mit dem Auto oder Bus nach Feistritz ob Bleiburg Poltnig, 900 m nördlich
Kontakt: www.pirkdorfersee.at

Hüttenwandern

Nach einem langen, schweißtreibenden Marsch oder einer Kraxelei hoch zu einem Bergkamm gibt's nichts Schöneres, als endlich eine spektakuläre Berghütte zu erspähen, die ein Bett und eine herzhafte Mahlzeit bereithält.

Über die österreichischen, Schweizer, französischen und deutschen Alpen sowie die Dolomiten und Pyrenäen, die Tatra in der Slowakei und die Julischen Alpen in Slowenien, von der Wildnis Skandinaviens ganz zu schweigen, erstreckt sich ein riesiges Netz aus Berghütten in Europa. Da wildes Zelten oft tabu ist, sind Hütten der beste Freund der Wanderer: Sie ermöglichen mehrtägige Touren ohne Zelt und schweres Gepäck.

Die Berghütten – *rifugio* auf Italienisch, *refugio* auf Spanisch, *refuge* auf Französisch – bieten Zugang zu den besten Fernwanderungen Europas, ob zur Tour du Mont Blanc, zum Jotunheimen in Norwegen, zur Alta Via 1 in Italien, zur Tatranská Magistrala in der Slowakei oder zum Kungsleden (Königspfad) in Schweden.

Trotz unterschiedlicher Topografie ist die Hüttensaison recht einheitlich: Sie reicht gewöhnlich von Mitte/Ende Juni bis September oder Oktober. Man sollte weit im Voraus reservieren (am besten telefonisch), da die Hütten oft ausgebucht sind. Was mitnehmen? Nicht viel! Nur die übliche Wanderausrüstung, Schlafsack und Inlett, Stirnlampe und Ohrstöpsel. Die Einrichtungen variieren stark: von durchgelegenen Matratzen und kaltem Wasser bis zu richtigen Betten, Sauna und Gourmetmahlzeiten. Wanderschuhe in der Stiefelkammer lassen und die Ruhezeiten beachten! Und Bargeld mitbringen – Kartenzahlung ist meist nicht möglich.

CAMPING SEEWINKL – ZIRLERHOF

GSCHWENDT, WOLFGANGSEE, SALZBURG

Wem der Anblick des hübschen Wolfgangsees bekannt vorkommt, der kennt diese von Bergen gesäumte Schönheit vielleicht aus der Eröffnungssequenz von *The Sound of Music*. Das Campingjuwel gehört zu einem freundlichen, familiengeführten Milchviehhof und erstreckt sich hinunter zu einer stillen Bucht am See, mit Ausblicken, die einen zum Jodeln verführen. Die Szenerie ist perfekt angelegt, mit Wiesen voller Wildblumen, dem blaugrünen See, den bewaldeten Hängen und dem 1783 m hohen Schafberg. Nicht schlecht, oder?

Viele Plätze in solcher Lage sind im Sommer eher überfüllt und straff durchorganisiert, doch hier finden Camper Ruhe und Schatten abseits des Trubels. Die Einrichtungen sind bewusst einfach gehalten (Spielplatz und Tischtennis für Kinder, frisches Brot und frische Milch fürs Frühstück), dabei ist man nie mehr als ein paar Schritte vom See entfernt, der zum Baden oder zu einer Bootstour einlädt. Wer mehr Action will, kann in den umliegenden Bergen wandern und biken oder auf dem See windsurfen, segeln und stehpaddeln.

KURZINFOS

Besonders im frühen Morgenlicht, wenn die ersten Camper auf diesem Platz am See aus ihren Zelten krabbeln, zeigt sich der Wolfgangsee von seiner wunderschönsten Seite.

Wann: Mai–Okt.
Ausstattung: Strom, Duschen, Toiletten, Leitungswasser, WLAN
Zugang: mit dem Auto oder per Bus nach St. Gilgen-Abersee, 2,2 km westlich
Kontakt: www.zirlerhof.at

07

HOCHHUBERGUT-PANORAMABETT

ASCHACH AN DER STEYR, ENNSTAL, OBERÖSTERREICH

Über Weizenfeldern geht die Morgensonne auf, und der Duft frisch geschnittenen Heus steigt einem in die Nase, wenn man die Vorhänge aufzieht und über Felder und Obstgärten auf Berge blickt, die sich zur tschechischen Grenze ziehen. Das rustikale Himmelbett auf einer Wiese bietet ein umwerfendes Panorama. Da ist es natürlich verlockend, wieder unter die Bettdecke zu kriechen und sich den lieben langen Tag mit Most zu verköstigen – eine Flasche gibt's gratis, zum Frühstück zudem einen Korb mit hoffrischen Köstlichkeiten wie Brot, Eiern, Obst und Käse.

So beginnt der perfekte Tag auf diesem familiengeführten Biohof auf 640 m Höhe oberhalb des Ennstals. Dieser Teil Österreichs hat seine eigene stille Schönheit. An Flüssen verlaufen Radwege, zum Wandern, Biken und Klettern laden die Kalksteingipfel, Schluchten und Hochmoore des nahen Nationalparks Kalkalpen ein.

Außerdem gibt's hier eine niedliche Holzhütte für zwei Personen mit den gleichen traumhaften Ausblicken.

KURZINFOS

In diesem Freiluftbett auf einer Wiese im Ennstal mit Bergblick, Most und den Sternen als himmlischer Gesellschaft träumt es sich süß.

Wann: April–Sept.
Ausstattung: Duschen, Toiletten, Leitungswasser
Zugang: mit dem Zug zum Bahnhof Aschach an der Steyr, 5,5 km nördlich, oder mit dem Auto
Kontakt: www.hochhubergut.at

SCHLAFFASS®DORF TATTENDORF

TATTENDORF, NIEDERÖSTERREICH

Was für eine Art, den Tag zu begrüßen: Die Morgensonne bescheint die sanft gewellten Weinberge und fällt durch das Fenster des maßgeschneiderten Weinfasses, eingerichtet im volkstümlichen Alpenstil mit Holz und rot-weiß karierten Bettdecken. Diese einzigartigen Glampingunterkünfte in Niederösterreich liegen nur 40 km nördlich von Wien – also nur unerheblich weiter, als man einen Sektkorken schießen kann. Von Wald umgeben und mit Blick über die Weinberge hin zu den Giebeln der Dorfhäuser und zu den bewaldeten Hügeln dahinter, stellen sie tolle Unterschlüpfe für weinaffine Paare dar, doch wenn's sein muss, findet in den Fässern auch eine Kleinfamilie Platz.

Die Schlaffässer sind ein toller Ausgangspunkt für kleine Outdoorabenteuer: Es gibt einen Kletterpark und Seilparcours, Wander- und Radwege in den umliegenden Weinbergen und Verkostungen der roten bzw. weißen Tropfen Spätburgunder und Grüner Veltliner auf nahen Weingütern.

Auch das feine Heilbad Baden bei Wien 11 km nordwestlich mit gepflegten Gärten, Freibad und römischen Bädern mit schwefelhaltigem Heilwasser lässt sich problemlos erkunden. Im 19. Jh. war diese Region eine beliebte Sommerfrische der Habsburger, wenn das Leben im Wiener Palast zu stressig wurde.

KURZINFOS

Die umgebauten gemütlichen Weinfässer zwischen Wald und Weinreben sind ideal als Basis für Wanderungen und Radtouren in den Weinbergen wie auch für Weinverkostungen.

Wann: ganzjährig
Ausstattung: Duschen, Toiletten, Strom, Leitungswasser, WLAN
Zugang: mit dem Auto oder per Zug zum Bahnhof Tattendorf, 750 m südlich
Kontakt: www.schlaffass.at

RAD- UND WANDERCAMPING IRSCHEN

IRSCHEN, KÄRNTEN

Dieser kleine, seit den 1970er-Jahren von derselben Familie geführte Campingplatz wendet sich besonders an Wanderer, Radfahrer und aktive Familien und beeindruckt mit Ausblicken auf die Zacken der Gailtaler und Karnischen Alpen in Südkärnten. Irschen wird stärker von der Sonne verwöhnt als die meisten anderen Orte Österreichs und hat sich einen Ruf als Kräuterdorf des Landes erworben: In den Gärten und auf den Wiesen gedeihen zahlreiche Wildpflanzen und Heilkräuter, wie man auf Spaziergängen leicht feststellen kann.

Grün, still und schlicht – unter diesem Motto steht der Campingplatz mit Schatten spendenden Bäumen, Bergblicken und netten Annehmlichkeiten wie frischen Brötchen zum Frühstück und Grillabenden. Hier dreht sich alles um die freie Natur: Es gibt Kletterwände und -steige, Canyoning-Touren durch die felsige Alpenwildnis sowie unglaublich schöne Wanderungen hoch zu Berghütten, kristallklaren Bächen und dem Klang der Kuhglocken. Außerdem ist dies ein tolles Sprungbrett für eine Etappe auf dem 366 km langen Drauradweg, der von Südtirol nach Slowenien führt. Er folgt der Drau und eignet sich wunderbar für Familien mit Kindern, da er zumeist durchs flache Flusstal verläuft – er ist also nicht sehr anstrengend, bietet aber herrliche Ausblicke.

KURZINFOS

Wanderer und Radfahrer sind herzlich willkommen auf diesem naturnahen und -freundlichen Campingplatz in den Bergen Südkärntens. Er eignet sich perfekt für eine Etappe auf dem Drauradweg.

Wann: Mai–Sept.
Ausstattung: Strom, Duschen, Toiletten, Müllentsorgung, Leitungswasser, WLAN
Zugang: mit dem Auto oder per Zug zum Bahnhof Irschen in Kärnten, 3 km westlich
Kontakt: www.rad-wandercamping.at

ITALIEN

Von den Felsen der Dolomiten bis zu den Weinbergen der Toskana und der Küste Sardiniens – Italiens Schönheit offenbart sich besonders beim Schlafen unter freiem Himmel.

Wann: Ostern–Okt. (Camping); Juni–Anfang Sept. (*rifugi*)
Beste Nationalparks: PN Gran Paradiso, PN dello Stelvio, PN Dolomiti Bellunesi
Beste Fernwanderwege: Alta Via 1 (125 km), Via di Francesco (Franziskusweg, 550 km), Via degli Dei (Götterweg, 130 km)
Wild zelten: begrenzt
Nützliche Adressen: Italienische Zentrale für Tourismus (www.italia.it), Club Alpino Italiano (www.cai.it), Italienische Parks (www.parks.it)

Wer in Italien draußen übernachtet, erhält einen Backstage-Zugang zur atemberaubenden Natur des Landes: sei es auf einer Tour auf einer Alta Via in den Dolomiten, beim Seekajaken, Tauchen oder Surfen im sonnenverwöhnten Süden oder auf Spaziergängen durch Olivenhaine oder Weinberge in der Toskana, in Umbrien oder den Marken.

Viele *agriturismi* bieten Campern schöne Unterkünfte mit Hoftieren, weitem Nachthimmel und Erzeugnissen, die aus Campingmahlzeiten Gourmetschlemmereien machen. Außerdem gibt's immer mehr Glampingbleiben, ob in rustikalen Schäferhütten, Iglus mit Gletscherblick oder naturnahen Rundzelten.

WILD ZELTEN

Theoretisch ist wildes Zelten verboten und kann hart geahndet werden, doch in der Praxis wird es oft geduldet – Touristenorte, Strände und Schutzgebiete meiden, sich abseits halten, zur Abenddämmerung da und bei Tagesanbruch wieder weg sein! Im Zweifelsfall Landeigentümer oder örtliche Behörden um Erlaubnis fragen!

AUSRÜSTUNG

In den meisten größeren Orten gibt's einen Intersport (www.intersport.it), wo man Ausrüstung kaufen und leihen kann. Gaskartuschen und -zylinder sind ebenfalls vielerorts erhältlich. Gnocchi, Pasta, Salami und Parmesan lassen sich leicht transportieren und zu köstlichen Mahlzeiten verarbeiten.

SICHERHEIT

In den Alpen die Wettervorhersage beachten (www.bergfex.com)! Tabacco (www.tabaccoeditrice.com) gibt Alpen-Wanderkarten im Maßstab 1:25 000 heraus, Kompass (www.kompass-italia.it) bietet Karten für verschiedene Teile Italiens (1:25 000 und 1:50 000), dazu Radkarten (1:70 000).

SPARTIPPS

Im August ist ganz Italien im Urlaub, die Campingplätze sind dann rappelvoll und am teuersten. Auch den Juli sollte man meiden. Mit der CampingCard ACSI (www.acsi.eu) erhält man außerhalb der Hauptsaison Rabatte von bis zu 60 % – Angebote in Italien auf der App checken!

DIE BESTEN REGIONEN

Toskana
Ein Traum für Camper, mit idyllischen Landschaften, tollem Essen und naturnahen Campingplätzen abseits des Trubels.

Apulien
Die sonnige Region an der Ferse Italiens bietet alte Städte und Oliven en masse sowie eine schöne

Von der Küste Sardiniens (links) bis zu den Hügeln der Toskana (unten) – Italiens Landschaften sind einfach herrlich!

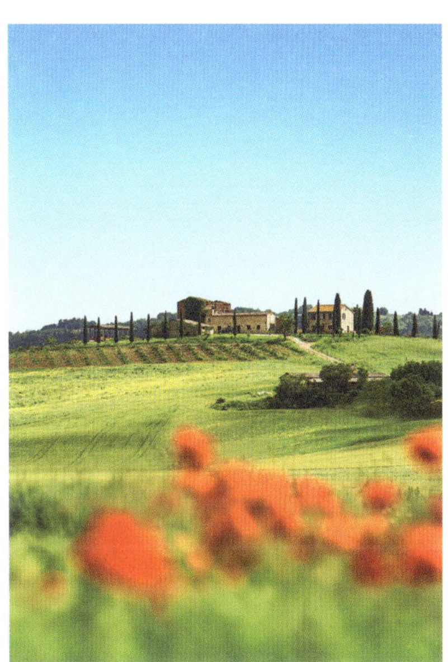

Küste am Ionischen Meer. Hier kann man ganzjährig zelten.

Sardinien
Die Berglandschaften in der Inselmitte und die klippengesäumte Ostküste begeistern Abenteurer, die in abgeschiedenen Gegenden campen und glampen können.

Trentino & Dolomiten
Die Berge und Felstürme der Alpen und Dolomiten locken Wanderer, Bergsteiger und Kletterer an, ebenso wie das Angebot an *rifugi* (Berghütten).

Umbrien & die Marken
Hügel mit Dörfern, Weinberge, Olivenhaine und Wiesen bilden die malerische Kulisse in diesen weniger touristischen Gebieten – ideal fürs stille Campen auf dem Land.

SARDINNA ANTIGA

NUORO, SARDINIEN

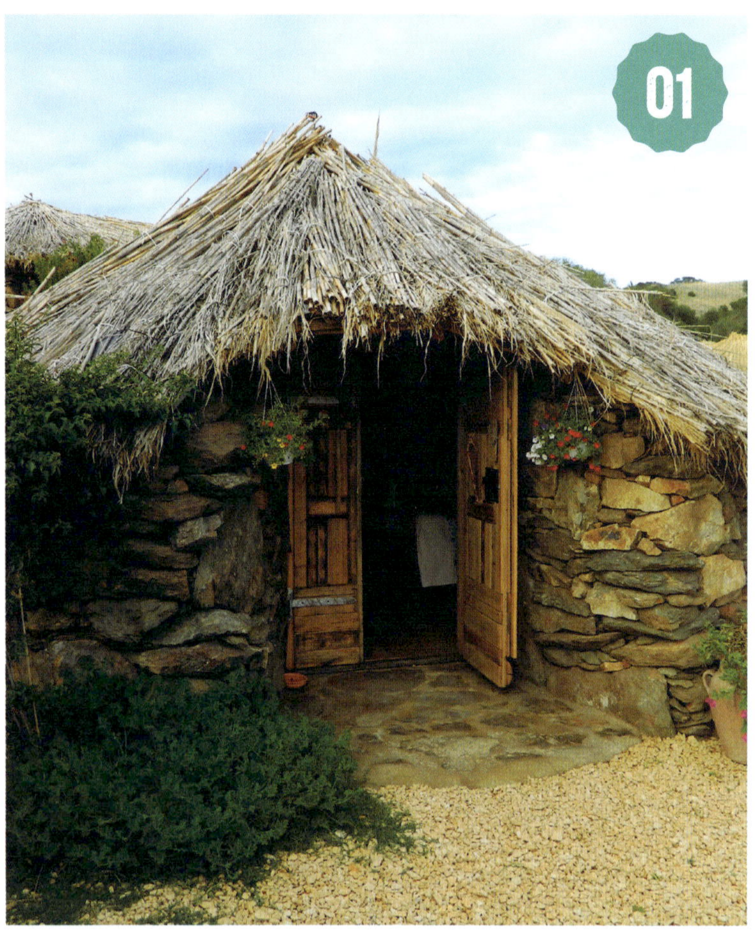

In einem stillen Tal – so still, dass man sein eigenes Herz schlagen hört – ist die sardinische *pinnetu*, eine traditionelle Schäferhütte, in der einst Pecorino-Käse gelagert wurde, zu neuem Leben erweckt worden. WLAN? Keine Chance! Smartphones? Verboten! Stattdessen wird man in die Zeit der Nuraghenkultur der Bronzezeit zurückversetzt – die einzigen Ablenkungen sind blökende Bergziegen und singende Zikaden, der sternenübersäte Nachthimmel und ein Ausblick über Hügel mit Sträuchern und Wildblumen hin zur Küste.

Jede *pinnetu* ist nach uralter Tradition erbaut, mit Trockensteinmauern und konischen Dächern aus Reet und Olivenzweigen. Die Annehmlichkeiten sind einfacher Natur: Es gibt Krüge mit Quellwasser, Bio-Hygieneartikel aus sardischen Kräutern, Salzlampen und handgewebte, mit Kräutern gefärbte Leinenstoffe mit traditionellen Motiven.

Der ökologische Fußabdruck von Sardinna Antiga ist winzig: Die Reinigung der Abwässer wird über ein Feuchtgebiet geregelt, und Gäste werden gebeten, länger zu verweilen (im Sommer mindestens drei Nächte). Zwar kann man mit dem Leihrad (gratis) von hier aus die schöne Nordküste Sardiniens erkunden, aber die meisten begnügen sich damit, das knapp 7 ha große paradiesische Anwesen mit Bio-Wein-, Oliven- und Gemüseanbau zu durchstreifen.

  **KURZINFOS**

In einer Schäferhütte mit grandiosem Blick auf Hügel und Meer der modernen Welt *arrivederci* sagen und in die Bronzezeit abtauchen, und das auf sehr umweltfreundliche Weise.

Wann: Mai–Okt.
Ausstattung: Bettzeug, Strom, Duschen, Toiletten, Leitungswasser
Zugang: mit dem Auto oder Rad oder per Bus nach Santa Lucia, 2 km nördlich
Kontakt: www.sardinnaantiga.com

RIFUGIO BELLA VISTA

MASO CORTO, VAL SENALES

Diese Berghütte auf 2845 m Höhe, hoch oben am Hochjochferner-Gletscher in Südtirol, hält mit Ausblicken auf die Ötztaler Alpen an der Grenze zwischen Österreich und Italien Wanderer und Skifahrer in Atem.

Im rustikalen Schlafsaal oder in einem der Meerbettzimmer zu übernachten ist ein unvergessliches Erlebnis. Wenn die Tagesausflügler fort sind, gehört man zu den wenigen Glücklichen, die hier die *enrosadira* (das Alpenglühen) erleben und den Wechsel des Tageslichts in die ruhigen Blautöne der Dämmerung – dann scheinen die weißen Gipfel von innen heraus zu leuchten.

Rustikal? Von wegen! Zwar sind die Unterkünfte schlicht, doch wo sonst kann man nach einem Bad im Whirlpool mit Gletscherblick oder dem Dampfbad in Europas höchster Sauna Glühwein schlürfen? Der Gastraum bietet überdurchschnittlich gute Hüttenküche, mit z. B. Lamm aus der Region und Südtiroler Knödeln auf der Karte.

Im Winter erfüllt die Berghütte sämtliche Schneeparadiesträume. In einem der drei kerzenbeleuchteten Iglus, die jedes Jahr neu aufgebaut werden, können sich Gäste auf Schaffellen in Expeditionsschlafsäcke kuscheln. Dann kann man von der Seilbahn-Bergstation Grawand aus Ski fahren, snowboarden oder schneeschuhwandern, im Sommer dagegen wandern oder mountainbiken.

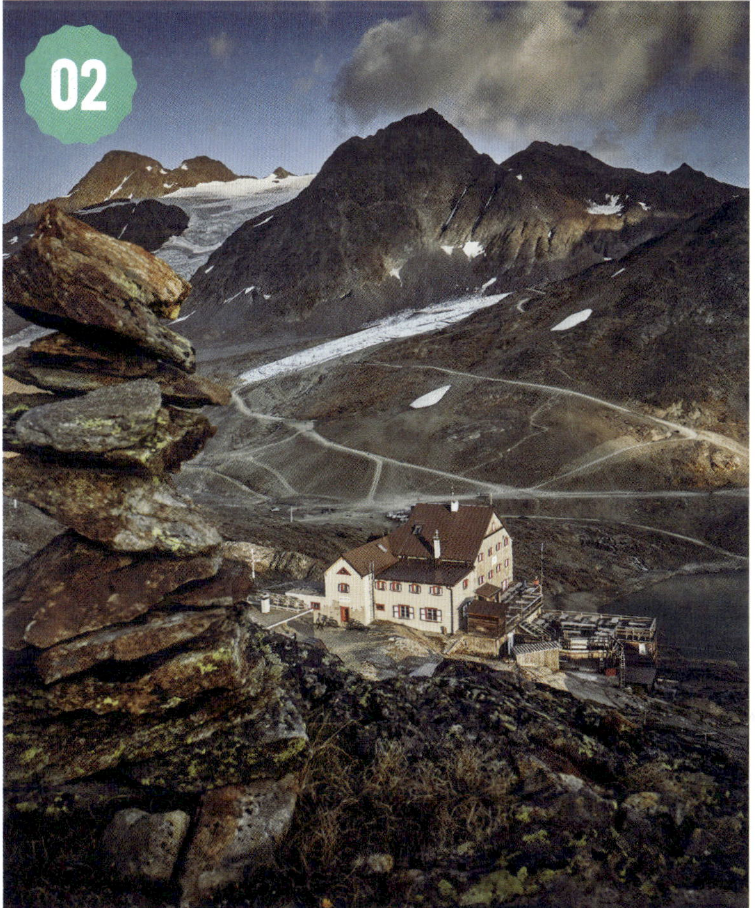

KURZINFOS

Ob man auf Skiern, in Schneeschuhen oder wandernd hier ankommt, diese Südtiroler Berghütte verzaubert mit Iglus für zwei und erhebenden Ausblicken auf die Ötztaler Alpen.

Wann: Dez.–April (Iglus); Ende Juni–Mitte Okt. (Lodge)
Ausstattung: Strom, Heizung, Toiletten, Duschen, Leitungswasser
Zugang: zu Fuß oder per Seilbahn zur Bergstation Grawand, 3 km südlich
Kontakt: www.schoeneaussicht.it

LAZY OLIVE

PETROIO, TOSKANA

In den auf nahen Hügeln thronenden, ockerfarbenen Orten Pienza und Petroio läutet es von den Kirchtürmen. Der Wind duftet nach Lavendel. In der Ferne ruft ein Esel. In der Abenddämmerung stimmen die Zikaden zögernd ihren Gesang an. Der toskanische Traum? Auf jeden Fall! Das friedvolle Lazy Olive inmitten von Rebstöcken, Biogärten und Olivenhainen ist so idyllisch, dass es beinahe schon klischeehaft wirkt.

Dieser reizende *agricampeggio* hebt das Bauernhof-Glamping auf eine völlig neue Ebene. Die entgegenkommenden Gastgeber haben das Potenzial des einst verfallenen Bauernhofs in den Sieneser Bergen erkannt und ihn liebevoll in diese einzigartige Unterkunft verwandelt.

Übers Land verteilen sich lediglich acht Rundzelte, jedes schick designt, mit Holzböden, alten Möbeln, bequemen Betten und Freiluftduschen. Hier ist Entschleunigung angesagt, ob beim Morgen-Yoga, bei der Olivenernte im Herbst, bei der Suche nach *tartufi bianchi* mit Trüffelsammler Luciano oder beim Radeln zu nahen Orten oder in die Weinberge.

Wer's ruhiger mag, hängt im Pool ab oder hält's wie die Oliven: nichts tun und in der Sonne fläzen.

KURZINFOS

Wer die Vorhänge in den Rundzelten dieses herrlichen Toskana-Refugiums öffnet, schaut in eine malerische Szenerie mit sanften Hügeln, die sich zu Wiesen voller Wildblumen hinstrecken.

Wann: Mai–Sept.
Ausstattung: Grill, Bettzeug, Duschen, Toiletten, Leitungswasser
Zugang: mit dem Auto; Bus nach Petroio, 1,3 km nordwestlich
Kontakt: www.thelazyolive.com

Felsklettern

Ob auf Mehrseillängen-Routen hinauf auf legendäre Berge oder auf einfachen Kraxeltouren an der Küste – Europas Felslandschaften halten einige der tollsten Kletterrouten weltweit in petto.

Eine kleine Herausforderung? Die Dolomiten in Italien bieten bestes Kletterterrain, mit Mehrseillängen-Routen von bis zu 800 m und legendären Kraxelfelsen wie den Sella-Türmen und der atemberaubenden Marmolada- und Cima-Grande-Nordwand. Die spanischen Pyrenäen warten mit einigen der härtesten Kletterrouten überhaupt auf, Andalusien mit Schluchtentouren im Klettergebiet El Chorro. Große Herausforderungen halten auch alpine Zentren wie Chamonix (Mont Blanc) in Frankreich, die Jungfrau-Region (Eiger) und Zermatt (Matterhorn) in der Schweiz sowie Salzburg, Innsbruck und der Großglockner in Österreich bereit. Auch Norwegen ist toll, z. B. der Trollstigen, Europas höchste und extremste Felswand, 1100 m vom Sockel bis zum Gipfel.

Doch all das ist nur die Spitze des Eisbergs. Schöne Kletterstrecken gibt's auch in den Julischen Alpen in Slowenien, an der wilden Küste Sardiniens und in der slowenischen Tatra. In Deutschland kann man im Elbsandsteingebirge klettern und in Höhlen übernachten (S. 135). Die Kletter-Hotspots Großbritanniens sind sehr vielfältig: von den Sandsteinfelsen des Peak District bis zu den fossilienreichen Meeresklippen Dorsets, den Schieferbruchrouten in Wales (Llanberis) und den Granitpfeilern und langen Kletterrouten in den schottischen Cairngorms.

Ein Netz aus Berghütten (S. 183) ermöglicht Kletterern einen frühen Start; oberhalb der Baumgrenze kann man oft zelten oder biwaken. Einen Überblick über die Kletterszene Europas bietet Climb Europe (https://climb-europe.com), für die einzelnen Länder erledigen das die jeweiligen Bergsteigervereine.

RIFUGIO LAGAZUOI

CORTINA D'AMPEZZO, DOLOMITEN

Wenn der feurige Sonnenuntergang die Zinnen der Dolomiten leuchten lässt, dann kann man sich glücklich schätzen, es zu dieser Hütte hoch in den Bergen geschafft zu haben, auf 2752 m oberhalb des mondänen, wunderbaren Wintersportorts Cortina d'Ampezzo. Mit Sonnenergie betrieben und Brauchwasseraufbereitung ausgestattet, achtet der *rifugio* sehr auf seinen ökologischen Fußabdruck.

Für Wanderer ist die Hütte ein wahrer Dolomiten-Traum: Sie liegt an den Fern- und Hüttenwanderwegen Alta Via 1 und 9. Die Höhe und Anstrengung rauben einem den Atem, ebenso wie die Ausblicke auf die mächtige Tofana di Rozes, die Cinque Torri und den Marmolada-Gletscher. Im Winter sind Skifahrer hier in ihrem Element mit Routen wie der Super8, die sich wie eine Acht um die Berge windet, und der 80-km-Skiroute Grande Guerra.

Doch wie steht's um die Hütte selbst? Auch die beeindruckt, mit holzvertäfelten, großzügigen Dorms und Zimmern sowie weiten Ausblicken. Und nach dem Pflügen über die Pisten und dem Wandern auf den Höhenwegen freut man sich besonders über die finnische Sauna. Alternativ sitzt man im holzverkleideten Gastraum oder draußen auf der Terrasse und genießt z. B. buttrige *canederli* (Speckknödel) und Polenta mit Wild, Pilzen und *salsiccia* (italienischer Wurst).

KURZINFOS

Über dieser hoch gelegenen Berghütte, einem wunderschönen Zwischenstopp an zwei Höhenwanderwegen, erheben sich die Dolomiten wie natürliche Festungen.

Wann: Juni–Okt.; Dez.–März
Ausstattung: Bettzeug, Duschen, Toiletten, Leitungswasser
Zugang: Lagazuoi-Seilbahn zum Passo Falzarego, 3 km südlich, oder zu Fuß
Kontakt: www.rifugiolagazuoi.com

LAVANDA BLU

CARASSAI, MARKEN

In diesem botanischen Paradies auf einem Biohof äsen bei Tagesanbruch Rehe in den Lavendelfeldern. Das Lavanda Blu versteckt sich in einer wunderbar vergessenen Ecke der Marken, wo sich Mohn- und Sonnenblumen im Wind wiegen und sich Olivenhaine, Weinberge und Hügel mit Zypressen in die Ferne ziehen. Das sommerliche Meer aus Düften und Farben ist die Vision von Hans (Niederländer) und Elizabeth (Amerikanerin), Köchin, Innenarchitektin und Mitglied des Slow-Food-Verbandes Italiens.

Wer auf einem der geräumigen Stellplätze dieses *agriturismo* sein Zelt aufschlägt, ist den Sternen ein Stückchen näher. Auf Wunsch wird jeden Morgen frisches Brot ans Zelt geliefert. Wer es komfortabler mag, mietet einen Wohnwagen oder ein Rundzelt.

Zwar ist man versucht, loszuziehen und die Küste und die mittelalterlichen Hügeldörfer der Marken zu erkunden, z. B. das nahe Carassai mit seinen gewundenen Gassen, aber das Lavanda Blu lädt auch zum Verweilen und Nichtstun ein, mit blumigen Veranden, Hängematten und Pavillons für faule Nachmittage bei einem Bierchen und einem Buch. Sportlichere Gäste spielen Tischtennis oder Federball. Wer nicht auswärts essen möchte, kann seine Campingkost mit heimischen Produkten, dem Olivenöl des Hofs und frischen Kräutern aus dem Garten aufpeppen.

05

 **KURZINFOS**

Auf diesem Lavendel- und Olivenhof in den Marken, wo sich Ansichten wie auf Landschaftsgemälden bieten, kann man sich in der Kunst des Nichtstuns üben.

Wann: März–Okt.
Ausstattung: Strom, Küche, Duschen, Toiletten, Leitungswasser, WLAN
Zugang: mit dem Auto oder mit dem Bus nach Carassai, 3 km nordöstlich
Kontakt: www.lavandablu.com

PORTO SOSÀLINOS

CALA LIBEROTTO, SARDINIEN

Die Cala Liberotto in der Nordecke des Golfs von Orosei auf Sardinien ist eine echte Augenweide: eine Sichel aus weißem Sand zwischen Pinien und dem türkisgrünen Meer. Dieser Anblick erwartet einen im Porto Sosàlinos. Hier kann man Kanus mieten für die Fahrt den Fluss entlang zum Strand; weiter die Küste runter kann man kitesurfen oder tauchen.

So wartet vor der Tür zwar jede Menge Action, doch die Anlage selbst gibt sich eher relaxt, mit Morgen-Yoga und zahlreichen Möglichkeiten zum Baumeln in der Hängematte, bis die Sonne versinkt und die Mücken ihren Auftritt haben. Sein Zelt kann man unter duftenden Pinien aufschlagen, oder man wählt eine der Glampingherbergen, von Safari- und indisch gestalteten Zelten bis zu familiengerechten Wohnwagen und Holzhütten. Die Spitzenunterkünfte sind jedoch die nach Biohaus-Prinzip aus 95 % natürlichen Materialien gebauten „Greenhomes".

Mit Gemüse und Kräutern aus dem Garten lassen sich Gaskocher- und Grillgerichte aufwerten, und wer nicht kochen möchte, findet Restaurants in Strandnähe. Morgens sind vor Ort frische Leckereien erhältlich, Brot und Pizza kommen aus einem Holzofen.

  **KURZINFOS**

Auf diesem schön relaxten Platz in herrlicher Lage am Meer am Golfo di Orosei an der Ostküste Sardiniens kann man unter Pinien zelten.

Wann: Juni–Sept.
Ausstattung: Strom, Duschen, Toiletten, Leitungswasser, WLAN
Zugang: mit dem Auto oder Fahrrad; Bus nach Orosei, 9 km südlich
Kontakt: www.porto sosalinos.it

TORRE SABEA

GALLIPOLI, LECCE, APULIEN

Die apulische Region Salento, der Absatz des italienischen Stiefels, ist heiß, trocken, abgeschieden und sehr geschichtsträchtig. Ockerfarbene Felder und Olivenhaine ziehen sich zum knallig türkisfarbenen Meer; Spuren der griechischen Vergangenheit zeigen sich in den Orten. Hier befindet sich das Torre Sabea, benannt nach einem Turm aus dem 16. Jh. in der nahen Festungsstadt Gallipoli.

Die geräumigen Stellplätze der naturverbundenen Anlage mit minimalem ökologischen Fußabdruck verteilen sich auf ein Gelände mit Olivenbäumen, Kaktusfeigen, Duftpflanzen, Agaven und Oleandern. Mehr Komfort bieten die Luxuszelte für bis zu vier Personen mit richtigen Doppelbetten, Veranden, Bädern und Kücheneinrichtungen. Ein Restaurant serviert auch köstliche Mahlzeiten aus gartenfrischen und regionalen Zutaten.

Um ins Meer zu hüpfen, muss man nur die Straße überqueren, noch verlockender ist der Rivabella-Strand, eine helle Sandsichel 2 km nördlich (Fahrrad leihen oder Shuttle nehmen). Wem das zu anstrengend ist, der kann sich am blumengesäumten Pool vergnügen oder sich mit dem Blick im irre blauen Himmel verlieren.

KURZINFOS

Dieses Camping- und Glampingrefugium in Italiens sonnigem, heißblütigem Süden bleibt stets entspannt dank üppigen Gärten, blumengesäumtem Pool und Abkühlung im Ionischen Meer.

Wann: ganzjährig
Ausstattung: Bettzeug (fürs Glamping), Strom, Küche, Duschen, Toiletten, Leitungswasser, WLAN
Zugang: mit dem Auto oder per Zug zum Bahnhof Gallipoli, 2,5 km südlich
Kontakt: www.torresabea.it

WILD CAMPING PALADINI

CHIOZZA, LUCCA, TOSKANA

Wenn man den Hügelort Chiozza aufsucht, verabschiedet man sich für eine Weile von der modernen Welt, um auf diesem versteckten Campingplatz an einem mittelalterlichen Bergpfad unterzukommen. Das „wild" im Namen verrät bereits, was man zu erwarten hat: eine Ansammlung von Stellplätzen unter Kastanien in einem einsamen Apennin-Wald, wo Rehe, Wildschweine, Füchse und gelegentlich sogar Wölfe herumziehen.

Die auf stille Art gesellige Anlage war ein Wunschtraum des irischen Musikers Colm, der sich in dieser schönen Ecke der Toskana sehr feinfühlig ein Zuhause schuf: ein naturfreundlicher, entspannter Platz mit einer Prise Hippie-Flair. Man kocht überm Lagerfeuer, es gibt eine Sauna, und Schafe, Hühner und Esel laufen frei herum. Wer ohne Zelt unterwegs ist, kann eine coole Jurte mit Solardusche und Komposttoilette mieten. Köstlich ist das Frühstück aus Kastanienmehl-Pfannkuchen mit Ricotta und frischen Eiern.

Künstler, Musiker und Familien sind sehr angetan von diesem Platz, genauso wie Wanderer und Mountainbiker. Wer morgens unter einem Wasserfall baden, tagsüber in der Hängematte chillen und sich abends unterm Sternenzelt zu Gitarrensessions gesellen möchte, der ist hier richtig – *benvenuto!*

 KURZINFOS

In diesem abgeschiedenen Refugium in den bewaldeten Bergen der Toskana ist absolute Unabhängigkeit das Motto. Gäste können wandern, radeln, baden und am Lagerfeuer in die Sterne schauen.

Wann: April–Nov.
Ausstattung: Grill, Strom, Feuerstelle, Duschen, Toiletten, Leitungswasser
Zugang: mit dem Fahrrad oder per Bus nach Chiozza, 1,5 km entfernt
Kontakt: facebook.com/WildCampingPaladini

IL FALCONE
CIVITELLA DEL LAGO, UMBRIEN

Dieser Campingplatz an einem Hügel, der sich zum Lago di Corbara hinunterzieht, stiehlt einem sofort das Herz. Die Toskana steht im Rampenlicht, doch das weniger berühmte Umbrien hat genauso viel Anziehungskraft. Im Il Falcone muss man sich einfach in dieses Postkartenpanorama mit dem mittelalterlichen Dorf Civitella del Lago verlieben, Olivenhaine, Mohnblumenfelder und Weinberge, die sich im Hitzeschleier in die Ferne erstrecken, tun ihr Übriges.

Doch der kleine, perfekte Campingplatz bietet nicht nur gigantische Ausblicke, sondern hat dank Betreiber Carlo Valeri auch echten Charakter: Pausenlos arbeitet er daran, die Camper glücklich zu machen, ob mit frischem Brot am Morgen, ans Zelt gelieferter Holzofenpizza, regionalen Bioprodukten und seinem eigenen Olivenöl oder auch mit einem Glas des ausgezeichneten Orvieto Classico vom benachbarten Weingut Barberani, sofern man sich vom chlorfreien Pool und dem Panorama loseisen kann …

Camper haben jede Menge Freiraum auf den schattigen Terrassen. Wer mehr Komfort und Platz möchte, mietet eines der Safarizelte mit richtigen Betten, Hängematten und eigenen Terrassen. Man bucht eine oder zwei Nächte und wünscht sich dann, man hätte eine ganze Woche!

 **KURZINFOS**

Mit seinen Ausblicken über Rebstöcke, Mohnblumenfelder und den Lago di Corbara ist dieser naturverbundene Platz in Umbrien ländliches Italien im Kleinformat.

Wann: April–Sept.
Ausstattung: Grill, Bettzeug (in Deluxe-Zelten), Strom, Toiletten, Duschen, Leitungswasser, WLAN
Zugang: mit dem Auto oder per Bus nach Civitella del Lago, 750 m nordwestlich
Kontakt: www.campingilfalcone.com

AGRITURISMO LA PRUGNOLA

MONTESCUDAIO, PISA, TOSKANA

Dieser Biobauernhof in uralten Olivenhainen in der Oberen Maremma hat sich mit Solarenergie, Brunnenwasser und komplett aus natürlichen Materialien bestehenden Glampingzelten mit Leib und Seele der Nachhaltigkeit verschrieben. Die naturverbundene Bauernfamilie verschafft ihren Gästen die Eintrittskarte zu einer stillen Landidylle mit Aussicht zum Meer – und all das nur 45 Autominuten südlich des von Touristen überrannten Pisa mit seinem Schiefen Turm.

Süße Träume garantiert die mongolische Jurte mit Moskitonetz über dem bequemen Bett. Fürs Frühstück unter freiem Himmel gibt's einen Garten, für abendliches Brutzeln unter den Sternen einen Grillbereich. Die holzvertäfelten Lodge-Zelte bieten Veranden – in der Vegetation drum herum tummeln sich Vögel und Bienen.

Dies ist ein guter Ausgangspunkt für Streifzüge übers bewaldete Gelände des *agriturismo*, leichte Radtouren durch Olivenhaine und Weinreben und faule Strandtage an der Etruskischen Küste. Mit Stellplätzen, einer Ecke zum Radwaschen und GPS-Karten ist der Hof bestens auf Radler eingestellt. Mountainbike-Profi Luca hilft bei der Planung von Touren auf den Pisten zwischen den Dörfchen.

KURZINFOS

Auf dem Biohof in der Oberen Maremma sorgen Frühstück im Freien und Spaziergänge durch Olivenhaine und Weinberge für Glücksmomente.

Wann: Mitte Mai–Anfang Okt.

Ausstattung: Grill, Bettzeug, Strom, Duschen, Toiletten, Leitungswasser, WLAN

Zugang: mit dem Auto oder per Bus nach Montescudaio V. Roma, 2 km östlich

Kontakt: www.laprugnola.it

SHAURI GLAMPING

NOTO, SIZILIEN

Auf diesem extrem ruhigen Platz, versteckt auf dem Land unmittelbar östlich des Unesco-Welterbes Noto mit seinem barocken Herzen aus honigfarbenem Tuffstein, wird die Hektik Siziliens ausgebremst. In der Ferne glitzert das Meer; unter den Johannisbrot-, Mandel- und Olivenbäumen zirpen die Zikaden. In der Ruhe des Nachmittags duftet die Luft nach wildem Thymian, Fenchel und Salbei.

Mit der natürlichen Ausstattung der Baumwoll-Rundzelte, die mit ihrer Umgebung verschmelzen, bringt das Shauri umweltbewusstes Glamping voll auf den Punkt. Das Konzept der Anlage kreist um *la famiglia* (die Familie), und man gibt sich alle Mühe, dass die Gäste sich in diese aufgenommen fühlen. Das Frühstück besteht aus hoffrischen Zutaten wie Obst, Käse, Eiern und Brot sowie den eigenen Mandeln und Goji-Beeren.

Zwar führen Wander- und Radwege zu Schluchten, Tälern und archäologischen Stätten, doch ist es sehr verlockend, sich einfach in der Hängematte niederzulassen, bei einem Gläschen *vino rosso* das Wandern der Sonne über den tiefblauen Himmel zu verfolgen und ein Stück Sizilien zu genießen, das nur wenige kennenlernen.

  KURZINFOS

Auf diesem naturverbundenen Platz, ideal für faule Tage in der Hängematte, kleine Wanderungen und die Mitarbeit bei der Olivenernte, erwacht der vergessene Reiz des ländlichen Siziliens wieder zum Leben.

Wann: Ostern–Okt.
Ausstattung: Bettzeug, Duschen, Toiletten, Leitungswasser, WLAN
Zugang: mit dem Auto oder per Bus oder Zug zum Eisenbahn- und Busbahnhof Noto, 10 km östlich
Kontakt: www.shauriglamping.com

SPANIEN

In diesem wunderbar wilden Land ist es einfach, in die Einsamkeit zu entfliehen und unterm Sternenhimmel, unter kargen Gipfeln und in Küstenwäldern zu campen.

Wann: April–Okt. (Norden); ganzjährig (Süden)
Beste Nationalparks: PN Aigüestortes i Estany de Sant Maurici, PN Sierra Nevada
Beste Fernwanderwege: Camino Francés (770 km), GR11 (750 km), GR160 (1497 km)
Wild zelten: begrenzt
Nützliche Adressen: Turespaña (www.spain.info), Alberges y Refugios (www.alberguesy refugios.com), Parques Nacionales (www.reservasparquesnacionales.es)

Ob man sein Zelt in der Wildnis von Andalusiens Sierra Nevada unter der funkelnden Milchstraße aufschlägt, in den rustikalen *albergues* am Jakobsweg in den Pyrenäen seinen Schlafsack ausrollt oder auf den Balearen seinen Inseltraum lebt – Spanien ist perfekt fürs Schlummern unter freiem Himmel.

Meidet man die Touristenzentren und die Hauptsaison, kann es selbst an der Küste überraschend ruhig sein. Es gibt jede Menge offizielle Campingplätze sowie Micro-Camps in ländlichen Regionen. Zwar ist die Saison für Berghütten kurz (meist Juni–Sept.), doch im Süden kann man das ganze Jahr über draußen nächtigen.

WILD ZELTEN

Eigentlich verboten, aber … Grundregeln: Man sollte nicht an oder nahe Stränden, in Urlaubsorten und in Naturschutzgebieten zelten, sonst riskiert man Geldbußen. In abgelegeneren Gegenden wird wildes Zelten oft toleriert, solange man diskret vorgeht. Friedliche Micro-Camps mit wildem Flair findet man auf Campspace (https://campspace.com).

AUSRÜSTUNG

In größeren Orten sind oft Outdoorläden wie Decathlon angesiedelt (www.decathlon.es). Campinggas gibt's mit Glück in *ferreterias* (Baumärkten) – oder bei Campingaz (www.campingaz.com) Verkaufsstellen suchen. Zutaten für die Campingküche sind in Supermärkten erhältlich, z. B. Chorizo, Oliven und Nüsse sowie fertige Paella und Tortilla.

SICHERHEIT

In den Bergen auf die Wettervorhersage achten und sich mit warmer Kleidung, Kompass und guten Wanderkarten ausrüsten wie den 1:25 000-Reihen von Editorial Alpina (www.editorialalpina.com) und Prames (www.prames.com).

SPARTIPPS

Auf *áreas de acampada*, Campingplätze mit minimalen Einrichtungen, achten – sie sind gratis oder sehr billig. In der Zwischen- und Nebensaison erhält man mit der CampingCard ACSI (www.campingcard.com/de) bis zu 60 % Rabatt.

DIE BESTEN REGIONEN

Andalusien
Wildnis für Camper, Wanderer, Biker und Kletterer, mit Spaniens höchsten Bergen in der Sierra Nevada.

Galicien
Mit seiner zerklüfteten Küste voller Buchten und Inseln ein Traum für Camper. Dazu kommen tolle Meeresfrüchte und ein keltischer Geist.

Die felsigen Gipfel der Sierra Nevada (links) und die üppigen Wälder Galiciens (unten) erkunden

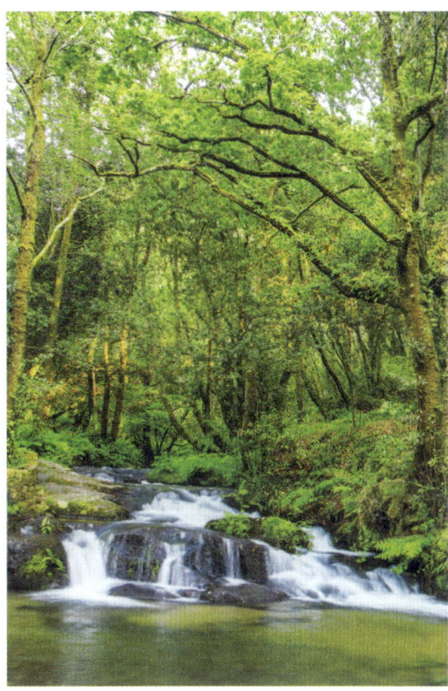

Pyrenäen
Dieses Wunderland aus schroffen Granitbergen, Wäldern, Wasserfällen und schillernden Seen wurde von eisigen Kräften geschaffen. Wer eine Etappe des Jakobswegs oder des GR11 wandert, kann in einem *refugio* übernachten.

Kantabrien, Asturien & León
Diese Regionen bilden einen Bogen im Nordwesten Spaniens und bieten zusammen wilde, felsige Küsten, fruchtbare Täler und in den Picos de Europa zerklüftete Kalksteinberge.

Balearen
Vom Glamping auf Ibiza bis zur Nacht in einer Inselschutzhütte auf dem stillen Cabrera: Die Balearen sind ideal für ein Stück Strandleben zu günstigen Preisen.

OTRO MUNDO

ALBACETE, KASTILIEN–LA MANCHA

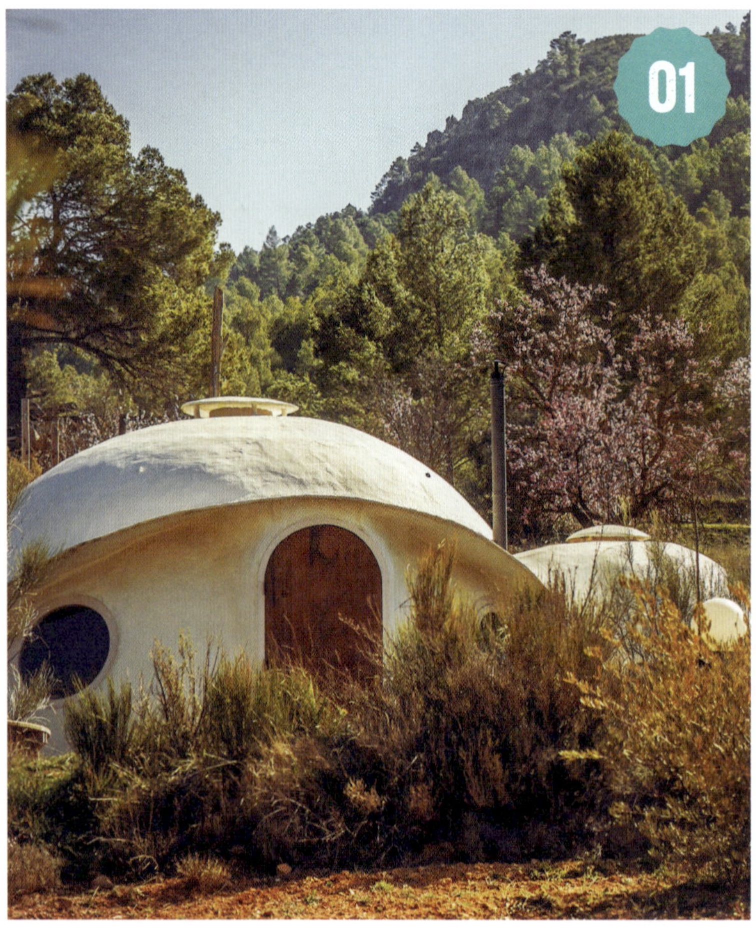

Dieser abgeschiedene Glampingplatz im Kiefernwald und auf terrassiertem Ackerland in den Bergen der Sierra de Segura ist nur über eine holprige Staubpiste zu erreichen. Er verspricht eine „andere Welt" – und liefert diese auch! Lotte, Rubens und ihre Kinder heißen Gäste in diesem Stück Ökohimmel mit einem Pool voller Bergquellwasser zum Abkühlen in der Hochsommerhitze, einem schönen Spielbereich und einer Gemeinschaftsküche für Gerichte mit Biogemüse vom Hof herzlich willkommen. Toll sind auch die Frühstückskörbe mit hausgebackenem Dinkelbrot, Muffins, Obst, Hummus und Orangensaft; zweimal wöchentlich wird köstliches veganes Abendessen geboten.

Danach ab ins Bett! Man nächtigt in einer der retro-rustikalen Kuppelbauten: hell, kühl und getüncht, mit runden Fenstern, alten Möbeln, bunten Farbakzenten und gemütlichen Kissennischen zum Lesen und Relaxen. Auf Nachhaltigkeit wird geachtet, mit entsprechenden Duschen, Komposttoiletten und 100 % Solarstrom.

Die Gegend ist reizvoll und untouristisch – toll zum Baden, Wandern, Biken, Kajaken und fürs Canyoning, ganz zu schweigen vom Sternegucken am Abend. Und Kultur? Im Angebot wären prähistorische Höhlenmalereien, Festungen und weiße Dörfer, all das gleich vor der Haustür. Es gilt ein Mindestaufenthalt von drei Nächten.

KURZINFOS

In diesem abgelegenen Glampingjuwel auf terrassiertem Ackerland lässt sich ganz öko in Zelt oder Kuppel schlafen, mit tollem Blick auf einen Pinienwald und die Sierra de Segura.

Wann: Mitte Mai–Mitte Sept.
Ausstattung: Bettzeug, Feuerstelle, Küche, Duschen, Toiletten, Leitungswasser
Zugang: mit dem Auto oder per Bus nach Elche de la Sierra, 14 km südöstlich
Kontakt: www.otro-mundo.com

CAMPING LA PLAYA

ES CANAR, IBIZA, BALEAREN

Bevor die Megaclubs in Ibiza aus dem Boden schossen, bewegte sich diese partyverrückte Baleareninsel zu einem weit entspannteren Hippie-Beat. Besagte Stimmung ist auf diesem Camping- und Glampingplatz am Strand erhalten geblieben: Hier kann man in einem bunten alten Wohnwagen mit Doppelbett den alten Flower-Power-Traum leben, sich in einen Retro-Airstream-Wohnwagen mit schönem Küstenblick kuscheln, in einem schnuckeligen Holzhäuschen mit Küche, Bad und Terrasse nächtigen oder sein Zelt unter den duftenden Pinien aufschlagen. Auf jeden Fall ist man stets nur einen Katzensprung entfernt vom klaren türkisfarbenen Wasser des Caló des Gat sowie vom etwas geordneteren Strand der Cala Martina, wo sich Gelegenheit zum Kajakfahren, Tauchen, Stehpaddeln und Windsurfen bietet.

Auf dem Platz selbst gibt's alles von Yoga bis zu afrikanischem Tanz, dazu ein Café mit Terrasse zum Strand hin mit fruchtigem Frühstück und kleineren Speisen wie Pizza, Hummus und Salaten aus Biozutaten. Hier ist alles und jeder relaxt, gelegentlich gibt's Gitarren- oder Bongosessions und Feuerspucker. Von Mai bis Oktober kann man mittwochs auf dem seit den 1960er-Jahren bestehenden Hippie-Markt von Punta Arabí mit Musik, Kunstgewerbe und Essensständen herumstöbern.

KURZINFOS

Dieser Platz an der Küste versetzt einen mit seinen abgedrehten, retro-coolen Wohnwagen zurück auf das Ibiza einer vergangenen Zeit.

Wann: Mai–Okt.
Ausstattung: Strom, Duschen, Toiletten, Leitungswasser, WLAN
Zugang: mit dem Bus nach Cala Martina/Punta Arabí direkt am Campingplatz
Kontakt: www.campinglaplayaibiza.com

AGROTURISMO MARI CRUZ

VILLANUEVA DE ARCE, NAVARRA-PYRENÄEN, NAVARRA

Baskisch in Geist und Geschichte schlägt das ländliche Herz Spaniens in den Navarra-Pyrenäen am kräftigsten. Wenn sich schroffe, schneebedeckte Berge mit ihren Felsen und Wäldern zeigen, dann sind Naturfreunde in ihrem Element. Hier findet man das mitunter beste (und kühlste) Terrain des Landes zum Wandern und Mountainbiken – ein Highlight für Pilger auf dem Jakobsweg (S. 209).

Diesen *agroturismo* zu erreichen ist etwas schwierig, aber am Ende freut man sich, dass man die Mühe auf sich genommen hat. Der familiengeführte Bauernhof ist ein reizend stiller Rückzugsort mit zwei rustikalen Baumhaushütten in riesigen Eichen mit Platz für vier Personen sowie mit mehreren geräumigen *casas rurales*, die meisten mit Kamin und Küche.

Wer hier übernachtet, taucht gänzlich ins Hofleben ein. Familien sind herzlichst willkommen. Es gibt Kaninchen, Latxa-Schafe, Esel und Ziegen sowie Obst und Gemüse. Letzteres findet sich auch im köstlichen Frühstück, zusammen mit Brot, Marmelade und Joghurt aus eigener Herstellung; die Eier der Hennen landen in Tortillas. Außerdem gibt's einen Gemeinschaftsbereich mit einer Bibliothek und Spielen für Kinder.

KURZINFOS

Der abgeschiedene Biohof in den Pyrenäen mit Baumhäusern in Eichen liegt am Beginn des Jakobswegs, wo er von Frankreich die Grenze nach Spanien übertritt. Ein ländliches Paradies 50 km von Pamplona.

Wann: Mitte Feb.–Mitte Jan.
Ausstattung: Grill, Duschen, Toiletten, Leitungswasser
Zugang: mit dem Auto oder per Bus nach Roncesvalles, 13,6 km nördlich
Kontakt: www.casaruralennavarra.com

EL BURRO BLANCO

MIRANDA DEL CASTAÑAR, SALAMANCA, KASTILIEN-LEÓN

Diese wilde, bergige Ecke Westspaniens abseits der Touristenströme ist ideal, um vor dem Alltag zu flüchten. Der kleine Campingplatz im Schatten von Eichen gehorcht seinem eigenen, unwiderstehlich geruhsamen Rhythmus. Besonders schön ist es hier im Spätfrühling: Dann blickt man über Getreide- und Mohnblumenfelder auf Miranda del Castañar, das nur zehn Minuten zu Fuß entfernt ist – ein wunderschönes altes Dorf auf einer Hügelkuppe mit einem mittelalterlichen Labyrinth enger Gassen, Fachwerkhäusern, einer Burg und der Plaza de Toros.

Die Gastgeber Vera und Eddy engagieren sich stark im Naturschutz. Es gibt einen Bach zum Paddeln, einen Brunnen mit Quellwasser, Felsen zum Hochkraxeln und Bestaunen des Sonnenuntergangs und ein Logbuch für Tierbeobachtungen. Beim Herumstreunen hier und im Parque Natural Las Batuecas-Sierra de Francia mit seinem Mischwald aus Eichen, Korkeichen, Zypressen und Oliven sollte man nach Laubfröschen, Eidechsen, Salamandern, Schmetterlingen, Gänsegeiern und Golddrosseln Ausschau halten. Der Fernwanderweg GR10 führt zudem direkt durch Miranda del Castañar.

 **KURZINFOS**

Der naturnahe Platz, versteckt in einem Eichenwald und mit weitem Blick auf idyllische Hügeldörfer, ist ein stilles Juwel für Wanderer und Naturfreunde.

Wann: Ende März–Mitte Okt.
Ausstattung: Strom, Duschen, Toiletten, Leitungswasser, WLAN
Zugang: mit dem Auto oder per Bus nach Miranda del Castañar, 1 km nördlich
Kontakt: http://elburroblanco.net

CAMPING ISLAS CÍES

ILLA DO FARO, ISLAS CÍES, GALICIEN

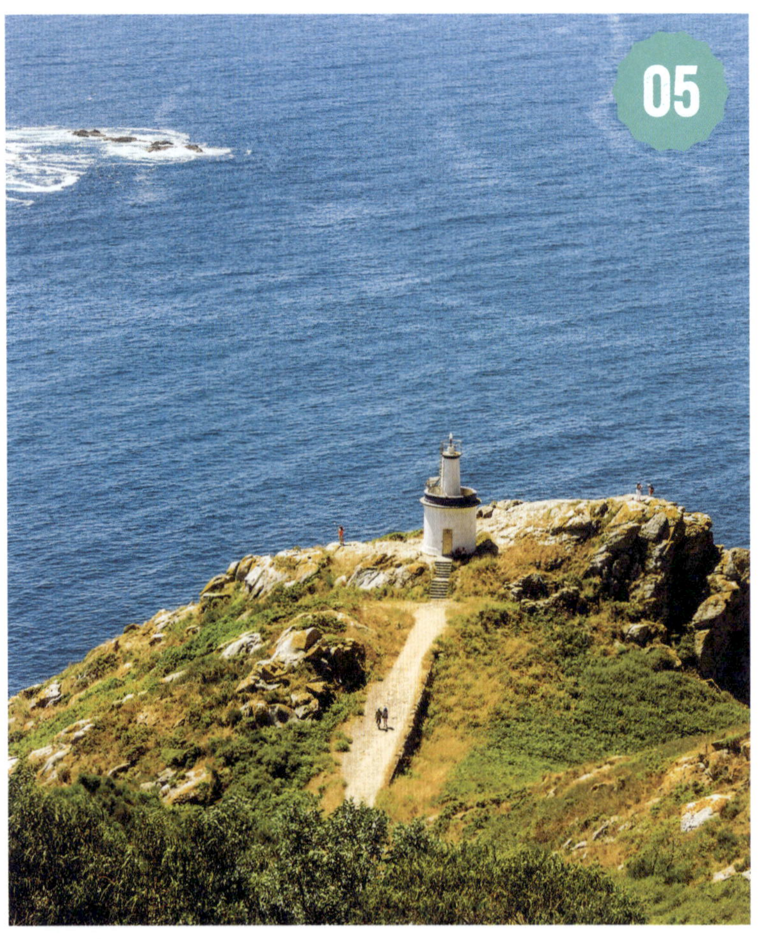

Seeräuber liebten diese wilden, ungezähmten Inseln vor Vigo in Galicien, umtost von den launischen Wellen des Atlantiks. Der Überlieferung zufolge versteckte Francis Drake einst sein Schiff in einer der abgeschiedenen Buchten, und einige Leute meinen, dass hier immer noch Schätze versteckt sind – eine tolle Geschichte für Kinder. Der wahre Schatz ist jedoch die Küste selbst: Sie ist Teil eines Meeresschutzgebiets, eine Traumlandschaft aus Klippen, Buchten und Dünen an weißen Stränden, die zum zutiefst türkisfarbenen Meer hin abfallen.

Wer auf diesem schnörkellosen, aber sehr freundlichen Campingplatz auf der Illa do Faro nächtigt, ist nur ein paar sandige Schritte entfernt von der Sichel der Praia das Rodas mit ihrer Lagune. Aus offensichtlichen Gründen wird die Gegend „galicische Karibik" genannt. Wahrscheinlich ist hier zwar nicht ganz so viel los, aber warum sollte man woanders sein wollen? Der einfache, friedvolle und familienfreundliche Platz bietet viel Schatten, Ladestationen mit Solarstrom und ein Restaurant für superfrische Meeresfrüchte, u. a. besonders köstliche Tintenfische und Scheidenmuscheln.

Zum Schutz der Umwelt sind auf der Insel keine Autos erlaubt, die Besucherzahlen sind beschränkt, und man benötigt eine *tarjeta de acampado* (Campingticket) von der Estación Marítima de Ría in Vigo.

KURZINFOS

Die wunderbar wilden Islas Cíes mit ihren Klippen, Dünen und Schmugglerbuchten am tosenden Atlantik sind wie gemacht für ein Insel-Campingabenteuer.

Wann: Ostern & Juni–Sept.
Ausstattung: Duschen, Toiletten, Leitungswasser, WLAN
Zugang: mit der Fähre ab Vigo zur Illa do Faro (40 Min.)
Kontakt: www.campingislascies.com

Der Jakobsweg

Frieden finden, trauern und über Beziehungen nachdenken – dies sind nur einige Gründe, die für die Wanderung auf dem Jakobsweg genannt werden, seit dem Mittelalter eine der wichtigsten Pilgerrouten der Christenheit.

Diese Pilgerreise ist in den letzten Jahren immer beliebter geworden – viele Menschen wollen dem verlorenen Rhythmus der Natur nachspüren. Trotz Blasen und Bettwanzen schwärmen die meisten Pilger von ihren Erlebnissen, einige sogar von lebensverändernden Erleuchtungen.

Über einen großen Teil Europas, von Südengland bis in den Süden, ziehen sich zahlreiche Jakobswege, die alle zum Grab des hl. Jakobus im galicischen Santiago de Compostela führen. Bei Weitem am beliebtesten ist der 770 km lange Camino Francés: Er führt ab Saint-Jean-Pied-de-Port in Frankreich über die Pyrenäen und dann über Landsträßchen und Fußpfade nach Westen, markiert mit gelben Pfeilen und Muschelsymbolen. Für die Strecke braucht man zu Fuß etwa fünf, mit Rad zwei Wochen. Ruhigere Routen sind z. B. der Camino Português (227 km ab Porto, 610 km ab Lissabon) und der 820 km lange Camino del Norte an der spanischen Nordküste entlang.

Der Schlüssel zum Erfolg ist die Planung. Man benötigt ein *credencial* (Pilgerpass; siehe https://oficinadelperegrino.com), um in den einfachen öffentlichen *albergues* (Herbergen) zu nächtigen (Schlafsack mitnehmen!). Um 21 Uhr geht das Licht aus, um 8 Uhr ist Check-out. Private *albergues* sind kleiner und bieten mehr Komfort. Die meisten sind von Ostern bis Oktober geöffnet; Hauptsaison ist Juli bis September. Nützliche Websites mit Streckenbeschreibungen, Karten und Unterkünften sind z. B. Camino de Santiago (http://santiago-compostela.net) und Mundicamino (www.mundicamino.com).

© TANJALA GICA | SHUTTERSTOCK; SOLOVIOVA LIUDMYLA | SHUTTERSTOCK

MIL ESTRELLES

BORGONYÀ, KATALONIEN

Getreu dem Namen „Tausend Sterne“ kann man auf diesem fabelhaften, umweltbewussten Glampingplatz, angenehm versteckt auf dem Land nördlich vom 20 km entfernten Girona, ganz komfortabel vom Bett aus Sternbilder suchen, die Milchstraße bestaunen und von entfernten Galaxien träumen.

In einem Garten rund um eine stattlich-rustikale *masia* (Bauernhaus) aus dem 18. Jh. angeordnet, verfügen die Glamping-„Blasen“ über transparente Dächer zum Sternegucken. Sie sind allesamt recht geräumig und luxuriös, doch am schönsten ist vielleicht der stillste Bubble-Bau im Wald mit Holzboden, Himmelbett und frei stehender Badewanne. Vor Ort werden saisonale Verkostungsmenüs serviert; hinzu kommen gut ausgestattete Minibars und Frühstück im Kühlschrank – da will man so schnell nicht weg!

Das romantische Versteck für Paare wartet außerdem mit Floatarium, Sauna und Whirlpool auf; man kann auch Massagen buchen. Wer die Umgebung erkunden möchte, dem stehen Leihräder und die bewaldeten Vulkanberge des Parc Natural de la Zona Volcànica de la Garrotxa ganz in der Nähe zur Verfügung.

KURZINFOS

Dieses abgeschiedene Landrefugium in Katalonien steht ganz im Zeichen der Romantik – von den luxuriösen Glamping-Bubbles blickt man in die Sterne.

Wann: ganzjährig
Ausstattung: Bettzeug, Heizung, Duschen, Toiletten, Leitungswasser, WLAN
Zugang: mit dem Auto oder per Zug zum Bahnhof Girona, 17 km südlich
Kontakt: www.milestrelles.com

CAMPING PLAYA DE TAURÁN

LUARCA, ASTURIEN

In Asturien, dem keltischen Bollwerk Nordwestspaniens, schlagen wilde Winde und Wellen gegen die zerklüftete, wunderbar grüne Küste. An die Berge klammern sich *castros* (befestigte Siedlungen) aus der Eisenzeit. Dieser Campingplatz auf einer Klippe am Golf von Biskaya ist ein echter Küstentraum. Vom Zelt unter Pinien und Eukalyptus lässt sich die ganze Schönheit bewundern: Vogelgesang und Wildblumen, die Kantabrische See, die schnell zu erreichende Playa de Taurán an einer tiefen Bucht.

Die Lage dieses *agroturismo* mit seinen Gemüsegärten und Hühnern, Ponys und Schafen ist wirklich spektakulär, doch das Flair überraschend relaxt. Die Gäste können faul in Hängematten schaukeln oder an der Küste tauchen, wandern, biken und kajaken. Oder man besorgt sich im nahen Fischerhafen Luarca Picknickzutaten wie asturischen *sidra* (Cidre) und den Ziegenkäse *cabrales*.

Außerdem ist man nur eine Autostunde entfernt vom eher unbekannten Parque Natural de Somiedo, einem als Unesco-Welterbe gelisteten Biosphärenreservat mit Hirtenhütten auf einsamen Weiden sowie Braunbären. Richtig gelesen: So wild und einsam ist es hier.

KURZINFOS

Die raue Schönheit der asturischen Küste berührt auf diesem klippennahen Campingplatz und *agroturismo* die Herzen. Man kann zu versteckten Buchten kajaken oder eine Etappe des Jakobswegs wandern.

Wann: Juni–Anfang Sept.
Ausstattung: Grill, Strom, Duschen, Toiletten, Leitungswasser, WLAN
Zugang: mit dem Auto oder zu Fuß; oder mit dem Bus nach Luarca, 2,5 km östlich
Kontakt: www.campingtauran.com

REFUGI VENTOSA I CALVELL

PARQUE NACIONAL AIGÜESTORTES I ESTANY DE SANT MAURICI, LLEIDA, KATALONIEN

Im Aigüestortes i Estany de Sant Maurici legen sich die Pyrenäen mächtig ins Zeug: Hier haben Gletscher eine Wunderlandschaft mit schroffen Granit- und Schieferbergen, Kiefern- und Fichtenwäldern, Wasserfällen, Bächen und rund 200 türkis und blau schimmernden Seen geschaffen. In dieser Ecke Spaniens gehört die Landschaft zu den besten Wanderrevieren überhaupt. Das merkt man schon auf dem Weg zu diesem *refugi* auf 2220 m Höhe. Vom einsamen Stausee Estany de Cavallers führt ein 11,5 km langer markierter Weg (nach gelben Zeichen Ausschau halten!) hoch zur traditionellen Steinhütte neben einem moderneren Gebäude, beide mit Panoramablick auf den Estany Negre (Schwarzsee).

Der meiste Wanderverkehr herrscht im Juli und August; leerer ist es im Juni und September für Wanderungen zu den umliegenden Dreitausendern und auf dem Fernwanderweg Carros de Fuego, der von Hütte zu Hütte über die Pyrenäen führt. In den ruhigeren Monaten ist die Hütte wirklich schön, mit weitem Ausblick von der Terrasse und dem rustikalen Speisebereich, wo man sich mit Obst und Gemüse, Käse, Brot und Olivenöl stärken kann. Man kann sich auch ein Picknick zusammenstellen lassen. In den Dorms ist für Kissen und Bettdecken gesorgt, man muss nur seine eigenen Betttücher mitbringen.

KURZINFOS

Die stolze Erhabenheit der spanischen Pyrenäen eröffnet sich von dieser Berghütte aus mit Blick auf den Estany Negre im Parque Nacional Aigüestortes i Estany de Sant Maurici.

Wann: Juni–Ende Sept.
Ausstattung: Bettzeug, Duschen, Toiletten, Leitungswasser
Zugang: mit dem Auto, dann zu Fuß; Bus nach Erill la Vall, 10 km südlich
Kontakt: www.refugiventosa.com

CAMPING TREVÉLEZ

LAS ALPUJARRAS, SIERRA NEVADA, ANDALUSIEN

Spaniens höchster Campingplatz auf 1550 m Höhe in der Sierra Nevada besticht mit einem grandios klaren Nachthimmel. Und wer sich nicht für Sterne begeistern kann, den wird die Landschaft umhauen: Hier erheben sich die höchsten Berge des Landes, die im Winter getreu ihrem Namen regelmäßig ein Schneekleid tragen. Dann sollte man von den schattigen Stellplätzen in die Holzhütten oder rustikalen *casitas* (Häuschen) wechseln.

Im Sommer ist die klare Bergluft hier oben äußerst erfrischend, während der Rest Andalusiens in der sengenden Sonne brütet. Trotz des eher ruhigen Flairs geben sich die Betreiber alle Mühe, auch Familien mit Kindern anzulocken, mit Abenteuerspielplatz, Pool, Tischtennis und Restaurant für einfache und kleine Speisen.

Am besten jedoch ist, dass man sich nur zehn Minuten zu Fuß vom weißen Dorf Trevélez befindet. Dort beginnen zahlreiche Hochgebirgswege, u. a. eine der wichtigsten Routen auf den Mulhacén (3479 m), den höchsten Berg Festlandspaniens. Doch bevor man zum Wandern, Biken oder Canyoning aufbricht, sollte man das Labyrinth der Gassen erkunden, in den einen oder anderen Feinkostladen schauen und den berühmten *jamón Serrano* (Bergschinken) des Dorfs probieren, der in der Bergluft wunderbar reift.

KURZINFOS

Auf Spaniens höchstem Campingplatz hoch oben in der Sierra Nevada verzaubern tagsüber die Berge und nachts die Milchstraße.

Wann: ganzjährig
Ausstattung: Grill, Strom, Duschen, Toiletten, Leitungswasser, WLAN
Zugang: mit dem Auto oder per Bus nach Trevélez, 1,2 km nördlich
Kontakt: www.campingtrevelez.com

TULPA CÁDIZ

MEDINA-SIDONIA, ANDALUSIEN

Julián und Gloria flohen auf der Suche nach einem einfacheren Leben im Einklang mit dem Rhythmus der Natur ins vergessene Hinterland von Cádiz. Mit diesem reizenden Glampingplatz, versteckt in einem Waldgebiet voller Eichen und wilder Olivenbäume, haben sie ihren Traum verwirklicht – hier steht alles im Zeichen der Nachhaltigkeit. Und nichts ist fehl am Platz, von den Jurten mit Holzböden und Dachausblick in die Sterne bis zu einfacheren Rundzelten mit gemusterten Teppichen und Sitzkissen. In der Hängematte baumelnd, kann man sich am Duft der Orangenblüten berauschen, oder man kühlt im kleinen Pool ab. Wer möchte, hilft in der Saison bei der Olivenernte.

Hier kann man sich ideal verstecken und ein paar Tage *nada* machen, doch irgendwann sollte man diese Ecke Andalusiens erkunden, denn gleich vor der Tür wartet der 1736 km² große Parque Natural Los Alcornocales mit Wegen, die hoch in die Berge mit den ausgedehntesten *alcornocales* (Korkeichenwäldern) Spaniens führen. An hohe Kämme klammern sich außerdem hübsche weiße Dörfer. Dazu ist der Stellplatz nur einen Steinwurf entfernt von den schönen Stränden der Costa de la Luz.

KURZINFOS

Auf diesem nachhaltigen Glampingplatz in Südandalusien mit Jurten zum Sternegucken inmitten stiller Eichen- und Olivenbäume kann man in die wilde Natur eintauchen.

Wann: April–Sept.
Ausstattung: Grill, Bettzeug, Strom, Duschen, Toiletten, Leitungswasser, WLAN
Zugang: mit dem Auto oder per Bus nach Medina-Sidonia, 14,5 km nördlich
Kontakt: www.tulpacadiz.com

11

ALBERGUE DE CABRERA

ILLA DE CABRERA, BALEAREN

Die Illa de Cabrera liegt in einem Meeresschutzgebiet mit 19 ansonsten unbewohnten Inseln und Inselchen und bietet einen Einblick ins Spanien der Zeit vor den Touristenströmen. Die felsige, mit Wildblumen übersäte Insel beherbergt Schmugglerbuchten, kiefernbewaldete Hügel und Buchten mit weichem Sandstrand. Sie ist wunderschön und spektakulär artenreich, mit jeder Menge Seevögeln und seltenen Echsen, die in duftenden Büschen lauern. Unter Wasser befinden sich leuchtende blaue Grotten und Meeresgründe, die zu den besterhaltenen des Mittelmeers gehören. Zu Korallen und Neptungräsern gesellen sich Seepferdchen, Pfeilhechte, Seesterne, Delfine und Schildkröten – ein Traum für Taucher.

Zwar kann man die Insel auch von Mallorca aus besuchen, doch eine Übernachtung hier ist viel schöner. Im Sommer darf man nur eine Nacht bleiben, ansonsten zwei. Es gibt nur eine einfache Unterkunft im ehemaligen Militärcamp, mit zwölf Betten in Doppelzimmern sowie Gemeinschaftsküche und -lounge. Angesichts der Strände und Sonnenuntergänge wird man eh nicht viel Zeit drinnen verbringen. Ein Balearen-Traum!

  **KURZINFOS**

Wer einen Eindruck vom Spanien vor dem Massentourismus erhalten möchte, übernachtet hier an der Küste der wunderbar unverbrauchten Insel Cabrera.

Wann: April–Okt.
Ausstattung: Duschen, Toiletten, Leitungswasser
Zugang: mit der Fähre ab Colònia de Sant Jordi
Kontakt: http://ibanat.caib.es

PORTUGAL

In Portugals vergessener Wildnis, von Atlantikstränden bis zu den Tälern und Gipfeln der Serra da Estrela, den Massen entfliehen und in die Natur eintauchen.

Wann: März–Okt. (Küste); Mai–Sept. (Berge)
Beste Nationalparks: PN da Peneda-Gerês, PN da Serra da Estrela, PN do Douro Internacional
Beste Fernwanderwege: Camino Portugal (598 km), Rota Vicentina (350 km), Caminho Português (380 km), Via Algarviana (300 km)
Wild zelten: illegal
Nützliche Adressen: Tourismo de Portugal (www.visitportugal.com), Roteiro Campista (www.roteiro-campista.pt), Orbitur (www.orbitur.pt)

Abseits von Lissabon, Porto und der Algarve ist Portugal noch immer recht unbekannt, doch jede Menge abgeschiedene Wildnis lädt zu echten Wander- und Campingabenteuern in der Natur ein.

Besonders wenn man im Zelt auf einem Biohof schläft, mit sternenreichem Himmel über sich, ist das fruchtbare Hinterland des Alentejo für viele eine echte Offenbarung – ebenso wie die terrassierten Weinberge des Douro-Tals und die Granitgipfel des Parque Nacional da Peneda-Gerês im Norden – hier ist oft nichts zu hören außer dem Geräusch der Stiefel auf Gestein und dem Pfeifen der Steinadler.

Selbst die Algarve weiß mit ihrer Westküste, wo Dünen im tosenden Atlantik auslaufen und nur wenige Touristen unterwegs sind, zu überraschen. Surfen ist hier nur eine von vielen möglichen Outdooraktivitäten, neben Wandern, Mountainbiken, Canyoning, Kajakfahren, Baden und Stehpaddeln.

WILD ZELTEN

Wildes zelten ist in Portugal verboten, und die Polizei kann an Ort und Stelle Geldbußen von 250 bis 600 € verhängen; die höchsten Strafen gelten in Naturschutzgebieten. Außerhalb der Hauptsaison werden Camper in abgelegenen Gegenden oft ignoriert, aber das Risiko trägt man selbst.

AUSRÜSTUNG

Außerhalb größerer Orte ist Campingausrüstung nur begrenzt erhältlich, Decathlon (www.decathlon.pt) hat Filialen im ganzen Land; hier gibt's auch Campinggas. In Supermärkten und auf *mercados* (Märkten) findet man Schinken, Wurst, Käse, Oliven und *conservas* (Fischdosen).

SICHERHEIT

Im heißen portugiesischen Sommer sind Dehydrierung und Hitzeschlag echte Gefahren; Hut, Sonnencreme und viel Wasser sind Pflicht. Brandung und Strömungen des Atlantiks können gefährlich sein (Bedingungen vor Ort checken!). In einsamen Gegenden können Wegmarkierungen lückenhaft sein, also Wanderkarte und Kompass mitnehmen. Karten unterschiedlicher Größe bieten Stanfords (www.stanfords.co.uk) und Rother (www.rother.de).

SPARTIPPS

Portugal ist ein Traum für Budget-Traveller. Park 4 Night (https://park4night.com) listet Unterkünfte für Camper und Wohnmobilreisende bei Bauern und Winzern auf. Campspace (https://campspace.com) ist eine ausgezeichnete Ressource für preiswerte Micro-Camps im ganzen Land.

DIE BESTEN REGIONEN

Der Douro

Der von Weinbergen gesäumte Douro verzaubert mit poetischer Landschaft, historischen *quintas* (Weingütern) und weißen Dörfern.

Serra da Estrela

Die Täler und Schluchten im ältesten und größten Schutzgebiet des Landes sind ideal für naturfreundliches Camping und Glamping.

Nationalpark Peneda-Gerês

Auf Wegen durch schroffe Berge und Granitdörfer erwacht der Rhythmus des Landes zum Leben. Wer in der Nebensaison campt, trifft kaum eine Menschenseele.

Algarve

Die vollen Urlaubsorte tauscht man am besten gegen die hohen Wellen, Dünenstrände und Naturparks der wilden Westküste ein.

Alentejo

Im riesigen, ländlichen Alentejo ist Campen auf Bauernhöfen die erste Wahl. Goldene Ebenen und raue Küsten sind gespickt mit Dörfchen und mittelalterlichen Städten.

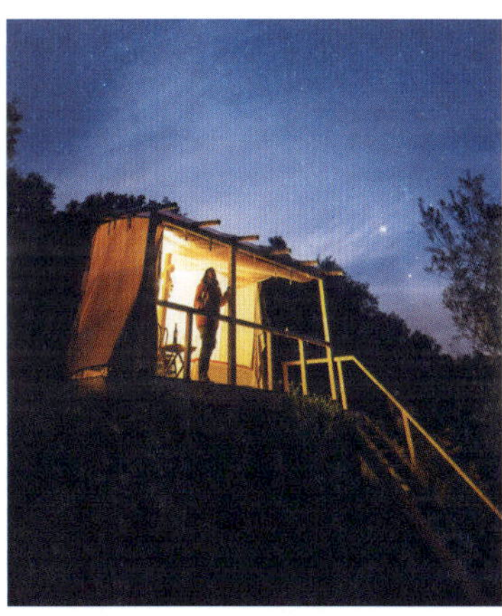

Sonnenaufgang in der Wildnis der Serra da Estrela (ganz oben); Sterne über dem Star Camp in der Reserva da Faia Brava (oben)

CORGO DO PARDIEIRO

AMOREIRAS-GARE, ALENTEJO

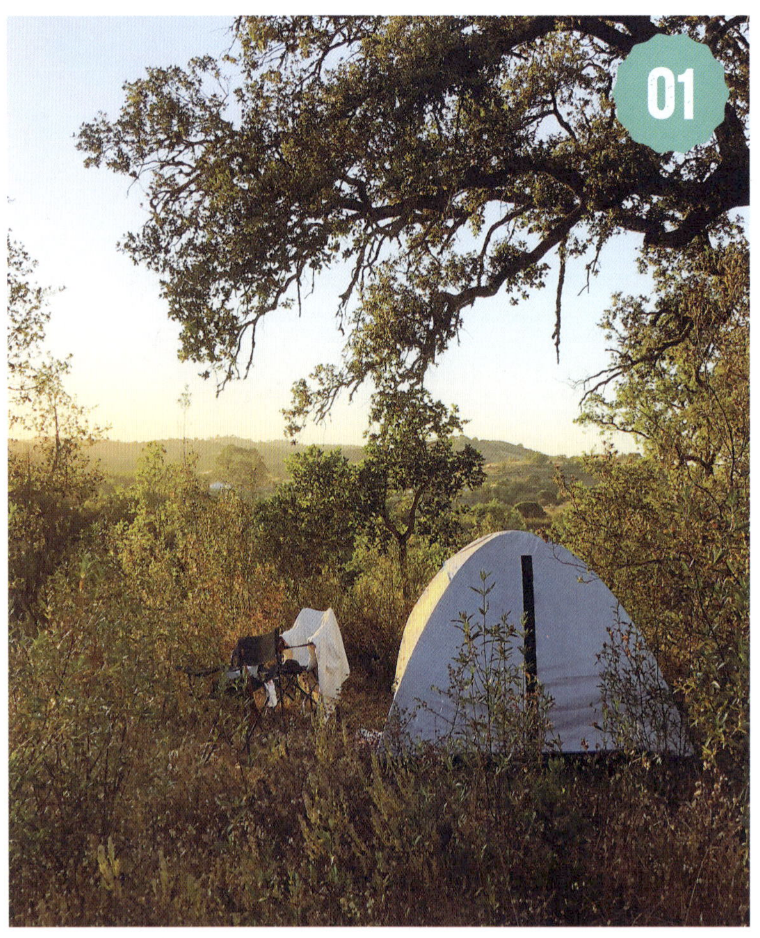

Wer noch nie im weiten, fruchtbaren Alentejo gewesen ist, hat wirklich etwas verpasst. Diese Region mit goldenen Ebenen, Korkeichenwäldern, Hügeln, Weinbergen und Ackerland steht für die zutiefst traditionelle Seite Portugals, die viele Reisende nie zu Gesicht bekommen.

Der Natur-pur-Campingplatz mitten im üppig-grünen Herzen der Region bietet zwölf Stellplätze, die sich im 8,5 ha großen Naturpark verteilen – mehr Privatsphäre geht kaum! Man zeltet unter knorrigen Steineichen am Hügel, in von Bienen bewohnten Blumengärten oder im Tal voller Olivenbäume. Wer kein Zelt dabeihat, kann eine mongolische Jurte mieten. Die Ausblicke sind traumhaft und die Stimmung ist relaxt, ob man nun in einer Hängematte faulenzt oder Tiere wie Eulen, Eidechsen, Wildschweine und Greifvögel beobachtet.

Der Ort steht ganz im Zeichen des Lebens in der freien Natur, und ruckzuck hat man sich angepasst: Duschen unter einer Bambusdusche im Freien, frisches Lagerfeuerbrot zum Frühstück und gemächliche Tage des Wanderns und Bikens, an deren Ende man die Farbwechsel des Himmels bestaunt, bis schließlich die Sterne funkeln. So wild es hier auch zugeht, das Dorf Amoreiras-Gare mit Restaurants und Cafés ist nur eine halbe Stunde zu Fuß entfernt, falls man mal nicht selbst brutzeln möchte.

KURZINFOS

In diesem abgeschiedenen Campingrefugium im Alentejo inmitten von Steineichen und Olivenbäumen im eigenen tierreichen Naturpark kann man wunderbar in die Wildnis eintauchen.

Wann: ganzjährig
Ausstattung: Duschen, Toiletten, Leitungswasser
Zugang: mit dem Auto oder per Zug zum Bahnhof Amoreiras-Gare, 2,5 km nordöstlich
Kontakt: www.pardieiro.org

ECO LODGE CABREIRA

CABECEIRAS DE BASTO, BRAGA, NORDPORTUGAL

In dieser an einem Berg gelegenen Öko-Lodge in den vergessenen Bergen der Serra da Cabreira zeigt sich Nordportugal von seiner wildesten Seite. Esel, Schafe, Pferde, Hunde und Katzen heißen Gäste herzlich willkommen, ebenso die Betreiber Natascha und Timo mit ihrem Sohn Tiago. Die reizende Familie scheut keine Mühen, um den Gästen den Aufenthalt zu versüßen, sei es mit personalisierten Wanderkarten, Tipps für gute Badestellen, einem Spaziergang mit einem Hirten oder einer spontanen Weinverkostung. Hier steht alles im Zeichen des regenerativen Tourismus. Und wer sich revanchieren möchte, kann auf dem Bauernhof mithelfen.

Doch ist es schwer, sich überhaupt von den erhebenden Ausblicken von der auf 865 m Höhe gelegenen Lodge auf das Flusstal des Tâmega und dessen *vinho verde*-Reben loszureißen. Einfach entschleunigen, das Handy ausschalten und z. B. in einen Roman eintauchen, während das honigfarbene Licht durch die Verandafenster strömt und die Holzhütten durchflutet. Aus den Duschen strömt Quellwasser, und im Winter knistern Kaminfeuer.

Von hier aus kann man zu fast verlassenen Dörfern wandern und nach Barrosã-Rindern, Füchsen, Iberischen Wölfen und Wildschweinen Ausschau halten, die diese einsamen Höhen bevölkern.

KURZINFOS

Auf dem naturbewussten Bauernhof in handgezimmerten Blockhütten nächtigen und baden, *vinho verde* schlürfen und weite Talblicke genießen.

Wann: ganzjährig
Ausstattung: Bettzeug, Strom, Duschen, Toiletten, Leitungswasser
Zugang: mit dem Zug oder Auto oder per Bus nach Cabeceiras de Basto, 8 km südlich
Kontakt: https://ecolodgecabreira.pt

LIMA ESCAPE

PARQUE NACIONAL DA PENEDA-GERÊS, NORDPORTUGAL

Der sich über vier zerklüftete Berge erstreckende Parque Nacional da Peneda-Gerês verkörpert das wunderbar wilde Portugal. Nur wenige Wanderer können der Verlockung der Flusstäler, Wasserfälle und Wälder widerstehen – hier kann man in aller Stille tagelang wandern, ohne einer Menschenseele zu begegnen. Außerdem ist dies ein Paradies für Tierfreunde: Mit etwas Glück (am besten ausgestattet mit einem Fernglas) erspäht man Steinböcke, Wölfe, Uhus und wilde Garrano-Pferde.

Lima Escape am Westrand des Parks ist ein tolles Sprungbrett für die zahlreichen Outdooraktivitäten: In alle Richtungen ziehen sich Wanderwege und Bike-Trails, auf dem Fluss kann man kajaken und stehpaddeln und in den Lagunen und Wasserfällen von Ermida fabelhaft baden. Im Schatten der Bäume lässt sich wunderbar zelten. Oder man gönnt sich etwas mehr Luxus in einem der Tipis, Rundzelte oder Holzhäuschen mit gläserner Frontseite, Doppelbett und Terrasse mit verträumtem Blick auf den Fluss Lima.

Nichts ist schöner als ein BBQ im Wald, wenn die Sterne zu funkeln beginnen. Man kann aber auch Snacks an der Bar holen, wo in kühlen Monaten ein Feuer knistert.

KURZINFOS

Das stille Camping- und Glampingrefugium an einem Fluss ist ideal für Abenteuerlustige – ein Sprungbrett zu den Bergen und Wanderwegen des wilden Parque Nacional da Peneda-Gerês.

Wann: ganzjährig (Mitte–Ende Nov. geschlossen)
Ausstattung: Grill, Strom, Duschen, Toiletten, Leitungswasser, WLAN
Zugang: mit dem Auto oder per Bus nach Ponte da Barca, 10,5 km westlich
Kontakt: www.lima-escape.pt

QUINTA DA PACHECA

PESO DA RÉGUA, DOURO-TAL, NORDPORTUGAL

Mit seinen steil terrassierten Weinhängen an jeder Stelle und Biegung des Flusses ist das Tal des Douro nicht nur ein echter Hingucker, sondern liefert auch Portugals beste Rot- und Portweine. Die Quinta da Pacheca oberhalb eines spektakulären Flussknicks ist ein eleganter Umbau einer *quinta* (Weingut) aus dem 18. Jh. voller rustikaler Romantik.

Es gibt ein schickes Hotel, Restaurant und Spa, doch was die Anlage wirklich auszeichnet, ist die Möglichkeit, in Weinfässern zu übernachten. Und zwar in sehr stilvollen, mit Holzverkleidung im Innenraum, Federbett, Bad und Rundfenster hinaus zu einer Terrasse mit Ausblick auf die Weinberge. Darauf muss man natürlich anstoßen, also entkorkt man am besten ein Fläschchen des ausgezeichneten Rot-, Weiß- oder Roséweins des Guts. Oder man schließt sich einer Verkostungstour an, am besten einer mit Käse zum Wein.

Hier kann man wunderbar stille Tage verträumen, aber man kann auch picknicken oder einen Kochkurs belegen. Wer im Herbst hier ist, wenn die Weinberge in Gold und Purpur erstrahlen, kann bei der Weinlese und beim Traubenstampfen mithelfen.

KURZINFOS

An einer besonders reizvollen Biegung des Douro kann man in schick umgebauten Weinfässern die Nächte verträumen, während sich vor einem die terrassierten Weinberge ausbreiten.

Wann: Mai–Okt.
Ausstattung: Bettzeug, Strom, Duschen, Toiletten, Leitungswasser, WLAN
Zugang: mit dem Auto oder per Zug zum Bahnhof Peso da Régua, 2,7 km nördlich
Kontakt: https://quintadapacheca.com

SENSES CAMPING & GLAMPING

QUELHA DO RIO, PARQUE NATURAL DA SERRA DA ESTRELA, ZENTRALPORTUGAL

Serra da Estrela bedeutet „Stern-Gebirge" – und in diesem 888 km² großen Nationalpark, Portugals ältestem und größtem Schutzgebiet mit dem höchsten Gipfel des Landes, dem 1993 m hohen Torre, breiten sich die Sterne in ihrer ganzen Pracht am Himmelsgewölbe aus. Die Glocken von Schafen und Ziegen bilden die Klangkulisse auf den Wegen, die sich durch einsame Granitberge, an reißenden Flüssen entlang und durch Schluchten und Olivenhaine winden.

Der nachhaltige Campingplatz Senses am Nordostrand des Parks lässt einen tief in diese phänomenale Wildnis eintauchen. Hier wird man von zwitschernden Vögeln und dem Plätschern des Mondego geweckt. Der Ort bietet traditionelle Stellplätze, schön und mit viel Platz unter Obstbäumen, dazu Glampingunterkünfte wie Rundzelte, rustikale, holzvertäfelte Safari-Lodges und eine ganz besondere handgefertigte mongolische Jurte mit eigener Feuerstelle.

Die Tage lassen sich mit Baden im Fluss oder Planschen im Pool verbringen, mit Yoga (es werden regelmäßig Retreats organisiert) und mit Erkundungen des Naturparks zu Fuß oder zu Pferd.

Im Restaurant stehen das eigene Olivenöl, Fleisch aus Freilandhaltung und Bio-Obst und -Gemüse aus dem Garten im Rampenlicht. Und wer Hunger verspürt, kann sich selbst im Obstgarten bedienen.

KURZINFOS

Auf diesem friedvollen Platz am Fluss Mondego in die Sterne schauen und sich auf den vergessenen Lebensrhythmus der Hirten in den Bergen der Serra da Estrela einlassen.

Wann: Mai–Sept.
Ausstattung: Bettzeug, Strom, Feuerstelle, Duschen, Toiletten, Leitungswasser, WLAN
Zugang: mit dem Auto; per Bus und Zug nach Guarda, 14 km östlich
Kontakt: www.sensescamping.com

SALEMA ECO CAMP

PRAIA DA SALEMA, ALGARVE

Auf diesem Campingplatz nur 1 km vom Fischerdorf und ruhigen Strand Praia da Salema an der Südwestküste der Algarve ist die Verlockung des Atlantiks unwiderstehlich. Wer auf hohen Wellen reiten und über Klippenpfade zu versteckten Buchten und Dinosaurier-Fußabdrücken wandern möchte, ist an diesem hinreißenden Abschnitt des Parque Natural do Sudoeste Alentejano e Costa Vicentina genau richtig. Von hier sind es nur 20 Autominuten gen Westen zum Cabo de São Vicente, Europas südwestlichstem Punkt – dies war das letzte Stück Portugal, das die alten Entdecker auf dem Weg ins Ungewisse erblickten. Die atemberaubende Landspitze entzückt heute mit unwirklichen Sonnenuntergängen.

Und wo kann man nach einem Tag des Surfens, Wanderns, Kajakens, Tauchens oder Bikens besser abhängen als auf diesem grünen Juwel? Wer nicht unter hohen Pinien zeltet, kann in einfachen Tipis und Safarizelten oder auch in stilvolleren und geräumigen Glamping-Lodges und DOMO-Zelten mit Bad und Küche Zuflucht finden. Zutaten zum Picknicken und Grillen bietet der Bioladen, oder man speist im Restaurant Gerichte aus vorwiegend regionalen Bioprodukten wie Reis mit Schweinebacke, Tintenfisch oder Süßkartoffelauflauf. Außerdem kann man sich hier über Aktivitäten informieren wie auch Surfausrüstung und Mountainbikes leihen.

KURZINFOS

Auf diesem Platz mit mustergültigen Öko-Ansprüchen können nicht nur Surfbegeisterte einen Katzensprung von der wilden Küste der Algarve unter Pinien zelten. !

Wann: April–Okt.
Ausstattung: Grill, Strom, Küche, Duschen, Toiletten, Leitungswasser, WLAN
Zugang: mit dem Auto oder per Bus nach Salema, 1 km südlich
Kontakt: www.salemaecocamp.com

STAR CAMP

RESERVA DA FAIA BRAVA, CÔA-TAL, NORDPORTUGAL

Das ganz einsam im wilden Côa-Tal gelegene Star Camp sieht aus wie ein afrikanisches Buschcamp. Es hat nur drei Zurück-zur-Natur-Glampingzelte mit Solarduschen, Komposttoiletten und Ausblicken auf die Berge sowie einem der schönsten Nachthimmel des Landes. Das Ganze ist mit viel Liebe geplant, mit Schwerpunkt auf natürlichen Materialien und aus der Natur entlehnten Motiven.

Doch es ist die Natur, die auf diesem umweltfreundlichen Platz Safari-Gefühle aufkommen lässt. Dank erfolgreichen Auswilderungen ist es äußerst spannend, die 1000 ha große Reserva da Faia Brava zu erforschen, ein ausgedehntes Gebiet mit Olivenhainen und Korkeichenwäldern, die sich zu den Weinhängen des Douro-Tals hinunterziehen. Eine Wanderung auf der 196 km langen Großen Route durchs Côa-Tal führt vorbei an verlassenen Hirtenhütten, prähistorischer Felskunst und Flussklippen, in denen Adler nisten.

Das Schutzgebiet liegt abgeschieden, doch ein Frühstück mit regionalem Brot und Käse auf der schattigen Terrasse entschädigt für alles. Oder man speist abends mit Blick auf die Schlucht des Côa und zählt Sterne – da kann so schnell kein anderes Restaurant mithalten!

 **KURZINFOS**

Hell strahlen die Sterne über diesem Safaricamp-ähnlichen Glampingplatz. Wanderwege führen tief hinein in die wenig bekannte Reserva da Faia Brava, über der Adler und Geier kreisen.

Wann: ganzjährig
Ausstattung: Duschen, Toiletten, Leitungswasser, WLAN
Zugang: mit dem Auto oder per Bus nach Vila Nova de Foz Côa, 35 km nördlich
Kontakt: www.starcamp-portugal.com

QUINTA DA FONTE

FIGUEIRÓ DOS VINHOS, LEIRIA, ZENTRALPORTUGAL

Die abgeschiedene, wilde und vom niederländischen Paar Liedewij und Jolein mit Leidenschaft geführte Quinta da Fonte scheint wunderbar gegen Wandel und Trends gewappnet. Der einst verfallene Bauernhof wurde zu einem Vorreiter in Sachen grüner Tourismus aufgebaut.

Mit einem guten Auge für umweltfreundliches Design und einer offenkundigen Liebe zur Natur haben die Betreiber ihr rustikales, wunderschönes Tiny House von Grund auf aufgebaut, aus Heuballen, Lehm-Flechtwerk und Kalk. Ein romantischeres Versteck ist kaum vorstellbar, doch es gibt auch Alternativen wie einen Wohnwagen mit Doppelbett, Küche und Solardusche, ein behagliches Häuschen mit Kamin und voll ausgestattete Zelte mit richtigen Betten und Freiluftküchen. Oder man zeltet friedvoll unten am Bach.

Ziegen, Katzen, Hühner und Hunde stromern über den Platz. Es herrscht eine gesellige Atmosphäre; Mahlzeiten werden am Gemeinschaftstisch unter freiem Himmel serviert. Man kann wandern, biken, Kanu fahren und in Flüsschen in der Nähe baden. Oder man schaukelt unterm Sternenhimmel in der Hängematte.

KURZINFOS

Die abgeschiedene Wildnis präsentiert sich andernorts kaum so verlockend wie in diesem umweltbewussten Refugium in einem üppig bewaldeten Tal mitten im Herzen Portugals.

Wann: ganzjährig
Ausstattung: Bettzeug, Küche, Duschen, Toiletten, Leitungswasser
Zugang: mit dem Auto oder per Bus nach Figueiró dos Vinhos, 4,8 km südlich
Kontakt: https://quintadafonte.nl

GRIECHENLAND

Als Inbegriff eines Inselhopping-Paradieses steht Griechenland fürs Nächtigen unter freiem Himmel. Abseits der Küsten findet man ländliche Idylle und uralte Bergpfade.

Wann: April–Sept.
Beste Nationalparks: NP Olympus, NP Samaria, NP Parnassos
Beste Fernwanderwege: Menalon Trail (75 km), Corfu Trail (220 km), E4 Peloponnes (125 km)
Wild zelten: illegal
Nützliche Adressen: Griechische Fremdenverkehrszentrale (www.visitgreece.gr), Panhellenic Camping Association (http://greececamping.gr), Greeka (www.greeka.com)

Mit mythologischen Bergen, einem spektakulär einsamen, üppig bewaldeten Hinterland sowie 6000 Inseln in der Ägäis und im Ionischem Meer – ganz so, als hätten die Götter ihre Murmeln fallen lassen – ist Griechenland ein endloser Abenteuerspielplatz. Große Teile des Landes laden ein zur Erkundung und eignen sich perfekt für Nächte im Zelt und unterm Sternenhimmel.

Hier spielt sich das Leben draußen ab; es locken die einfachen Freuden, ob zu einer Berghütte wandern, morgens aus dem Zelt schlüpfen und ein Bad im Meer nehmen oder unter Olivenbäumen in der Hängematte schaukeln. Hat man genug von einem Ort, ist die nächste Fähre für die Fortsetzung der Odyssee nicht weit.

WILD ZELTEN

Wildes Zelten ist in Griechenland offiziell nicht erlaubt. In Touristengegenden, an Stränden und in Naturschutzgebieten können die Geldbußen drastisch sein (bis zu 3000 €). In anderen Gebieten drückt die Polizei außerhalb der Hauptsaison vielleicht ein Auge zu, wenn man diskret ans Werk geht.

AUSRÜSTUNG

Am besten bringt man seine eigene Ausrüstung mit, denn außerhalb der größeren Städte ist nur wenig erhältlich. Auch Campinggas kann zum Problem werden: die Einheimischen fragen oder es in Bootsläden versuchen. *Dolmades* (gefüllte Weinblätter), Oliven, getrocknete Feigen, Nüsse und *spanakopita* (Spinat-Feta-Pastete) sind gut als Campingmahlzeiten.

SICHERHEIT

Im Sommer ist es brütend heiß und es lohnt sich vielleicht, ein Sonnensegel mitzunehmen. Doch viele Campingplätze haben auch überdachte Bereiche – hier braucht man nur einen Biwak- oder Schlafsack. Auf Wanderwegen können die Markierungen sehr lückenhaft sein, man benötigt also gute Karten z. B. von Stanfords (www.stanfords.co.uk) oder Anavasi (www.anavasi.gr).

SPARTIPPS

Die griechischen Inseln sind preislich sehr saisonabhängig. Wer also in der ruhigeren Zwischensaison im Frühjahr und Herbst kommt, übernachtet und reist billiger. Auf langen Fährfahrten kann man oft an Deck schlafen. Fahrpläne und Tickets siehe www.ferries.gr.

DIE BESTEN REGIONEN

Peloponnes

Antike Stätten, verschlafene Dörfer, Klöster, Schluchten, Berge und eine schöne Küste machen diese Halbinsel perfekt für abgeschiedenes Camping.

Das Landesinnere lockt mit Bergen und Seen (links), die Inseln mit z. B. dem Corfu Trail (unten)

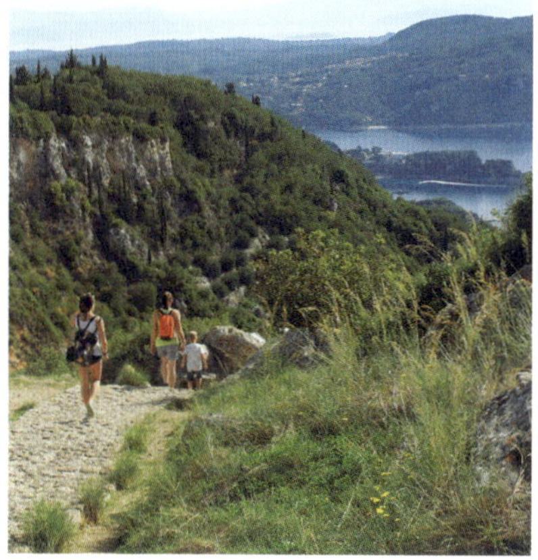

Dodekanes
Diese Inselkette hat alles, von Küstenzeltplätzen bis zu umweltfreundlich klimatisierten Glamping-Retreats im Boho-Stil.

Nordgriechenland
Zelten oder in Berghütten schlafen und dabei den Olymp und antike Ruinen, graue Dörfer und Wanderwege erkunden.

Chalkidiki
An der Küste der Halbinsel mit Blick auf den Berg Athos oder in einem Baumhaus im unberührten Landesinneren übernachten.

Kykladen
Die Kykladen sind der weiß-blaue Inseltraum, wie geschaffen fürs Inselhüpfen sowie für Wassersport und Nächte im Zelt.

SAILS ON KOS

MARMARI, KOS, SÜDÄGÄIS

Karavopana bedeutet sowohl „Segel" als auch „Segeltuch", und an der von Dünen gesäumten Nordwestküste von Kos im Dodekanes gibt's einige wirklich stilvolle luftige Zeltbehausungen. Dieses ökobewusste Refugium hebt das Glamping-Niveau auf ein neues Level: lichtdurchflutete, schön ausgestattete Zelte mit richtigen Betten, Badezimmer-Häuschen und wichtigen Extras wie Poolhandtüchern und umweltfreundlichen Hygieneartikeln. Zu den familiengerechten Zeltvillen gehören eigene Gärten.

Alles so nachhaltig wie möglich, mit Brauchwasseraufbereitung, Biogemüsegärten und Energiesparbeleuchtung. Die Taverne bezieht ihre Frühstückszutaten gern von kleinen Erzeugern; ansonsten werden zu griechischen Klassikern Craft-Bier und Wein aus der Region gereicht.

Betreiber Alexi und Madeleine sind ein echtes Dreamteam mit intuitivem Sinn für die Wünsche der Gäste, vom Planschen im Pool bis zu Yoga, Meditation und ayurvedischen Massagen. Es können kostenlos Räder geliehen werden (nach Tipps für Touren fragen), oder man lernt, Seife aus Olivenöl herzustellen, griechisch zu kochen oder in der Wildnis zu überleben. Schön sind die geführten Wanderungen zur byzantinischen Burg Pyli. In zehn Fußminuten erreicht man den weichen Sandstrand von Marmari, ideal zum Surfen, Segeln, Stehpaddeln oder Entspannen.

  KURZINFOS

Dieses ökologisch ausgerichtete Glampingrefugium auf der Dodekanes-Insel Kos bietet Zelte mit viel griechischer Coolness und einer ganzen Spur Hippie-Flair.

Wann: Mai–Okt.
Ausstattung: Bettzeug, Duschen, Toiletten, Leitungswasser, WLAN
Zugang: mit dem Auto oder mit dem Bus zum Sandy Beach, 1,2 km nordöstlich
Kontakt: https://sailsonkos.com

ARMENISTIS

SITHONIA, CHALKIDIKI, ZENTRALMAKEDONIEN

Das Armenistis auf dem mittleren Zinken der dreizackförmigen Halbinsel Chalkidiki besticht mit einer erstklassigen Lage direkt am schönen hellen Strand mit pulverweichem Sand an der azurblauen Ägäis.

Der Campingplatz versteckt sich unter Pinien und Platanen. Hier kann man sein Zelt aufbauen, in einem Wohnwagen mit Meerblick nächtigen oder im niedlichen hölzernen Strandhaus mit richtigem Bett, Bad und eigener Veranda. Am besten sind jedoch die in Erdtönen gehaltenen Safarizelte direkt am Meer aus Holz und Seilen, mit umwerfendem Blick übers Wasser auf den 2033 m hohen Berg Athos. Der „Heilige Berg" samt Kloster auf dem dritten (und letzten) Zinken der Halbinsel ist seit byzantinischer Zeit autonom und für Frauen und Kinder noch immer tabu.

Im vor allem auf Familien ausgerichteten Armenistis lebt es sich ziemlich autark. Hier wird fast alles geboten: von Beachvolleyball und Basketball bis zum Kanufahren und Stehpaddeln, von Yoga bis zu geführten Wanderungen in den Bergen und Wäldern der Umgebung. Außerdem gibt's einen Laden für Grundnahrungsmittel und Grillgut, eine Strandbar und ein Restaurant mit superfrischem Fisch und Wein aus der Region.

KURZINFOS

In diesem schattigen Strandrefugium auf Chalkidiki grüßt aus der Ferne der Berg Athos. Bei exquisiten Küstenblicken kann man hier campen, baden, Kanu fahren und Yogastellungen üben.

Wann: April–Sept.
Ausstattung: Grill, Strom, Duschen, Toiletten, Leitungswasser, WLAN
Zugang: mit dem Auto oder per Bus nach Vourvourou, 16 km nördlich
Kontakt: www.armenistis.gr

AGRAMADA TREEHOUSE

PALEOCHORI, CHALKIDIKI, ZENTRALMAKEDONIEN

Willkommen in den Wäldern der Region Chalkidiki! Auf einer Halbinsel, die vor allem für ihre Küste bekannt ist, stehen diese rustikalen Baumhäuser im Landesinnern in völliger Einsamkeit und sind nur einigen wenigen glücklichen Gästen bekannt. Lichterketten und Seilbrücken weisen den Weg zu den Holzhütten. Hier wird man vom Vogelzwitschern geweckt, in der Abenddämmerung knistern Lagerfeuer und Zikaden singen einen in den Schlaf.

Entschleunigen und sich der Natur anvertrauen – so lautet hier das Mantra, wenn auch ganz zeitgenössisch im Boho-Stil. Jedes der hölzernen Baumhäuser wartet mit schönen Teppichen und Decken, Bädern mit Mosaikkacheln und einer Sternenhimmelbeleuchtung auf. Auf Wunsch wird das Frühstück bis an die Hütte geliefert, mit frisch gebackenem Brot, Joghurt, regionalem Honig, hoffrischen Eiern und hausgemachter Marmelade.

Schritt für Schritt verzaubert das Agramada die Gäste – nicht nur im Sommer. Auch Spaziergänge im Herbstwald oder Schnee haben ihren Reiz. Und ob man nun Dörfer erkundet oder zu Wasserfällen wandert – hier lernt man Chalkidiki vor der Zeit des Tourismus kennen.

KURZINFOS

In diesem Baumhausrefugium auf Chalkidiki, wo nichts die Verbindung zur Natur und den Blick in den Nachthimmel stört, hört man nur das Zwitschern der Vögel.

Wann: ganzjährig
Ausstattung: Grill, Duschen, Toiletten, Leitungswasser
Zugang: mit dem Auto oder per Bus nach Paleochori, 4,1 km nördlich
Kontakt: www.agramada.com

Griechisches Inselhopping

Die griechischen Inseln sind eine unwiderstehliche Verlockung und Inspiration für Kunst von Homers Epen bis zu *Mamma Mia*. Rund 6000 spicken die Ägäis und das Ionische Meer – sie alle zu erkunden, würde ein ganzes Leben dauern.

Bereits seit den 1960er-Jahren ist Inselhopping angesagt und verströmt auch heute noch einen Hauch von Abenteuer – mit dem Rucksack auf dem Rücken zu Fähren sprinten und dann übers Meer von einer Insel zur nächsten hüpfen, ohne Reisepläne und Rückfahrticket. Öffnet sich die Schiffsluke, fällt der Blick auf Hafenorte mit verwinkelten Gassen, Olivenhaine und sichelförmige Buchten, die in der Hitze flimmern.

Am besten beschränkt man sich auf eine Inselgruppe. Aber welche? Den Dodekanes, wo die Byzantiner und Osmanen ihre Spuren hinterlassen haben? Die bergigen, üppig bewaldeten Ionischen Inseln, wo die Venezianer ihre Festungen errichteten? Oder doch die vulkanischen Kykladen, wo sich weiße Orte an die Klippen klammern? Die Qual der Wahl …

Man sollte die Reise planen, aber auch Spielräume lassen, da Fähren in letzter Minute ausfallen können. Im Sommer verkehren zwar viele, sind aber teuer und man muss buchen. Deutlich ruhiger ist es im Frühjahr und Herbst; dann verkehren die Fähren immer noch recht regelmäßig. Die meisten Inseln sind vom Athener Haupthafen Piräus aus zu erreichen; andere praktische Häfen sind Thessaloniki für die größeren Ägäis-Inseln, Volos für die Sporaden und Patras für die Ionischen Inseln. Nützliche Websites für Fahrpläne und Tickets sind z. B. Danae Travel (www.danae.gr), Ferries.gr (www.ferries.gr) und Greekferries.gr (www.greekferries.gr).

HÜTTE AUF DEM OLYMP

OLYMP, LITOCHORO, ZENTRALMAKEDONIEN

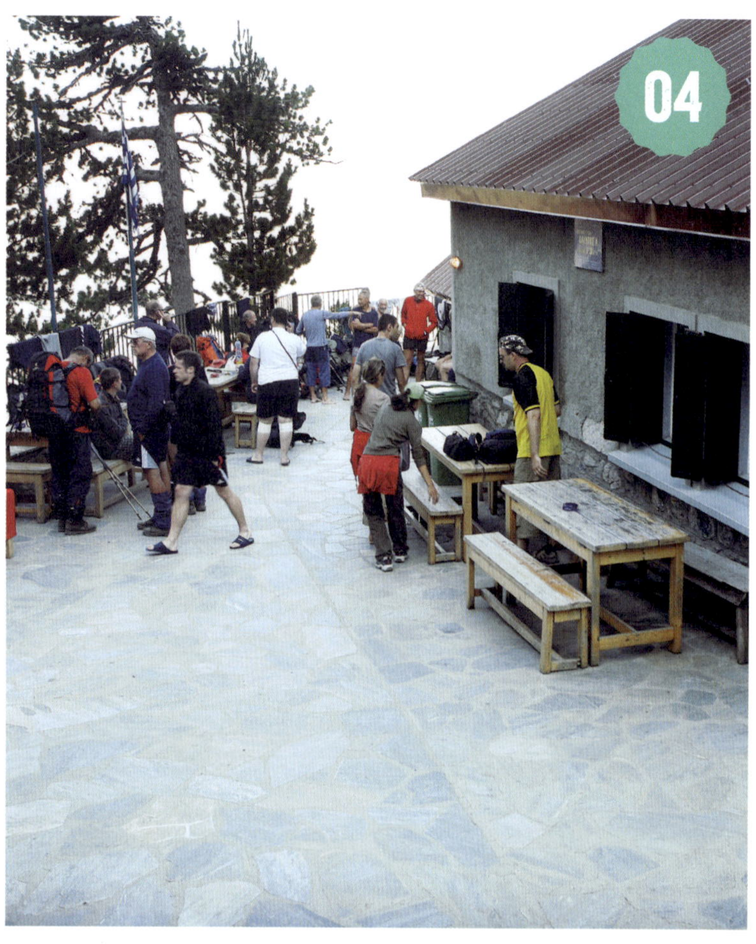

Die griechischen Götter hatten ein gutes Händchen bei der Auswahl ihrer Berge. Der Olymp thront über Schluchten, Wasserfällen und bewaldeten Hängen. Der höchste der 52 Gipfel des Olymp, der 2918 m hohe Mytikas, wurde von den alten Griechen als wolkiges Pantheon der zwölf olympischen Götter verehrt. Hier hatte Zeus das Sagen; er überblickte ganz Nordgriechenland und genoss die gleichen feurigen Sonnenaufgänge über dem Berg Athos, die heute noch zahlreiche Wanderer ins Staunen versetzen.

Die Hütte „A" ist nur zu Fuß zu erreichen. Sie sitzt wie ein Adlerhorst auf 2060 m Höhe mit Blick auf die Enipeas-Schlucht und ist der perfekte Zwischenstopp auf der Route E4 hoch auf den Berg: Von hier sind es 3 km, eine dreistündige Wanderung samt Klettertour. Vorher kann man sich in einem einfachen Dorm ausruhen (Schlafsack, Taschenlampe und Pantoffeln mitbringen!) oder ein Zelt aufschlagen. Ein Restaurant serviert drei solide Mahlzeiten am Tag, u. a. Energie spendende Gerichte wie *fasolada* (griechische Bohnensuppe).

Die höchsten Gipfel verbergen sich oft hinter Nebel und Wolken; und die Wettergötter können hier oben launisch sein, also warme Sachen einpacken und vor dem Abmarsch in Litochoro (17 km, 8 Std.) oder vom nächsten Parkplatz in Prionia (6 km, 3 Std.) die Bedingungen checken!

KURZINFOS

Der Blick auf den mythischen Olymp von dieser Berghütte ist zum Niederknien, und wer sich olympische Lorbeeren verdienen möchte, kraxelt hoch auf den höchsten Berg Griechenlands.

Wann: Mai–Okt.
Ausstattung: Bettzeug, Duschen, Toiletten, Leitungswasser
Zugang: zu Fuß; mit dem Zug zum Bahnhof Litochoro, 28,5 km östlich
Kontakt: www.mountolympus.gr

BOAT SHACK PAROS

ALIKI, PAROS, SÜDÄGÄIS

Wer die Hoffnung schon aufgegeben hatte, auf einer der Inseln je das traditionelle Griechenland zu entdecken, dem schenkt dieses abgefahrene kleine Bootshaus neuen Glauben. Auf einem Hügel mit Blick aufs Meer ist ein rostiges Boot geschickt in ein überraschend cooles und recht romantisches Nest für zwei verwandelt worden. Hier klingeln Ziegenglocken; Weinberge und Olivenhaine verlieren sich am Horizont, und alte Maultierpfade verbinden Dörfchen miteinander, in denen das Leben so gemächlich läuft wie die Esel.

Das Häuschen ist abgeschieden, geizt aber nicht mit Komfort, mit einer schicken Inneneinrichtung in Lila, Taubengrau und Weiß, mit Holzverkleidung und frischem Leinen. Der Platz in der winzigen Hütte wird genial genutzt, mit Küche, Schlafzimmer, Bad und Wohnbereich. Am schönsten ist jedoch der strandartige Garten mit seinen Liegestühlen für den Blick zu fernen Inseln (es sind neun – wer kennt ihre Namen?) und hoch zum sternenübersäten Nachthimmel.

Mit einem Leihwagen oder -moped ist man in wenigen Minuten im Fischerdorf Aliki mit seinem Sandstrand sowie einigen Cafés und Restaurants, wenn man sich mal das Kochen sparen will. Doch vielleicht ist man auch versucht, sich Zutaten für ein Picknick zu besorgen und sich dieses auf der eigenen Terrasse mit Aussicht auf einen wirklich phänomenalen Sonnenuntergang zu genehmigen.

KURZINFOS

Von diesem umgebauten Boot, das auf einem Hügel ein Stück landeinwärts der weißen Strände von Paros vor Anker liegt, blickt man über Weinreben und Oliven auf die schimmernde Ägäis.

Wann: ganzjährig
Ausstattung: Bettzeug, Duschen, Toiletten, Leitungswasser
Zugang: mit dem Auto oder Motorroller; mit dem Bus nach Aliki, 3 km westlich
Kontakt: http://boutiqueboatshack.simplesite.com

CAMPING ANTIPAROS

THEOLOGOS, ANTIPAROS, SÜDÄGÄIS

Mit dem Weiß der Häuser, dem Blau der See und dem Licht, das so grell ist, dass man blinzeln muss, ist Antiparos ein typisch griechisches Inselparadies. Die kleine Kykladeninsel in der südlichen Ägäis folgt ihrem eigenen seelenruhigen Rhythmus und ist etwas traditioneller als viele ihrer Nachbarn. Die einzige echte Sehenswürdigkeit ist die Ruine einer venezianischen Burg, die im 15. Jh. zum Schutz vor Piraten errichtet wurde.

Dieser Campingplatz an der Nordspitze der Insel hat sich sein Hippie-Flair als Backpacker-Rückzugsort seit seiner Eröffnung Ende der 1970er-Jahre bewahrt. Man kann sein Zelt unter Zedern aufschlagen, die gesäumt sind von süßlich duftenden Sträuchern und schönen Dünen. Der nächste Strand ist ein FKK-Strand. Wer nicht zeltet, kann Wohnwagen und Hütten mieten – schlicht, aber genau das macht ihren Reiz aus.

Zum Essen braucht man nicht weit zu laufen. Die Hausmannskost hier könnte kaum besser sein, und Betreiber Theologos mixt hervorragende, frische Fruchtcocktails. Das Nachtleben findet oben am Himmelszelt statt – wer eine Sternschnuppe erspäht, wünscht sich sicher, auf diese einzigartige Insel zurückkehren zu dürfen.

KURZINFOS

Auf diesem Platz, nur einen Katzensprung von dünengesäumten Stränden und dem klaren Wasser der Ägäis entfernt, kann man seinem inneren Hippie nachspüren.

Wann: Mitte Mai–Mitte Sept.
Ausstattung: Strom, Duschen, Toiletten, Leitungswasser
Zugang: mit dem Boot zum Hafen von Antiparos, 1,2 km südlich, dann zu Fuß oder mit dem Motorroller
Kontakt: https://camping-antiparos.com

DROLMA LING

THEOLOGOS, RHODOS, SÜDÄGÄIS

Rhodos gilt zwar inzwischen als die Partyinsel des Dodekanes, doch das Drolma Ling ist das genaue Gegenteil. In der sanften Brise flattern Gebetsfahnen; das Areal genießt eine friedliche Lage unter Pinien und Obstbäumen etwas bergan vom weißen Dorf Theologos mit seinen Tavernen sowie 2 km von einem Strand entfernt, an dem man baden, kite- und windsurfen kann.

Der viele Schatten schützt vor der Sommerhitze. Auf dem von der netten Ifigenia geführten Platz kann man den Massen aus dem Weg gehen, sich auf seine Chakras konzentrieren und den Morgengruß üben, mit Yoga, Meditation und Pilates. Obendrein gibt's Reiki und Thai-Massagen. Hier geht's wirklich entspannt zu, egal ob man im Zelt, einem einfachen Waldhaus oder in einer rustikalen Hütte Unterschlupf findet. Um die Stille zu bewahren, sind hier keine Wohnmobile und -wagen und kein Alkohol erlaubt. Man muss auch nicht bei irgendetwas mitmachen – wer lieber mit einem Buch und dem Ausblick auf die Ägäis den Tag in der Hängematte vertrödelt, dem ist auch das vergönnt. Absolut umwerfend sind die Sonnenuntergänge hier.

KURZINFOS

Dieses Refugium auf Rhodos mit Blick auf die Ägäis ist wunderbar entschleunigt, mit Yoga, Meditation, guter Stimmung und Sonnenuntergängen, die ein Balsam für Körper, Geist und Seele sind.

Wann: Mai–Sept.
Ausstattung: Strom, Toiletten, Duschen, Leitungswasser
Zugang: mit dem Auto, Motorroller oder Fahrrad; per Bus nach Theologos, 1,6 km nordwestlich
Kontakt: http://drolmaling.eu

ESTLAND

Das flache Estland, das zur Hälfte aus Wald und zu einem Fünftel aus Mooren besteht, ist mit Sandstränden und Tausenden von Inseln ein echter Outdoor-Abenteuerspielplatz.

Wann: April–Okt. (Camping); ganzjährig (Glamping/Hütten)
Beste Nationalparks: Lahemaa-NP, Matsalu-NP
Beste Fernwanderwege: Baltischer Wald-Wanderweg (2142 km, davon 720 km in Estland), Penijõe-Varbola-Weg (84 km)
Wild zelten: legal
Nützliche Adressen: Visit Estonia (www.visitestonia.com), RMK/ Staatliches Forstamt (www.loodusegakoos.ee)

Wie im benachbarten Skandinavien ist das Recht auf Naturerlebnisse in Estland gesetzlich verankert: Es gilt das Jedermannsrecht, also das Recht, in der Wildnis u. a. Pflanzen zu sammeln und zu übernachten. Camping wird immer beliebter, doch zählen die Esten nicht gerade zu den leidenschaftlichsten Campern. So bleiben ihre exzellenten, oft kostenlosen Zeltplätze erstaunlich leer.

In fünf Nationalparks, einschließlich einem der größten Europas, sind Waldflächen geschützt, die insgesamt die Hälfte des Landes einnehmen. Hinzu kommen weite Moore und die wunderschön sandige Küste – mit den rund 2000 Meeresinseln ein wahres Campingparadies.

WILD ZELTEN

Die estnischen Vorgaben für das Jedermannsrecht (S. 47) sehen u. a. vor, dass man jeweils nur eine Nacht an derselben Stelle bleiben und Wasser nicht verunreinigen darf, indem man in ihm wäscht. Man darf nur auf nicht kultiviertem Land zelten, doch das meiste Land ist ohnehin unbebaut und ungenutzt. Wildes Zelten wird durch die Einrichtungen des Staatlichen Forstamts (RMK) erleichtert. Das RMK unterhält in bewaldeten Gebieten in sehr idyllischer Lage ausgewiesene Wildcampingplätze mit Picknicktischen, Feuerstellen oder Grills und manchmal mit Trinkwasserhähnen.

AUSRÜSTUNG

Die Outdoorläden Matkasport und Matkamaailm haben Filialen in Tallinn. Andernorts ist es schwierig, spezielle Campingausrüstung aufzutreiben. Leihen kann man Ausrüstung bei Matkavarustuserent (www.matkavarustuserent.ee). Am besten bringt man einfach alles mit, was man braucht. Karten gibt's bei Kartenspezialisten wie Stanfords (www.stanfords.co.uk) im Internet. Mückenschutz nicht vergessen – die Biester sind nervig! Zur Stärkung gibt's klassische Leckereien wie *pirukad* (Teigtaschen) und *Kohuke*, mit Quark gefüllte Schokoriegel.

SICHERHEIT

Größere Probleme haben Reisende eher selten. Jedoch sind auch größere Wildtiere wie Wölfe und Braunbären unterwegs – an einsamen Stellen im Wald also Vorsicht walten lassen!

SPARTIPPS

Super: RMK-Zeltplätze sind kostenlos! Außerdem ist das Land klein genug, um anstatt eines Autos ein Fahrrad zu mieten, und der Radtransport raus zu den Inseln ist auch billiger als mit dem

Die weiten Moore Estlands sind ein Highlight für Camper (links), wie auch der sowjetische Steinbruch Rummu (unten)

Auto. Nationalparks lassen sich bestens auf Wanderwegen mit kostenlosen Zeltplätzen erkunden.

DIE BESTEN REGIONEN

Lahemaa-Nationalpark
Der größte Nationalpark des Landes ist ein Aushängeschild estnischer Natur, mit weiten Kiefernwäldern und Sandstränden sowie dem bekanntesten Moorgebiet des Landes. Es gibt zahlreiche Wege und gepflegte Zeltplätze in schöner Lage.

Matsalu-Nationalpark
Ein riesiges, international bedeutsames Feuchtgebiet an einer wichtigen Vogelzugkreuzung mit tollen ausgewiesenen Plätzen zum Wildcampen. Direkt durch den Park verläuft der sehr lohnende, 84 km lange Penijõe-Varbola-Weg.

Inseln in der Rigaer Bucht
Hier locken zahllose Inseln mit Sandstränden an Waldgebieten und weltfernen Wildzeltplätzen.

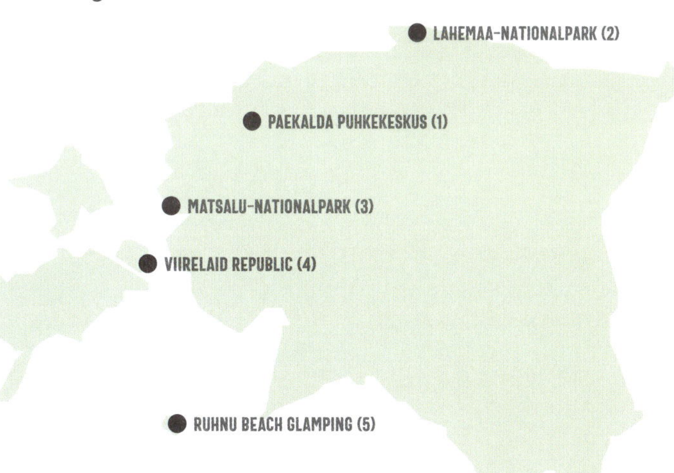

PAEKALDA PUHKEKESKUS

RUMMU, HARJU

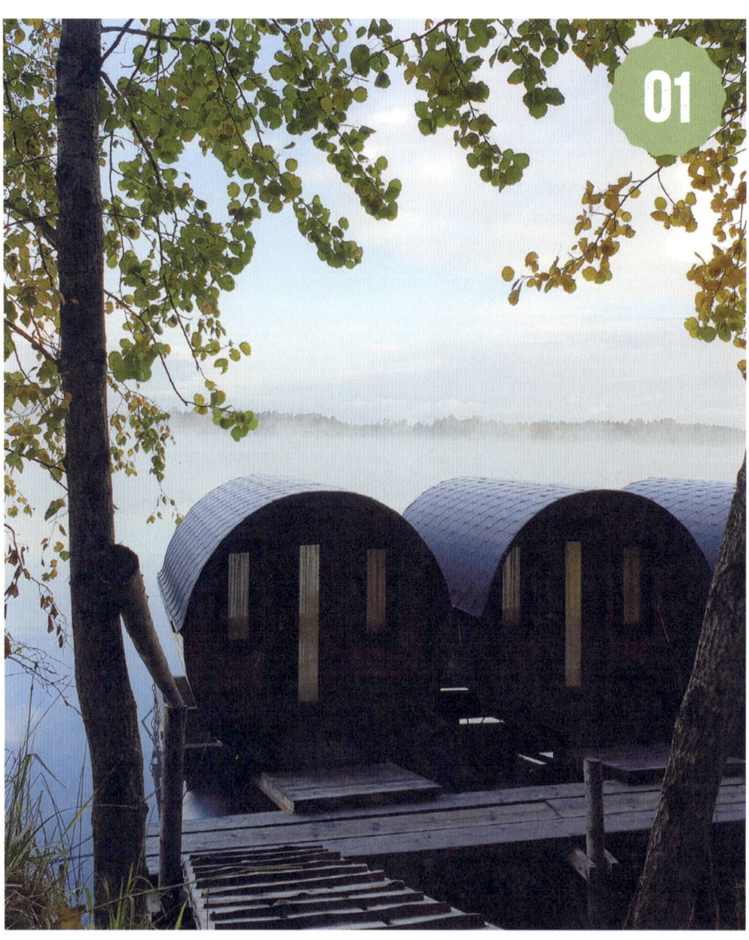

Am idyllischen Rummu-Steinbruchsee lässt sich der Wandel zum unabhängigen Estland ablesen: Der in der Sowjetzeit hier abgebaute Stein wurde nach 1989 nicht mehr gebraucht; also wurde der Steinbruch geflutet und alte Gebäude verschwanden im Wasser. Heute ist der See einer der spannendsten Tauchspots Estlands. Das surreal getönte Wasser birgt die Ruinen der Steinbruchbauten sowie des angeschlossenen Straflagers, dessen Insassen seinerzeit die meisten Arbeiter stellten. Einige Ruinen ragen noch aus dem Wasser. Schnorchler, Kajaker und Stehpaddler sind gern auf dem See unterwegs. Und wer einmal in einem schwimmenden Fass übernachten will, ist im Paekalda Puhkekeskus genau richtig. Dieser Freizeitkomplex erstreckt sich am hübsch bewaldeten Südufer, an dessen Ende die fünf Fässer an einem eigenen Steg liegen. In jedem Fass finden drei Personen Platz. Die runden Innenräume sind lediglich mit Betten ausgestattet, dafür blickt man auf einer Seite durch eine Glaswand wie durch eine Kameralinse auf den See.

Am Ufer gibt's außerdem eine schwimmende Sauna, und man kann Kajaks und SUP-Bretter leihen. Es werden auch Touren mit Booten angeboten, deren Bodenlampen die Unterwasserruinen beleuchten. Südlich des Sees und westlich Richtung Kloster Padise verlaufen Wanderwege und Bike-Trails durch die Wälder.

KURZINFOS

In einem großen Fass auf dem Wasser eines gefluteten ehemaligen Steinbruchs „campen“. Wassersport wie Tauchen, Kajaken und Stehpaddeln dreht sich hier um Steinbruch- und Gefängnisbauten im Wasser.

Wann: Mai–Okt.
Ausstattung: Grill, Bettzeug, Toilette
Zugang: mit dem Auto oder per Bus nach Murrangu, 2,2 km nordöstlich
Kontakt: www.paekalda.ee

LAHEMAA-NATIONALPARK

HARJU

Der Lahemaa-Nationalpark, einer der größten Europas und zugleich Estlands größter, ist ein Paradies für Outdoorfreunde. Ausgedehnte, dichte Fichten-, Erlen- und Espenwälder ziehen sich bis ganz hoch zur sandigen Küste des Landes im Norden, während sich im Süden das berühmteste Moor des Landes erstreckt, Viru Raba (S. 241). Für zusätzliche Spannung sorgt die Anwesenheit von Wildtieren wie Bären, Wildschweinen, Wölfen, Luchsen, Bibern und Rotwild.

Die gepflegten Campingeinrichtungen wirken wie natürliche Erweiterungen des Waldes. Die RMK-Zeltplätze sind dazu noch kostenlos. Am RMK-Platz Tsitre im Westen des Parks trifft Wald fotogen auf Sandstrand; außerdem kann man einen Aussichtsturm und Estlands größte Ansammlung von steinernen Hünengräbern aus der Eisenzeit, Hundigkangrud, erkunden. Im Osten hat man am RMK-Platz Oandu, 3 km von der Sipa-Bushaltestelle entfernt, über blumenbedeckte Wiesen und Waldlichtungen Zugang zu vier Naturlehrpfaden, von denen einer durch zauberhaften Primärwald verläuft. Außerdem kann man den 40 km langen Oandu-Kalmeoja-Weg in Angriff nehmen, der durch den Park zum Viru Raba führt.

Da der Lahemaa nur eine Autostunde von Tallinn entfernt liegt – Tsitre befindet sich 51 km östlich – und es im Park gute Busverbindungen gibt, ist der Park ein hervorragender Start in die freie Natur Estlands.

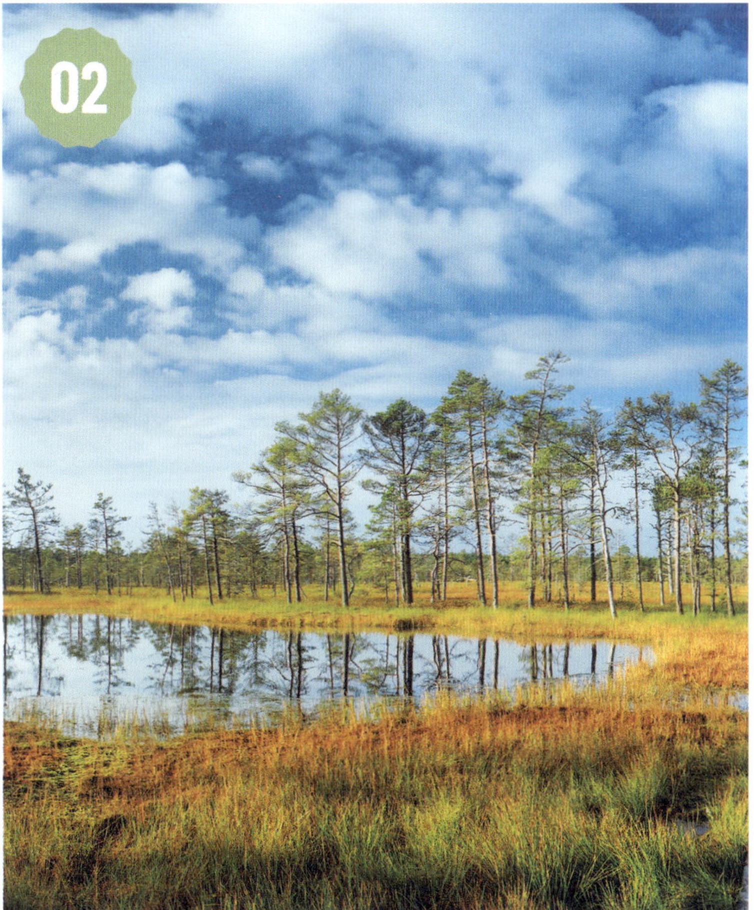

KURZINFOS

Auf einigen wirklich wundervollen, ausgewiesenen Zeltplätzen in Estlands wildestem, größtem und besucherfreundlichstem Nationalpark kostenlos unter majestätischen Nadelbäumen zelten.

Wann: ganzjährig
Ausstattung: Feuerstelle, Müllentsorgung, Leitungswasser
Zugang: mit dem Fahrrad, Auto oder zu Fuß; Bus nach Tsitre, 1,2 km südöstlich
Kontakt: www.loodusegakoos.ee

MATSALU-NATIONALPARK

LÄÄNE-PÄRNU

Diese rund 500 km^2 große Landschaft aus Bucht, Flussmündung, feuchten und bewaldeten Wiesen und Küstenschilf ist ein Juwel von einem Feuchtgebiet. Mit fast 300 Vogelarten ist es außerdem einer der besten Orte Europas zur Beobachtung von Wasservögeln.

Das Besucherzentrum befindet sich im Gutshaus Penijõe Mõis bei Lihula. Hier sowie an abgeschiedeneren, im Wald versteckten Stellen gibt's einfache, aber tadellos in Schuss gehaltene RMK-Lagerfeuerplätze mit überdachten Picknicktischen, wo man auch gratis campen kann. Alternativ schläft man kostenlos in einer alten Heuscheune auf einer Wildblumenwiese an einem der kürzeren Wanderwege, dem Suitsu. Unweit erhebt sich der höchste Beobachtungsturm des Parks mit phänomenalen Ausblicken. Der weite Himmel füllt sich im Frühjahr mit Nonnen- und Graugänsen, Reiherenten und Zwergschwänen. Zu den Herbstgästen zählen Kraniche, und der seltene Seeadler fühlt sich ebenfalls im Park zu Hause.

Der längste Wanderweg ist der 84 km lange Pfad von Penijõe zur mittelalterlichen Burg Varbola: Er führt durchs Herz des Feuchtgebiets und teilt sich in fünf einfache Etappen.

KURZINFOS

Eines der bedeutendsten Feuchtgebiete und Habitate für Wasservögel in Europa bietet Übernachtungen in der Natur, entweder in einer Heuscheune oder auf Zeltplätzen – ideal für Vogelfreunde.

Wann: ganzjährig
Ausstattung: Grill, Feuerstelle, Toilette, Leitungswasser
Zugang: mit dem Auto oder Fahrrad oder per Bus nach Lihula, 3,5 km südlich
Kontakt: www.loodusegakoos.ee

Das Moor ruft

An den Rändern Europas, in den mit Torfmooren gespickten Ländern Irland und Estland, erleben Moore, Moraste und Sümpfe ein echtes Comeback.

Bis ins 18. Jh. hinein wurden diese schlammigen Gebiete verachtet, gefürchtet oder zumindest ignoriert. Das Beste, worauf Moore hoffen konnten, war, dass sie als Hybrid aus Land und Wasser – weder ganz das eine noch das andere – als mystische Kulisse diverser Sagen und Legenden dienten. Im Anschluss folgten Versuche, aus den Mooren Brennstoff zu gewinnen. In Irland werden einige Häuser noch immer mit Torf beheizt, und viele Iren sind bis heute im Besitz der Rechte zur Torfstecherei. In den letzten Jahrzehnten konnten die Moore ihr Ansehen jedoch stark verbessern: weniger Torfstecherei, mehr Wertschätzung oder gar ein erholsames Schlammbad.

Irland beherbergt 8 % der Deckenmoore der Welt; eines der größten unberührten Feuchtgebiete steht im Wild Nephin Ballycroy National Park (S. 126) unter Schutz. In Estland, wo Moore ein Fünftel der Landesfläche ausmachen, gelten sie als Orte des Friedens und der Besinnlichkeit, es werden sogar Moorschuhwanderungen angeboten. Dabei sind Moore alles andere als unbelebt: Ein Viertel der Pflanzen Estlands ist nur in Mooren zu finden. Welches Feuchtgebiet das schönste Moor hat, ist umstritten, doch das Viru Raba im Lahemaa-Nationalpark (S. 239) gehört sicher zu den Favoriten.

Was braucht man fürs perfekte Moorerlebnis? Wir empfehlen Gummischuhe (einige Touranbieter stellen spezielle Moorschuhe), ist man ohne Führer unterwegs, auch einen Kompass – im Moor kann man sich schnell verirren.

VIIRELAID REPUBLIC

INSEL VIIRELAID, SAARE

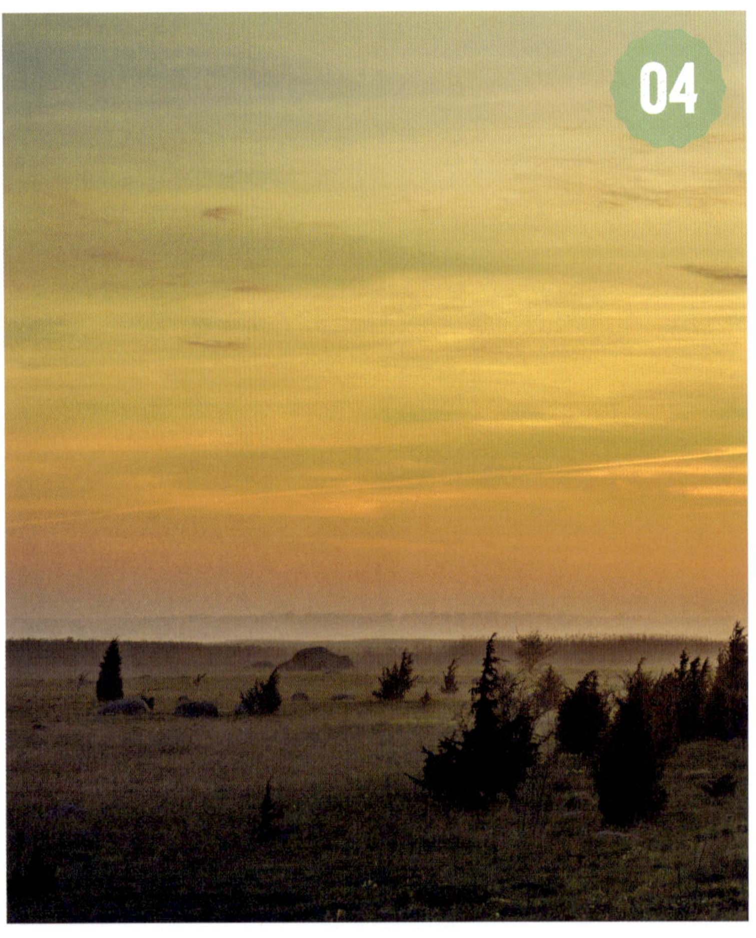

„Fünfhundert Lämmer, 20 Kaninchen und einen Fuchs" – so lautet die Antwort der exzentrischen Viirelaid Republic auf die Frage, was es hier zu sehen gäbe. Auf dieser grasigen, flachen Insel inmitten der Großen Straße ist der beste Ratschlag, einfach mal nichts zu tun! Stolz, aber mit einem Augenzwinkern, behauptet die Insel ihre Unabhängigkeit von Estland und der EU. Das Eiligste am gesamten Besuchserlebnis ist das Schnellboot (im Übernachtungspreis inbegriffen), das einen zur Insel bringt. Einmal auf Viirelaid angekommen, laufen die Uhren dann gaaanz langsam – zumindest wenn man nicht eines der Tiere aufschreckt und in die Flucht schlägt.

Gute Nachrichten also für alle, die sich mal für ein paar Tage ausklinken wollen. Das einzige Problem ist die Qual der Wahl bei den Unterkünften. Die schicksten Bleiben bietet das Haupthaus; ausgefallener und näher an der Natur sind vier „Cube Houses" (Betten mit bodentiefen Fenstern draußen im Grasland) und das „Kuul", eine geodätische Kuppel mit Rundumblick am Wasser, die bei Flut schwimmt und sich ideal für Paare eignet. Außerdem gibt's mehrere Glampingzelte.

Die im Preis inbegriffenen Mahlzeiten sind von hoher Qualität, z. B. der exquisite estnische Räucherfisch. Übernachtungspakete können ganz individuell abgestimmt werden.

KURZINFOS

In der Insel-„Republik" Viirelaid können Besucher am Meer komplett abschalten – in Unterkünften wie den Cube Houses und einer schwimmenden Kuppel, von der man ins stille Grün blickt.

Wann: Mai–Aug.
Ausstattung: Grill, Bettzeug, Strom, Feuerstelle, Heizung, Dusche, Toilette, Leitungswasser, WLAN
Zugang: mit dem Boot ab den Fähranlegern Kuivatsu und Virtsu, jeweils 5,5 km
Kontakt: www.viirelaid.ee

RUHNU BEACH GLAMPING

INSEL RUHNU, SAARE

Welches europäische Land außer Griechenland kann Tausende von Inseln aufweisen? Nur wenigen würde da Estland in den Sinn kommen, doch das kleine Land wartet tatsächlich mit rund 2000 meist unbewohnten Inseln auf – die meisten sind ohne eigenes Boot allerdings nicht zu erreichen. Von den Inseln mit Fährverbindungen ist Ruhnu am abgelegensten. Es befindet sich mitten in der hufeisenförmigen Rigaer Bucht, per Fähre drei Stunden von Pärnu entfernt – und damit die am weitesten vom Festland entfernte estnische Insel.

Die meiste Action spielt sich am Hafen im Südosten oder im nördlichen Dorf ab. Ansonsten gehört die Insel den Wäldern, die sich bis zu den hellen Sandstränden ziehen. Dort befindet sich auch das Ruhnu Beach Glamping, eine der wenigen Unterkünfte auf der Insel. Es versteckt sich zwischen Wald und Strand in Grasdünen – abgeschieden, aber vom Fähranleger (Frühjahr bis Herbst) und Flughafen (Herbst bis Frühjahr) zu Fuß oder mit dem Rad erreichbar. Jedes der Zelte ist einfach gehalten, wirkt aber dennoch beinahe fürstlich, mit Teppichen, einem Doppel- und zwei Einzelbetten. Draußen und drinnen gibt's jeweils Tisch und Stühle. Sämtlichen Proviant muss man mitbringen, auch Grillgut für den bereitstehenden Grill, und anschließend lädt der Strand zu einem schönen Verdauungsspaziergang ein.

05

KURZINFOS

Stille Wälder und grasbewachsene Dünen verleihen diesem gehobenen und ganzjährig betriebenen Glampingplatz ein typisch estnisches Flair der Abgeschiedenheit.

Wann: ganzjährig
Ausstattung: Grill, Bettzeug
Zugang: mit dem Boot ab dem Fährterminal Pärnu, dann mit dem Fahrrad oder zu Fuß (April/Mai–Okt.); mit dem Flugzeug, dann zu Fuß oder mit dem Taxi (Okt.–April/Mai)
Kontakt: www.glampingestonia.ee

POLEN

Outdoorfans freuen sich auf tolle Unterkünfte: Kajaker können zu Stellplätzen am See paddeln, Baumfreunde in Bäumen nächtigen und Wanderer in schönen Berghütten schlummern.

Wann: Mai–Sept. (Camping meistens/Glamping teilweise); ganzjährig (einige Campingplätze/Berghütten/die meisten Glampingplätze)
Beste Nationalparks: Tatrzański-NP (Tatra), Białowieski-NP
Beste Fernwanderwege: Beskiden-Hauptwanderweg (ca. 500 km), Wanderweg der Adlerhorstburgen (160 km)
Wild zelten: teilweise legal
Nützliche Adressen: Polnisches Fremdenverkehrsamt (www.poland.travel)

Die Ränder Polens verzaubern mit ihrer Topografie. Im Nordosten bieten die über 2000 Seen der Masurischen Seenplatte den besten Wassersport Polens. An der Ostgrenze des Landes befinden sich im Białowieski-Nationalpark einige der letzten echten Urwälder Europas. Und zum Wandern geht's gen Süden in die Berge – am höchsten hinauf in der Hohen Tatra. Doch es gibt auch die sanfteren Beskiden mit Polens längstem Gebirgspfad, dem Beskiden-Hauptwanderweg. Der sehr malerische Krakau-Tschenstochauer Jura ist bestes Kletter- und mit dem Wanderweg der Adlerhorstburgen auch tolles Wanderterrain.

Und wo nächtigt man? An den Seen, um vom Schlafsack gleich die beste Kajakroute Polens anzugehen? In Wäldern, wo man wild zelten darf? Oder in einer behaglichen Berghütte, die auch per Ski zu erreichen ist?

WILD ZELTEN

Entsprechend den Vorgaben des Programms Zanocuj w lesie („im Wald schlafen") ist wildes Zelten in Polen seit 2021 unter bestimmten Bedingungen erlaubt. So soll es in allen 429 Staatsforsten (www.lasy.gov.pl) mindestens einen ausgewiesenen Platz zum Wildzelten oder Biwaken geben. Überall gilt ein Maximum von zwei Nächten und neun Personen, und man darf keine Spuren hinterlassen. Sieht man von diesen Ausnahmen ab, ist wildes Zelten jedoch verboten.

AUSRÜSTUNG

Sklep Podróżnika hat Outdoorläden im ganzen Land, und Zakopane, das Tor zur Hohen Tatra, beherbergt Filialen zahlreicher internationaler Ketten. Outdoorkarten sind außerhalb Polens schwer zu bekommen – man kann es bei Kartenspezialisten versuchen. Im Inland sind sie in Buchläden und Touristeninformationen erhältlich. Mapa Turystyczna (https://mapa-turystyczna.pl) kartiert Polens Wanderwege digital. Am Lagerfeuer kann man *kaszanka* (Blutwurst) grillen oder *placki ziemniaczane* (Kartoffelpfannkuchen) speisen, oder man probiert *oszczypek*, geräucherten Schafskäse.

SICHERHEIT

In den Bergen Polens passieren jedes Jahr tödliche Unfälle. Wer hier von September bis Juni unterwegs ist, sollte mit seiner Ausrüstung auf Schnee eingestellt sein.

SPARTIPPS

Gratis nächtigt man auf den ausgewiesenen Wildzeltplätzen in Polens Wäldern (interaktive Karte auf www.bdl.lasy.gov.pl). Billiges Essen bieten die *bar mleczny* (Milchbars). Vergünstigt mit dem Zug reist man mit dem Polen Pass von Interrail (www.interrail.eu).

Blick ins Blaue beim Wandern in der Hohen Tatra (links); bei W Drzewach stilvoll im Wald nächtigen

DIE BESTEN REGIONEN

Nordostpolen

Hier lockt die reizende Masurische Seenplatte Outdoorfreunde und Kajaker an. Verlockend ist auch der Białowieski-Nationalpark mit seinen Urwäldern.

Krakau-Tschenstochauer Jura

Das felsige Mittelgebirge mit seinen bewaldeten Tälern ist wunderschön. Einen hervorragenden Glampingplatz gibt's am Wanderweg der Adlerhorstburgen.

Hohe Tatra

Im Tatrzański-Nationalpark dreht sich alles um mehrtägige Hochgebirgswanderungen, um Klettertouren und ums Skifahren, ergänzt durch wunderbar abgeschiedene Übernachtungen in Berghütten.

HAUS SEEBLICK

JEZIORO GIELĄDZKIE, MASURISCHE SEENPLATTE, PROVINZ ERMLAND-MASUREN

Fast die Hälfte der Nordostecke Polens mit der üppigen Masurischen Seenplatte, die sich nördlich von Warschau bis zur russischen Grenze erstreckt, besteht aus Seen und Wäldern. Mit seinen über 2000 von zahllosen Kajak- und Wanderrouten durchzogenen, schimmernden Seen sowie mit seinen schönen Kiefernwäldern mit Wanderwegen und Bike-Trails ist dies ein grandioses Ziel. Leider ist die Region kein Geheimtipp. Wem der Sinn nach Ruhe unter dem Sternenhimmel steht, für den sind die großen, unpersönlichen Campingplätze hier sehr ernüchternd. Doch Richtung Südwesten, abseits der Hotspots wie Giżycko und Mikolajki, wird es ruhiger und man findet einige Zeltplätze, die noch immer sehr entspannt und still daherkommen – und Haus Seeblick spielt in dieser Kategorie ganz vorne mit.

Der Zeltplatz hinter dieser bodenständigen Pension ist ein kleiner, schattiger Rasen, der sich unmittelbar nördlich von Sorkwity zum See Jezioro Gielądzkie hinunterzieht. Es gibt eine Feuerstelle und Picknicktische, und es werden Fahrräder und Kajaks verliehen. Die Betreiber kennen sich in der Gegend bestens aus, besonders beim Kajaken und der Krutynia-Route, die als schönster Kajakwanderweg Polens gilt. Auf dem Weg vom Jezioro Gielądzkie nach Ruciane-Nida verbindet sie auf 109 km Strecke 20 Seen miteinander.

KURZINFOS

In einem reizenden Garten am See zelten, wo man sein Kajak direkt am Beginn der besten Paddelroute Polens zu Wasser lassen kann.

Wann: ganzjährig
Ausstattung: Feuerstelle, Dusche, Toilette, Müllentsorgung, Leitungswasser
Zugang: Mit dem Boot, Fahrrad oder Auto; Bus nach Biskupiec, 15 km westlich
Kontakt: www.hsmazury.com

ZIOLOWY ZAKATEK

KORYCINY, PROVINZ PODLASIEN

Wenn sich aus einem Spaziergang durch Ziolowy Zakatek zwei Erkenntnisse über die alten Bewohner Podlasiens herleiten lassen, dann, dass sie Traditionalisten und Naturliebhaber waren. In diesem Freilichtmuseum werden herausragende Beispiele volkstümlicher Architektur bewahrt und wiedererrichtet. Hinzu kommen einige neue, skurrile Bauten – in vielen davon kann man übernachten.

Ziolowy Zakatek versetzt einen zurück in die Zeit, als sich die Ursprünge Podlasiens entwickelten: Damals standen hier überall zauberhafte Holzhäuser wie diese, was die Lage der Region an der Kreuzung zwischen baltischer, ruthenischer und lechischer Kultur wiederspiegelte. Alles im Einklang mit der Natur. Man kann daher in einem rustikalen belarusischen Häuschen aus der Zeit um 1900, einer ehemaligen Försterhütte oder – am besten – in einem Baumhaus in einem riesigen hohlen Stamm nächtigen, wo noch immer Moos an den Innenwänden wächst. Hier wird man von den Hoftieren und vom Vogelgesang geweckt. Die Düfte aus dem botanischen Garten umwehen stets die Nase.

Gäste können außerdem im Spa den Nutzen von Birkensaft entdecken, an Kräuterworkshops teilnehmen oder mit einem der kostenlosen Räder auf Erkundungstour gehen. Eine kurze Autofahrt entfernt liegt der bekannteste Wald Polens, der urwüchsige Białowieski.

KURZINFOS

Das Freilichtmuseum in stiller Landschaft bietet Unterkünfte in alten Häusern, im Stamm eines riesigen Baums sowie in neueren Zurück-zur-Natur-Behausungen.

Wann: ganzjährig
Ausstattung: Bettzeug, Strom, Feuerstelle, Heizung (Holz), Dusche, Toilette, Müllentsorgung, Leitungswasser
Zugang: mit dem Auto, oder per Bus nach Siemiatycze, 27 km südöstlich
Kontakt: www.ziolowyzakatek.pl

W DRZEWACH

NAŁĘCZÓW, PROVINZ LUBLIN

Nałęczów, seit dem 18. Jh. Kurort, ist an Wellness-Urlauber gewöhnt. Dieses grüne Städtchen bietet aber noch eine andere Art der Verjüngungskur: Polens eleganteste Baumhausunterkünfte. Die fünf Baumhäuser – Sosna (Kiefer), Tuya (Thuja), Grab (Hagebuche), Jodla (Tanne) und Piąty (das Fünfte) – lassen einen dank ihrer Lage in bewaldeten Schluchten die Hektik der Stadt vergessen und locken so Baumfreunde an.

Dabei handelt es sich weniger um rustikale Bleiben, als um skandinavischen Minimalismus. Was geht, ist aus Holz gefertigt. Jedes Haus ist einzigartig: Thuya ist ein Wellness-Apartment, Grab erhebt sich über einer bewaldeten Klippe, und beim Sosna stößt der majestätische Stamm des Wirtsbaums durch die Terrasse. Den Blick durch große Dach- und bodentiefe Fenster sowie von den Terrassen auf Wipfel, Äste, Blätter und Borken haben alle Häuser gemein.

Zur Beobachtung von Eichhörnchen und Vögeln stehen für Waldenthusiasten Ferngläser bereit. Es werden auch Baumkundekurse angeboten. Oder man faulenzt hoch über dem Waldboden auf der Terrasse und genießt beim Blick in die Natur den Inhalt des Frühstückskorbs.

KURZINFOS

In den abgeschiedenen Baumhäusern in den Wäldern oberhalb eines Kurorts zeigen die Bäume stets, dass sie Herr im Hause sind und die Menschen ehrfürchtige Gäste.

Wann: ganzjährig
Ausstattung: Bettzeug, Strom, Heizung, Dusche, Toilette, Müllentsorgung, Leitungswasser, WLAN
Zugang: mit dem Auto oder per Zug zum Bahnhof Nałęczów, 3 km nördlich
Kontakt: www.wdrzewach.pl

In den Wald

"And into the forest I go, to lose my mind and find my soul." – John Muir

Der schottisch-amerikanische Naturforscher wusste sehr wohl um die Wirkung, die Wälder auf die Psyche haben können. Seit Urzeiten spenden Wälder Trost und Schutz, und auch heute noch können sie unsere Urinstinkte wecken – egal ob wir Beeren sammeln, in die Äste einer uralten Eiche klettern oder die Morgensonne durch das Blattwerk sickern sehen. Bäume sind eine Metapher für das Leben. Sie verankern uns und geben uns Halt. Bäume sind zudem ein Stundenglas der Jahreszeiten, von den ersten Frühlingsknospen bis zum sanften Aufprall der Kastanien.

Europa ist von reizvollen Wäldern durchzogen: von den dunklen Tannenwäldern des Schwarzwalds bis zu den als Unesco-Welterbe gelisteten urwüchsigen Buchenwäldern der Karpaten sowie Großbritanniens uralten Eichenwäldern. Einige Länder sind ein wahrer Teppich aus Waldflächen, z. B. Estland, Schweden und Finnland. Hier kann man über von Wald gesäumte Seen kajaken und endlos durch Wälder laufen, ohne einer Menschenseele zu begegnen – höchstens Wild, Wölfen, Luchsen, Bären oder Elchen. Auch in Polen kann man seine Verbundenheit mit Bäumen erspüren, da auf ausgewiesenen Plätzen in Staatsforsten wildes Zelten inzwischen erlaubt ist.

Nemophilisten – Liebhaber von Wäldern und Bäumen – gab es lange vor dem Trend des Waldbadens. Man muss Bäume nicht umarmen, es reicht, sich ohne Handy in die Stille der Wälder zu begeben, um ein Gefühl des Friedens und des Geheimnisvollen zu erleben, das so nur Wälder verströmen.

NORDISK VILLAGE

KRAKAU-TSCHENSTOCHAUER JURA, SCHLESIEN

Der Krakau-Tschenstochauer Jura ist vielleicht nicht besonders hoch, doch mit seinen grün gerahmten, spektakulären Kalksteinformationen bietet er jede Menge Freizeitverlockungen. Hinsichtlich des Outdoorangebots ziehen viele Polen die Region der Hohen Tatra vor. An ihrer Taille befindet sich beim Kletterrevier Male Dolomity unmittelbar südwestlich von Hucisko das Nordisk Village Jura. Es ist eins von fünf Nordisk Villages weltweit; jedes ist so gelegen, dass die Gäste möglichst naturnah untergebracht sind. Dieses Village bietet seinen Besuchern nicht nur spannende Informationen über die umliegende Natur, sondern auch die Möglichkeit, in sie einzutauchen.

Die durch Waldwege miteinander verbundenen fünf Baumwollzelte sind groß und gut eingerichtet, teilen sich aber Toiletten, Duschen und Küche. Doch hier in der freien Natur ist der Kameradschaftsgeist sehr ausgeprägt, sodass das Teilen nur selten eine Herausforderung darstellt. Das Personal kann mit Tipps zu Kletter- und Wandertouren weiterhelfen – an Möglichkeiten herrscht in dieser Landschaft aus Kalksteinfelsen und dicht bewaldeten Tälern kein Mangel. Durch die Region führt der 160 km lange Szlak Orlich Gniazd (Weg der Adlerhorstburgen) zwischen Krakau und Tschenstochau, vorbei an den 25 mittelalterlichen Burgen des Juras.

KURZINFOS

Fünf topmoderne Baumwoll-Glampingzelte verstecken sich im Herzen des malerischen Krakau-Tschenstochauer Juras, wo man wunderbar wandern und bergsteigen kann.

Wann: ganzjährig
Ausstattung: Grill, Bettzeug, Feuerstelle, Küche, Dusche, Toilette, Müllentsorgung, Leitungswasser
Zugang: mit dem Auto; Bus zum Rynek in Wlodowice, 5,5 km südwestlich
Kontakt: www.nordisk village.com

SCHRONISKO PTTK W DOLINE PIĘCIU STAWÓW POLSKICH

HOHE TATRA, PROVINZ KLEINPOLEN

Polen hat vielleicht nicht den größten Anteil an der Hohen Tatra, beherbergt jedoch einen ihrer schönsten Abschnitte: das Tal Dolina Pięciu Stawów Polskich (Fünfseental). Das Tal im Tatrzański-Nationalpark lockt mit fünf glitzernden Seen in den Bergen in Richtung des Gebirgskamms zwischen Polen und der Slowakei. Viele Unterkünfte tragen hier Polskich (polnisch) als Zusatz im Namen, da das Land sehr stolz auf diese Örtlichkeiten ist, wie z. B. auf die Schronisko PTTK w Dolinie Pieciu Stawow Polskich (PTTK-Berghütte im polnischen Tal der fünf Seen), eine der reizendsten Hütten des Landes. Die an einem See gelegene Hütte ist ein traditionelles Wanderziel: Sie liegt 7,5 km entfernt von der nächsten befestigten Straße. Herzukommen ist noch immer ein echtes Abenteuer. Mit einer Höhe von 1670 m ist sie außerdem Polens höchste Berghütte, und das merkt man auch: Hinter ihr strecken sich die felsigen Hänge der Hohen Tatra in die Höhe. Drinnen in der behaglichen Hütte gibt's Zimmer für zwei bis zehn Personen, eine Küche für Selbstversorger und ein Restaurant.

Es werden Kurse z. B. zur Lawinenkunde angeboten, und im Winter kann man Skiausrüstung ausleihen.

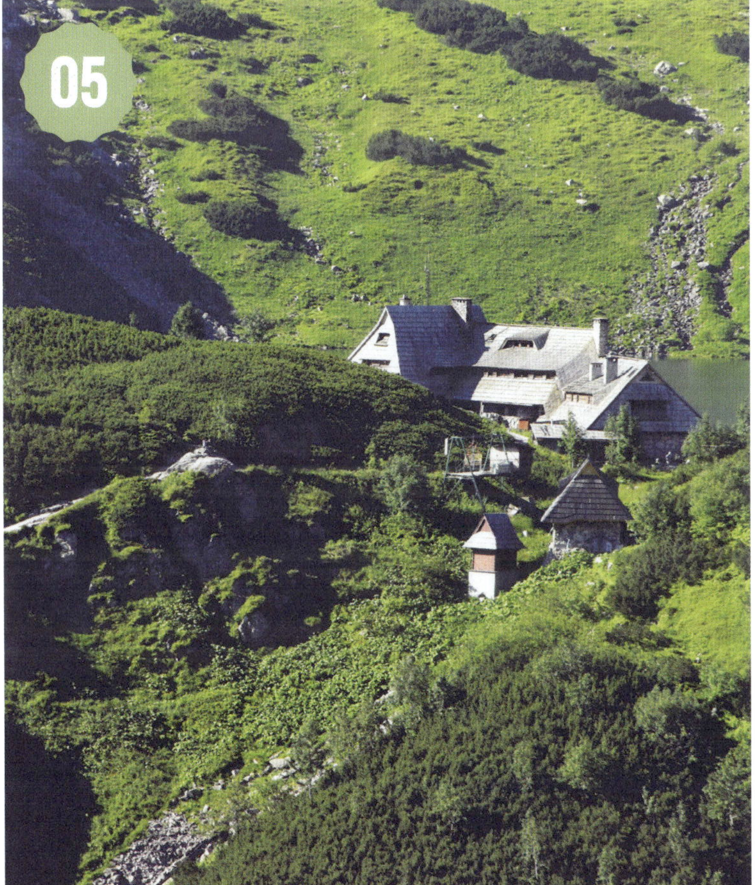

KURZINFOS

Die höchste Berghütte Polens ist nur zu Fuß oder per Ski zu erreichen. Sie liegt abgeschieden an einem See in einem spektakulären Tal der Hohen Tatra.

Wann: ganzjährig
Ausstattung: Bettzeug, Strom, Feuerstelle, Heizung (Holz), Dusche, Toilette, Müllentsorgung, Leitungswasser
Zugang: Bus nach Polana Palenica Białczańska, 7,5 km nordöstlich, dann zu Fuß
Kontakt: www.piecstawow.pl

SLOWAKEI

Die unglaublichen Landschaften der Slowakei beeindrucken mit dichten Wäldern, einem Wegenetz mit Wildnishütten und einigen der höchsten Berge Osteuropas.

Wann: Mai–Sept. (Camping); ganzjährig (die meisten *chaty*)
Beste Nationalparks: NP Tatranský, NP Slovenský Raj, NP Poloniny
Beste Fernwanderwege: Cesta Hrdinov SNP (750 km), Tatranská Magistrála (50 km), Hrebeňovka (100 km)
Wild zelten: illegal
Nützliche Adressen: Tourismusbehörde der Slowakei (www.slovakia.travel)

In der Natur der Slowakei stehen die Berge und Wälder eindeutig im Mittelpunkt. Das geht so weit, dass die Slowaken nichts als Naturlandschaft anerkennen, was nicht mindestens einen Berg, Wald oder beides hat. Warum sie so anspruchsvoll sind, ist leicht zu erklären: Ihr Land beherbergt das zusammenhängendste Hochlandterrain Osteuropas, und über 40 % des Landes sind mit dichtem Wald bedeckt. Man kann das Land von West nach Ost durchqueren, ohne mehr als 20 Straßen zu kreuzen – unglaublich!

Ob Wanderer, Biker oder Skifahrer, viele Slowaken sind leidenschaftliche Naturliebhaber oder genießen einfach gern ein Lagerfeuer. Angesichts so atemberaubender Landschaften sollte man meinen, dass Camping extrem beliebt wäre. Das ist aber nicht der Fall. Stattdessen gibt's die *chaty*. Diese tollen Hütten an den gut markierten Wegen durch die Berge und Wälder der Slowakei bieten einfache, kostengünstige Übernachtungsmöglichkeiten in der Wildnis, und oft ist auch ein Gasthaus angeschlossen. Ebenfalls zu finden: einfachere Berghütten, die *útulňa* (S. 256).

WILD ZELTEN

Wildes Zelten ist nicht erlaubt, doch an bestimmten abgelegenen *chaty* und *útulňa* wird es toleriert.

AUSRÜSTUNG

Outdoorläden in Bratislava sind z. B. Yak & Rysy und Tatrasport; auch in Košice gibt's ein paar. Wanderkarten veröffentlicht VKÚ Harmanec (Maßstab 1:25 000 und 1:50 000). Im Hochgebirge sollte man auch im Sommer Winterkleidung (inkl. Steigeisen etc.) dabeihaben. Das kohlenhydratreiche traditionelle Essen des Landes bietet hungrigen Wanderern Stärkung. In vielen *chaty* gibt's Klassiker wie *bryndzové halušky* (Schafskäseklöße). Fürs Lagerfeuer empfehlen sich etwa *spekačky*, Speckwürste am Stock, die sich beim Braten kräuseln.

SICHERHEIT

Hauptgefahrenquelle sind die Berge; jedes Jahr kommen durch Schnee und Extremwetter Menschen zu Tode. An abgeschiedenen Orten tauchen zuweilen Bären und Wölfe auf – also entsprechend vorsichtig sein und Essensvorräte z. B. in Bäume hängen.

SPARTIPPS

Die Lebenshaltungskosten in der Slowakei sind mit die niedrigsten der EU – man spart quasi schon Geld, indem man hier statt zu Hause ist. Per Bahn reist man z. B. für 20 € durchs ganze Land. Fast alle *chaty* in wichtigen Erholungsgebieten sind zudem sehr preiswert.

Die Berge der Tatra erheben sich hoch über den Wäldern der Slowakei (oben); in einem der Schlaffässer bei Súdkovo (unten)

DIE BESTEN REGIONEN

Vysoké Tatry (Hohe Tatra)
Dieses Gebirgsmassiv beherbergt die meisten malerischen Landschaften der Slowakei sowie 25 über 2500 m hohe Gipfel – ein wunderbares Wandermekka mit erstklassigen *chaty*.

Nízke Tatry (Niedere Tatra)
Das Gebirge besticht mit himmlischen Wandermöglichkeiten. Wege wie die Hrebeňovka führen direkt über die üppigen Bergkämme und sind von vielen malerischen *chaty* gesäumt.

Ostslowakei
In dieses traditionsreiche Gebiet verschlägt es nur wenige Abenteurer. Das Terrain reicht von den Buchenwäldern des Poloniny-Nationalparks bis zum reizenden Weinbaugebiet des Südostens.

CHATA PRI ZELENOM PLESE (2)
CHATA MILANA RASTISLAVA ŠTEFÁNIKA (4)
ÚTULŇA ANDREJCOVÁ (3)
SÚDKOVO (5)
DOMČEK NA STROME (1)

DOMČEK NA STROME

BRATISLAVA

In Europa muss man die Grenzen der Hauptstädte meist weit hinter sich lassen, um wilde Natur zu erleben – nicht so in der Slowakei! In Bratislava kann man einfach in einen Stadtbus hüpfen (Nr. 43 ab Patrónka). Oberhalb der Stadt erstreckt sich der Bratislavské Mestské lesy, der Stadtwald, der in die üppigen Hügel der dahinterliegenden Malé Karpaty (Kleine Karpaten) übergeht.

Die Slowakei zählt zu den am dichtesten bewaldeten Ländern Europas, und auch in den slowakischen Legenden spielen Wälder eine wichtige Rolle. Kein Wunder also, dass man kurz hinter dem Haupt-Picknick- und Spielplatz des Parks bei Kačin dieses geheimnisvolle Baumhaus entdeckt. Beim Domček na Strome führt eine Wendeltreppe hoch zu einer Behausung wie aus Mittelerde: Hier thront eine reetgedeckte Hütte auf einer Plattform, von der aus man Falken, Eulen und Rehe beobachten kann. Wasser gibt's in einem Kanister, eine Trockentoilette findet sich in der unteren Hütte.

Zum Baumhaus gelangt man vom Bahnhof Hlavná Stanica fast in derselben Zeit wie zu vielen Unterkünften in der Stadt, obwohl man hier mitten im Wald ist. Waldpfade führen zum 750 km langen Fernwanderweg Cesta Hrdinov SNP, der sich durch die Slowakei zieht. Zu erreichen ist das Baumhaus über die Kačinska dolina; es liegt oberhalb der Lesnícka chata u Hrocha.

KURZINFOS

In den weiten Wäldern in den Hügeln oberhalb von Bratislava nur eine Busfahrt vom Zentrum der slowakischen Hauptstadt entfernt in einem Baumhaus abhängen und in die Wildnis eintauchen.

Wann: April–Okt.
Ausstattung: Bettzeug, Feuerstelle, Toilette, Wasser
Zugang: zu Fuß oder mit dem Fahrrad oder Auto; Bus nach Kačin, 750 m nordwestlich
Kontakt: www.ba-lesy.sk

CHATA PRI ZELENOM PLESE

ÖSTLICHE VYSOKÉ TATRY, PREŠOV

Die „Hütte am grünen See" trägt ihren Namen zu Recht: Zauberhaft ruht sie im Schatten hoher Berge an einem blaugrünen Bergsee. Hier, im unbekanntesten Teil des berühmtesten Gebirges der Slowakei, treffen die düsteren Granitfelsen der Vysoké Tatry (Hohen Tatra) auf den blasseren Kalkstein der Belianské Tatry (Weißen Tatra) und bilden ein von Wasserfällen gesäumtes Amphitheater aus Fels.

Die 1897 erbaute Chata pri Zelenom Plese zählt zu den ältesten *chaty* (Hütten) der Slowakei. Man nächtigt in einfachen Zimmern und Dorms (Bettzeug und Frühstück sind inbegriffen); das ausgezeichnete Restaurant überzeugt mit wundervoller Lage. Die sich im See spiegelnde Hütte ist ein willkommener Anblick für Wanderer auf der Tatranská Magistrala, dem Höhenweg über die Hohe Tatra vom nahen Veľké Biele Pleso. Die größtenteils sich selbst überlassenen Belianské Tatry nördlich von hier sind besonders geheimnisvoll. Dieser Teil der Tatra wird von weniger Reisenden aufgesucht als die anderen Abschnitte, dafür tummeln sich hier zahlreiche Gämsen.

Der schnellste Zugang erfolgt mit der Seilbahn von Tatranská Lomnica nach Skalnaté pleso, gefolgt von einem anspruchsvollen 4-km-Marsch auf der Tatranská Magistrala. Schöner ist der Zugang über einen der wenigen Wege der Belianské Tatry ab Ždiar. Per E-Mail reservieren – von Juni bis August ist die Hütte schnell ausgebucht.

KURZINFOS

Bei dieser Berghütte an einem hübschen blaugrünen See im Schatten der zerklüfteten Gipfel der Hohen Tatra zeigt sich das Gebirge von seiner schönsten Seite.

Wann: ganzjährig
Ausstattung: Bettzeug, Strom (begrenzt), Heizung, Duschen, Toiletten, Müllentsorgung, Leitungswasser
Zugang: zu Fuß; per Zug zum Bahnhof Tatranská Lomnica, 8,25 km südlich
Kontakt: https://chataprizelenomplese.sk

ÚTULŇA ANDREJCOVÁ

ÖSTLICHE NÍZKE TATRY, PREŠOV

Bei den slowakischen Berghütten ist zu unterscheiden zwischen *útulňa* (spartanischen Schutzhütten) und *chata* (Berghütten mit erweiterter Einrichtung). Daran sollte man denken, wenn man in die üppig grünen Ausläufer der Nizké Tatry (Niederen Tatra) wandert, des zweithöchsten Gebirges der Slowakei. Hier entdeckt man auf einer Lichtung am Kamm die reizende Útulňa Andrejcová.

Dies ist keine gewöhnliche Schutzhütte: Im Sommer gibt es hier auch Bier, Tee und Erfrischungen. Außerdem verfügt sie über einen gepflegten holzvertäfelten Aufenthaltsraum mit schweren Möbeln und Büchern, unterm Dach ist Platz für Schlafmatten. Bei der Hütte darf man auch zelten – für slowakische Berghütten ungewöhnlich! Man kann zudem begrenzt Geräte mit Solarstrom aufladen. Das Wasser stammt aus einer Quelle, die Trockentoilette befindet sich draußen, ist also eher etwas für hartgesottene Naturfreunde. Die meisten kommen hier auf einer der schönsten Wanderungen des Landes vorbei, der 100 km langen Hrebeňovka. An diesem Höhenweg nächtigt man an Bergkämmen und ist damit höher unterwegs als anderswo im Land. Und natürlich ist es überall wunderbar grün!

KURZINFOS

Diese Hütte am Fernwanderweg Hrebeňovka ist nur nach einer beschwerlichen Wanderung erreichbar; dafür darf man hier sogar zelten.

Wann: ganzjährig
Ausstattung: Strom (begrenzt), Feuerstelle, Heizung (Holz), Toilette, Wasser (im Frühjahr, muss evtl. entkeimt werden)
Zugang: mit dem Zug zum Bahnhof Pohorelá, dann zu Fuß 6,5 km über den blauen Weg Richtung Norden
Kontakt: www.facebook.com/andrejcova

Mehrtageswanderungen

Mit dem Schengen-Abkommen sind in weiten Teilen Europas die Grenzkontrollen entfallen, was Wanderungen durch mehrere Länder erleichtert. Auf diesen Wegen lässt sich Europas vielfältige Topografie am besten erleben.

Für Naturfreunde besteht Europas Reiz u. a. darin, dass es auf relativ kleinem Raum so viele unterschiedliche Landschaften zu entdecken gibt. In Wales grenzen grüne Hügel an Sandstrände; in der Slowakei erheben sich zerklüftete Berge über dunklen Wäldern. Wie kann man diese Vielfalt am besten erkunden? Natürlich zu Fuß! Sonst ist man zu schnell unterwegs und vergisst, sich umzuschauen und zu genießen.

Die europäischen Fernwanderwege (www.era-ewv-ferp.org/de/e-paths), die E-Wege, umfassen zwölf Strecken (E1–E12): Sie verbinden alle EU-Länder sowie die Schweiz, Norwegen und Großbritannien. Zu den längsten zählen der rund 5000 km lange E1 von Nordnorwegen nach Süditalien und der 6500 km lange E3 von Portugal nach Bulgarien. Kürzere Strecken sind etwa die Haute Route durch die Französischen und Schweizer Alpen.

Hinzu kommen die klassischen Mehrtagesrouten der einzelnen Länder, meist der schönste Wanderweg des jeweiligen Landes. Der Kungsleden führt 440 km weit durch die einsamsten Moor- und Berglandschaften Schwedens. Der sardinische Selvaggio Blu ist zwar nur 40 km lang, doch dank allerlei Kraxelei an der zerklüfteten Küste benötigt man vier bis sieben Tage.

Auf einigen Wegen wie dem Cape Wrath Trail in Schottland braucht man die komplette Trekkingausrüstung samt Zelt. In Nordeuropa kann zudem Ausrüstung fürs Schneewandern, wie z. B. Steigeisen, erforderlich sein, selbst im Sommer. Auf einigen südeuropäischen Wegen besteht die größte Gefahr darin zu dehydrieren.

Die Wanderführer von Cicerone (www.cicerone.co.uk) decken viele tolle Wanderwege in Europa ab. Eine weitere gute Quelle für Tages- und Mehrtageswanderungen in Europa ist Traildino (www.traildino.com). Und dank guter Verbindungen gelangt man zu vielen Wegen mit öffentlichen Verkehrsmitteln.

CHATA MILANA RASTISLAVA ŠTEFÁNIKA

MITTLERE NÍZKE TATRY, BANSKÁ BYSTRICA

Ob Hohe oder Niedere Tatra, müsste man eine Berghütte auswählen, um zu zeigen, warum die slowakischen *chaty* so tolle Unterkünfte in der freien Natur darstellen, fiele die Wahl auf diese hier. Sie liegt auf einem der schönsten Gebirgskämme Osteuropas, der vom Fernwanderweg Hrebeňovka überquert wird; die Hänge hier wechseln stetig zwischen grasigem Grün und felsigem Grau – bis die Abendstunden alles in ein goldenes Licht tauchen.

Die Zimmer, vom Schlaflager und den Dorms mit Herbergsbetten (nur Matratzen, Schlafsack erforderlich) bis zu den schicken Doppelzimmern mit Nachttisch und Leselampe (Bettzeug vorhanden), sind sauber und holzvertäfelt. Außerdem kann man sich für die Anstrengungen mit dem höchstgezapften Bier der Zentralslowakei und herzhafter Bergkost belohnen. Das nette Restaurant wartet drinnen mit massiven Bänken und draußen mit herrlichen Ausblicken auf. Für 1740 m Höhenlage fernab der Zivilisation erstaunlich kultiviert. Die 1928 fertiggestellte Hütte – das Baumaterial wurde von den letzten Hochgebirgsträgern Europas hochgeschafft – diente im Ersten Weltkrieg slowakischen Partisanen als Versteck. Heute ist sie hübsch in Stein renoviert. Nach eineinhalb Stunden erreicht man von der Hütte den höchsten Punkt der Niederen Tatra, den Ďumbier (2043,4 m).

KURZINFOS

Diese Hütte auf einem der schönsten Bergkämme Osteuropas in der Niederen Tatra bietet neben fantastischen Ausblicken eins der höchstgelegenen Restaurants der Slowakei.

Wann: ganzjährig
Ausstattung: Bettzeug, Strom, Feuerstelle, Heizung, Duschen, Toiletten, Müllentsorgung, Wasser
Zugang: zu Fuß; Bus bis Motorest, Čertovica, 11 km südöstlich
Kontakt: www.chatamrs.sk

SÚDKOVO

TOKAJ MAČIK WINERY, MALÁ TRŇA, KOŠICE

Kaiserin Maria Theresia, Napoleon Bonaparte und König Ludwig XIV. hatten etwas gemeinsam: Sie alle hatten eine Schwäche für den süßen Tokajer – Tokaj Aszú oder Tokaj Vyber aus der Weinregion Tokaj. Hier in den Hügeln der Südostslowakei und Nordostungarns wächst er seit Jahrhunderten in gold-grünen Weinbergen. Der französische Sonnenkönig nannte den bernsteinfarbenen Tokajer den „Wein der Könige und König der Weine". Wie wär's also mit einem Abstecher zu dem Weingut, das die besten Tröpfchen dieses legendären Getränks produziert? Oder gleich im Fass übernachten?

Die sechs fassförmigen Unterkünfte des Weinguts Tokaj Mačik an einem stillen Weg am Rand des Dorfs Malá Trňa bieten einen Ausblick auf die Weinreben. Jedes der kleinen Holzfässer verfügt über zwei Betten; zwischen den Hütten gibt's separate Duschhütten. Besonders schön sind hier der Sonnenauf- und -untergang, wenn die Reben in zauberhafte Farben gehüllt werden.

Ganz in der Nähe liegen das Restaurant Vinný Dom und die schönen alten Gewölbe, in denen der Wein reift: Die Keller entstanden im 13. Jh. zum Schutz vor den Mongolen. Auf einer Führung sollte man sich mit dem Probieren etwas zurückhalten, denn in der nahen Umgebung gibt es viele weitere Kellereien für Verkostungen. Am besten leiht man sich ein Fahrrad. Ungarn ist nur eine halbe Stunde entfernt.

 **KURZINFOS**

Von einem der sechs Schlaffässer auf dem bekanntesten Weingut des Landes blickt man auf die wunderschöne Südostecke der Slowakei.

Wann: ganzjährig
Ausstattung: Bettzeug, Strom, Duschen, Toiletten, Müllentsorgung, Leitungswasser
Zugang: mit dem Fahrrad oder Auto; Zug zum Bahnhof Čerhov, 4,5 km nordwestlich
Kontakt: www.tokajmacik.sk

RUMÄNIEN

Vielleicht Europas unberührtestes Terrain: Bären und Wölfe streunen durchs Hochland, Hirten hüten Schafe, und unterhalb der vielen Berge ruht ein malerisches Feuchtgebiet.

Wann: April–Okt. (Camping); ganzjährig (Glamping/die meisten Berghütten)
Beste Nationalparks: PN Retezat, PN Piatra Craiului
Beste Fernwanderwege: Via Transilvanica (1400 km)
Wild zelten: legal
Nützliche Adressen: Romania Tourism (www.romaniatourism.com)

Rumänien beherbergt einige der größten Urwälder Europas, ebenso den Löwenanteil am größten Feuchtgebiet des Kontinents, dem Donaudelta. Die Hälfte des Landes besteht aus Bergen mit einer spannenden Tierwelt. Ganze 10 % der Wölfe Europas sind in Rumänien zu Hause, dazu die größte Braunbärpopulation des Kontinents.

In Rumänien kommt man heute der ländlichen Idylle, wie sie Europa vor ein bis drei Jahrhunderten prägte, wohl am nächsten – traditionelle Berufe wie Schafehüten sind noch immer verbreitet. Doch auch hier geht man mit der Zeit, etwa durch den Bau eines neuen Wanderwegs quer durchs Land, der Via Transilvanica, sowie mit bedeutsamen Auswilderungsprogrammen. Da wildes Zelten erlaubt ist, kann die Erkundung der rumänischen Natur zu einem echten Abenteuer werden.

WILD ZELTEN

Ist erlaubt und wird auch in der Wildnis praktiziert. Da es kaum rechtliche Vorgaben gibt, sollte man sich ans Motto „Keine Spuren hinterlassen“ halten. Außerdem gibt's ausgewiesene Wildzeltplätze wie am Bucura-See im Retezat-Nationalpark (S. 263). Im Unesco-Biosphärenreservat Donaudelta ist wildes Zelten allerdings verboten.

AUSRÜSTUNG

Ein guter Outdoorladen in Bukarest ist Magazinul Himalaya. Wanderkarten (1:25 000 bis 1:70 000) veröffentlicht der ungarische Verlag Dimap (https://en.dimap.hu). Auf Grillplätzen in der freien Natur kann man z. B. *mititei* (würzige Würstchen) brutzeln.

SICHERHEIT

Die Wanderwege sind nicht alle durchgängig markiert oder beschildert, also Kompass oder GPS-Gerät mitnehmen. Bei Wanderungen im Gebirge sollte man auch im Sommer auf Schnee eingestellt sein. In ländlichen Gebieten sind teils Bären unterwegs – Essen also in Tüten abseits des Zelts in Bäume hängen! Das Diebstahlrisiko ist höher als anderswo in Europa.

SPARTIPPS

Rumänien ist ein Paradies für Sparfüchse: Die Berghütten sind meist gratis, und man kann wild zelten. Die Züge sind langsam, aber oft billiger als Busse. Dazu kann man noch mit dem Rumänien-Pass von Interrail (www.interrail.eu) Geld sparen.

DIE BESTEN REGIONEN

Retezat-Nationalpark

Der erste Nationalpark des Landes lockt nach wie vor furchtlose Wanderer mit seinen alten Wäldern, Bergen und atemberaubend schönen Gletscherseen – an

Wild zelten am Bucara-See im Retezat-Nationalpark (links); auch im Sommer kann es schneien (unten)

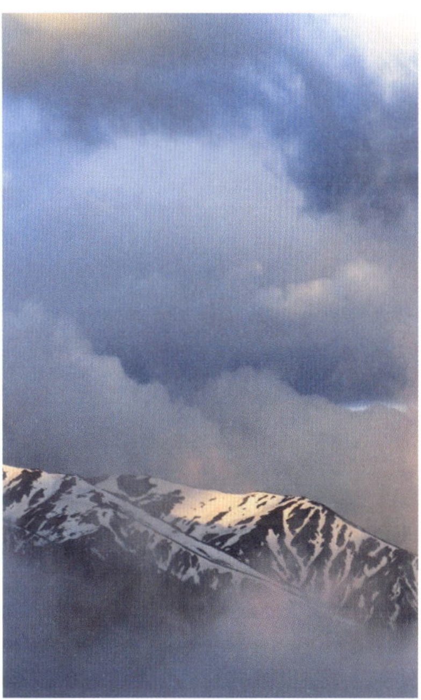

einem davon, dem Lacul Bucura, kann man toll wild zelten.

Făgăraş-Gebirge
Der höchste Berg Rumäniens, der Moldoveanu, stellt zusammen mit anderen Gipfeln die größten Herausforderungen einer Gebirgsquerung dar. Außerdem kann man hier wunderbar nächtigen. Das umliegende Transsilvanien verströmt ein geheimnisvolles Flair.

Donaudelta
Das wichtigste Feuchtgebiet Europas ist reich an Seen, Lagunen, Buchten, von Schilf gesäumtem Grasland, Dünen, einsamen weißen Stränden sowie erstaunlichen Wasservögeln und zahlreichen Fischen.

MUMA HUT

ARMENIS, CARAS-SEVERIN, SÜDWESTRUMÄNIEN

Vor der düsteren Höhenkulisse der steilen und kargen Berge des Nationalparks Semenic-Cheile Caraşului wartet die friedliche MuMa Hut auf Besucher. Umgeben von einem ruhigen Obstgarten, scheint sie über der sanft gewellten Landschaft zu schweben. Die Hütte ist Teil eines Projekts der Naturschutzorganisation WeWilder zur Wiederbelebung der sinkenden Wisentbestände in dieser ländlichen Ecke Rumäniens. Wer hier übernachtet, erhält mehr als einfach nur einen tollen Ausblick durch die Panoramafenster. Man unterstützt die Bewohner des nahen Dorfes Armenis und der Umgebung dabei, neue Fertigkeiten zum Schutz der wertvollen Flora, Fauna und Habitate der Gegend auszubilden. Sie sind es auch, die die Hütte erbaut haben und Gäste gern mit einem köstlichen Frühstückskorb versorgen.

Nicht weit entfernt von der Hütte befinden sich drei schöne Nationalparks sowie die beiden Schutzgebiete Domogled-Valea Cernei und Cheile Nerei-Beuşniţa. Doch am spannendsten sind nicht die vielen Gipfel, zerklüfteten Bergkessel, tiefen Schluchten, dunklen Höhlen, dichten Wälder und rauschenden Wasserfälle dieser wilden Landschaften, sondern die von WeWilder angebotenen geleiteten Expeditionen. Sie führen in die abgeschiedensten Gebiete auf der Suche nach dem mächtigsten Landtier Europas, dem Wisent.

KURZINFOS

Eingebettet in einen Obstgarten mit Blick auf schroffe Gipfel, ist diese Hütte ein beliebter erster Schritt zur Erkundung eines der größten Auswilderungsprogramme Osteuropas.

Wann: ganzjährig
Ausstattung: Bettzeug, Heizung, Dusche, Toilette
Zugang: mit dem Auto oder Fahrrad; mit dem Zug zum Bahnhof Armenis, 5 km südwestlich
Kontakt: www.wewilder.com

BUCURA-SEE

RETEZAT-NATIONALPARK, HUNEDOARA, SÜDWESTRUMÄNIEN

Beim ersten Anblick des Retezat-Gebirges wird schnell klar, warum dieses zauberhafte Massiv zu Rumäniens erstem Nationalpark wurde. Hier gibt's 60 Gipfel über 2300 m Höhe sowie in den tieferen Lagen über 60 Gletscherseen. Einer dieser Seen, unterhalb des höchsten Berges des Parks, des Peleaga (2509 m), ist das glitzernde Kronjuwel der Region: der Lacul Bucura. Das Ufer des größten Gletschersees des Landes ist nicht nur ein spektakulärer Platz zum Zelten, sondern auch der einzige ausgewiesene Platz zum Wildcampen des Parks.

Das Abenteuer beginnt jedoch weit vorher. Busse fahren nur bis zum 33 km entfernten Hațeg; von dort pendeln hin und wieder Minibusse nach Cârnic, wo man die 10 km lange Wanderung beginnt. Wer mit dem Auto unterwegs ist, kann ab einer Kurve bei der Cabana Pietrele einen 6,5 km langen Marsch in Angriff nehmen. Der Weg führt vorbei an schönen Wasserfällen hinauf auf den Curmâtura-Bucurei-Sattel; nach 1 km ist dann bald am Südufer des Sees der Zeltplatz zu sehen.

Wahrscheinlich erblickt man hier die bunten Planen anderer Zelte, aber trotz seiner Beliebtheit büßt der Platz nichts von seiner Faszination ein. Inmitten der mächtigen Berge fühlt man sich hier als Camper winzig klein. Wer Glück hat, kann in rudimentären Unterständen etwas Schutz vor schlechtem Wetter finden.

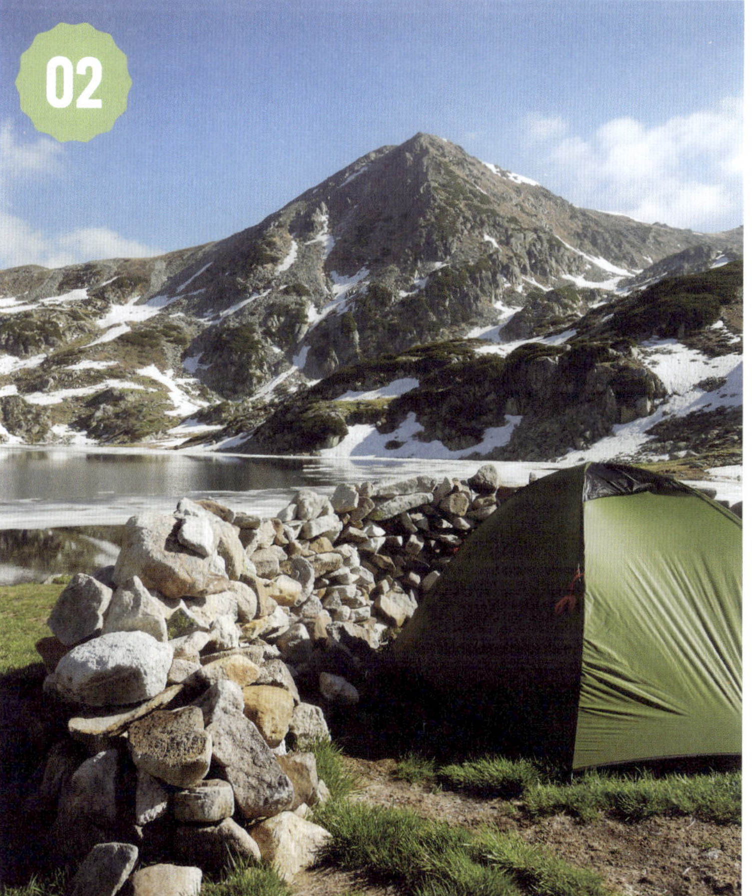

KURZINFOS

Vorbei an Wasserfällen und durch Primärwald geht's 10 km über einen Bergsattel zu diesem Zeltplatz am größten Gletschersee Rumäniens im schönen Retezat-Gebirge.

Wann: ganzjährig
Ausstattung: Wasser (See und Bach, muss evtl. entkeimt werden)
Zugang: zu Fuß; mit dem Bus zum Busbahnhof Autogara Alfadar Danescu SRL, Hațeg, 33 km nördlich
Kontakt: www.retezat.ro

BUNEA WILDERNESS CABIN

FĂGĂRAŞ-GEBIRGE, ARGEŞ, ZENTRALRUMÄNIEN

Der Weg zur Bunea Wilderness Cabin teilt sich in drei Etappen: einer langen Fahrt per Allradfahrzeug das Dâmbovița-Tal hinauf, dann einer Überquerung des Pecineagu-Sees mit einem Elektro-Schlauchboot und schließlich einer einstündigen Waldwanderung.

Diese und eine weitere Hütte tiefer in den Bergen gehören Travel Carpathia – die Organisation wirbt für einen neuen Nationalpark in der zerklüfteten Region. Der so generierte Tourismus zur Tierbeobachtung würde nicht nur zum Schutz von Bären, Wölfen, Luchsen und Wisenten beitragen, sondern den Bewohnern der Gegend ein Einkommen ermöglichen. Im Preis für die Übernachtung (mind. zwei Nächte) sind ein Führer und Mahlzeiten inbegriffen; man kann beim Wandern Tiere beobachten, herrliche Natur genießen und unterstützt dabei Naturschutzprojekte.

Die Holzhütte bietet Platz für sechs Personen. Es gibt keinen Strom, sodass man sich voll aufs Ausspähen der drei großen Säugetiere Europas konzentrieren kann. Nebenbei genießt man Mahlzeiten aus regionalen Zutaten vor atemberaubender Wald-, See- und Bergkulisse. Abenteuerlustige können den 800-m-Aufstieg auf den nahen Făgăraş-Kamm angehen.

KURZINFOS

Die gemütliche Holzhütte auf 1200 m Höhe zwischen kargen Gipfeln und bewaldetem Seeufer bietet schöne Ausblicke, seltene Tiere und einen Beitrag zu einer nachhaltigen Zukunft für die Menschen und Tiere der Region.

Wann: April–Okt.
Ausstattung: Bettzeug, Heizung (Holz), Küche, Dusche, Toilette, Leitungswasser
Zugang: mit dem Allradfahrzeug und Boot, Rest zu Fuß; nächste Busstation in Rucăr, 35 km südlich
Kontakt: www.travelcarpathia.com

Auswilderungsprojekte

Die Natur zu genießen ist eine Sache – sie neu zu beleben eine ganz andere.

Europa bildet bei Auswilderungsprojekten weltweit die Speerspitze – so sollen die Schäden, die der Mensch in der Natur angerichtet hat, so gut es geht rückgängig gemacht werden. Echte Wildnisgebiete gibt es in Europa nur noch selten, aber der Kontinent verfügt über die Mittel, um den Wandel herbeizuführen.

Die führende Kraft Europas in dieser Hinsicht ist Rewilding Europe (www.rewildingeurope.com). Die Organisation managt mehrere erfolgreiche Projekte, z. B. im Côa-Tal in Portugal zur Verbesserung der Lebensräume Iberischer Steinböcke und in Schwedisch-Lappland zur Stärkung der Fischpopulationen in Flüssen.

Doch das Land, das sich am meisten hervortut, ist Rumänien. Dafür gibt es gute Gründe: Die Tierwelt ist extrem vielfältig, u. a. mit beachtlichen Populationen an Braunbären und Wölfen. Doch obwohl Rumänien mit weiten Primärwäldern über geeignete Habitate verfügt, sind gerade diese Wälder durch illegale Abholzung bedroht. Organisationen wie Rewilding Europe und die Foundation Conservation Carpathia (FCC; www.carpathia.org) arbeiten an der Wiedereinführung wilder Wisente in den Karpaten. Die FCC hat im Făgăraș-Gebirge 2500 km^2 Land gekauft, wo sie Europas größten Waldnationalpark schaffen möchte, einen geschützten Raum für vier der „Big Five“ Europas (Wisent, Braunbär, Wolf und Luchs).

Naturfreunde können diese Projekte unterstützen, indem sie von der FCC und anderen Initiativen organisierte Touren buchen oder in Hütten wie der Bunea Wilderness Cabin nächtigen. Sowohl bei Rewilding Europe als auch bei der FCC existieren Möglichkeiten zur Freiwilligenarbeit.

© DANIEL MIRLEA: TRAVEL CARPATHIA - FOUNDATION CONSERVATION CARPATHIA

URSA MIČA GLAMPING RESORT

NATIONALPARK PIATRA CRAIULUI, BRAȘOV, ZENTRALRUMÄNIEN

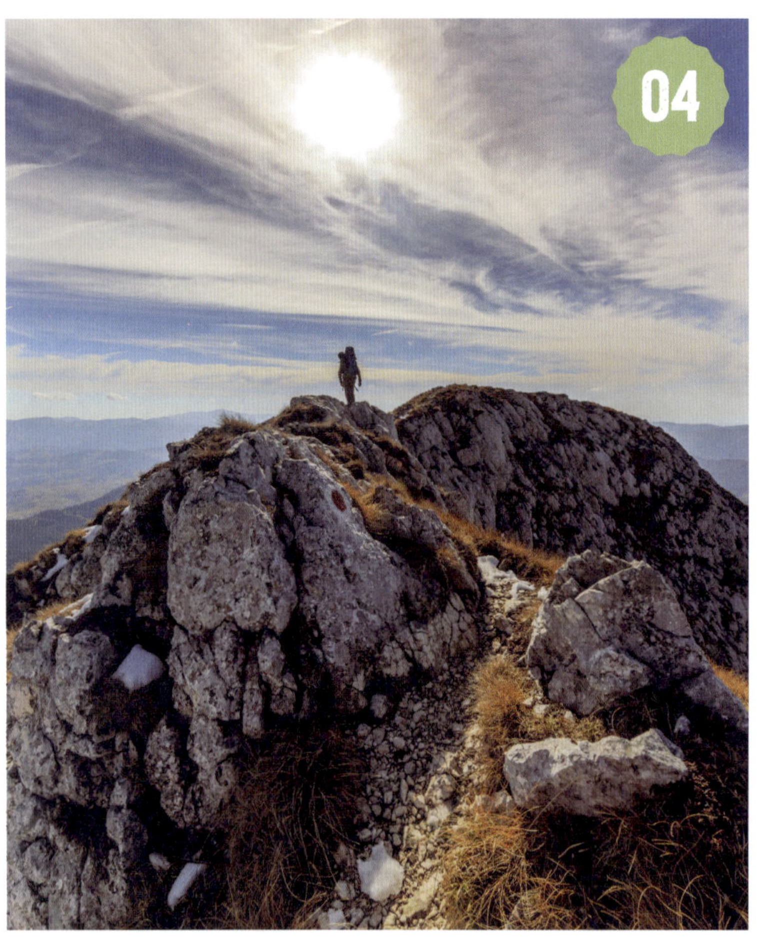

Rumäniens erstes Glamping-Resort in Transsilvanien bietet eine luxuriöse Kostprobe der Campingszene des Landes. Das Ursa Miča liegt auf hügeligem Terrain zwischen zwei malerischen Schutzgebieten, dem Nationalpark Piatra Craiului und dem Naturpark Bucegi: Hier erheben sich über Schluchten und dichten Wäldern zerklüftete Zweitausender.

Inmitten der sanften Hügellandschaft auf einer grasbewachsenen Anhöhe stehen zwölf Rundzelte auf Holzterrassen, ausgestattet mit bequemem Bett und Holzofen. Essen kann man im Restaurant, sich erholen in einer urigen Sauna und in einem Whirlpool – dabei liegt die Anlage trotz allem Luxus mitten in der freien Natur. Von den Zelten blickt man auf das bewaldete Piatra-Craiului-Gebirge und einen der schönsten Bergkämme Rumäniens. Von hier aus kann man in einer langen Tageswanderung einen wunderschönen Kammweg begehen. Oder man leiht sich ein Rad und sucht sich sein eigenes Abenteuer. Man sollte auch unbedingt die Spezialitäten Siebenbürgens probieren. Eine davon ist in Tannenrinde gereifter Käse; mit etwas Glück bekommt man ihn im Restaurant vom Ursa Miča.

Von der Straße 73 von Brașov nach Rucâr biegt man auf die 730 ab, nimmt nach 1,7 km die zweite Straße links und dann noch einmal die zweite links. Dann hat man die Anlage erreicht.

KURZINFOS

Rumäniens erstes Glamping-Resort bietet Campingfreunden mehr als nur eine Kostprobe des guten Lebens: Es liefert eine sanft gewellte ländliche Szenerie inmitten toller Möglichkeiten zum Bergwandern.

Wann: ganzjährig
Ausstattung: Bettzeug, Strom, Heizung (Holz), Dusche, Toilette, Müllentsorgung, Leitungswasser, WLAN
Zugang: mit dem Auto oder Fahrrad; mit dem Bus nach Șirnea, 3 km nordöstlich
Kontakt: www.carpathianursa.ro

WILD ZELTEN AN DER PLAJA GURA PORTITEI

GURA PORTITEI, SCHWARZES MEER, SÜDOSTRUMÄNIEN

Wer den weiten Weg zu Rumäniens und damit auch Europas Ostgrenze am Schwarzen Meer auf sich nimmt, erhofft sich vielleicht einsame Strände und Seevögel, die durch die Lüfte kreisen, doch weit gefehlt: Die Strände hier sind meist gefüllt mit Feriengästen, Naturgenuss ist kaum möglich, zumindest bis man an die Nordostspitze der rumänischen Schwarzmeerküste kommt. Dort erstreckt sich einsam die 4 km lange Plaja Gura Portitei. Hier macht die Zivilisation Platz für die Seen, Lagunen, Limane (Strandseen), von Schilf gesäumten Grasfluren, Dünen und weißen Strände des Unesco-Biosphärenreservats Donaudelta, Europas größtem Feuchtgebiet. Im Süden des Schutzgebiets ist ein sandiger Streifen Küste durch riesige grüne Seen vom Festland abgeschnitten. Dazu zählt auch die Plaja Gura Portitei, die somit fast eine Insel bildet. Der einzige praktische Zugang erfolgt per Boot von Jurilovca zum kleinen Ferienkomplex Statiune Gura Portitei – doch dort muss die Reise nicht enden.

Abenteuerlustige können einfach am Strand entlang Richtung Südwesten gehen: Hier beginnt der Strand einem Damm zu ähneln, und man kann ein Zelt aufschlagen – das etwas erhöhte, bewachsene dünenartige Gelände bietet gute Stellplätze. Den ersehnten einsamen Strand wird man hier ebenso finden wie durch die Lüfte schwebende Seevögel; einige verspielte Delfine runden das schöne Bild ab.

KURZINFOS

An diesem ursprünglichen Sandstrand, von der trubeligen Schwarzmeerküste durch Seen getrennt und Teil des Unesco-Biosphärenreservats Donaudelta, kann man wunderbar die Natur genießen.

Wann: ganzjährig
Ausstattung: keine
Zugang: mit dem Bus nach Jurilovca, 12 km nordöstlich, dann per Boot
Kontakt: keine Angaben

SLOWENIEN

Sloweniens Landschaften – Adriaküste, Karstfelsen, Berggipfel – sind schon ein echtes Schmankerl, doch die zauberhaften Unterkünfte setzen dem Ganzen die Krone auf.

Wann: April–Okt. (Camping); ganzjährig (Glamping/die meisten Hütten)
Beste Nationalparks: Triglavski-Nationalpark
Beste Fernwanderwege: Slowenischer Bergwanderweg (617 km)
Wild zelten: illegal
Nützliche Adressen: Slowenische Touristeninformation (www.slovenia.info)

Viele Leute haben bei Slowenien sofort ein Bild vom Bleder See im Kopf, mit seiner hübschen Inselkirche in der Mitte, Wäldern in Ufernähe und zerklüfteten Alpengipfeln im Hintergrund. Solche Bilder wecken hohe Erwartungen, doch die Landschaften Sloweniens können diese problemlos erfüllen. Slowenien ist zwar eines der kleinsten Länder Europas, streift man jedoch durch seine Natur, erscheint es riesig – mit drei Gebirgsketten und 30 Zweitausendern sowie einigen der schönsten Höhlen und Kajakrouten Europas. Wanderer führt der Slowenische Bergwanderweg durch die schönsten Teile des dicht bewaldeten Berglands.

Die Slowenen achten gewissenhaft auf ihre Natur und kümmern sich mit derselben Hingabe um die dortige Unterbringung. Das Ergebnis sind einige der bezauberndsten Zeltunterkünfte Europas.

WILD ZELTEN

Ist verboten, und in touristischen Gebieten wird das Verbot auch oft durchgesetzt. Recht wilde und teils angenehm abgeschiedene Alternativen findet man auf Bauernhöfen – Infos dazu z. B. auf Campspace (www.campspace.com).

AUSRÜSTUNG

Die Platzhirsche unter den Outdoorläden Sloweniens sind Action Mama und Annapurna in Ljubljana. Planinska zveza Slovenie (PZS; www.pzs.si) gibt Karten im Maßstab 1:50 000 und 1:25 000 heraus, erhältlich etwa in Buchhandlungen in Ljubljana wie GeoNavtik oder bei Internet-Kartenspezialisten wie Stanfords (www.stanfords.co.uk). Wer plant, im Gebirge wandern zu gehen, sollte auf winterliche Bedingungen eingestellt sein und entsprechende Ausrüstung mitnehmen.

Fürs Lagerfeuer bieten sich *kranjska klobasa* (Krainer Würste) an, als Wegzehrung z. B. *pogača* (Pogatschen, Hefeteigtaschen) oder *potica* (Hefeteigstrudel).

SICHERHEIT

Slowenien hat richtige Berge – der höchste ist mit 2864 m der Triglav. Hier ist Vorsicht geboten: Bergwege wie der Slowenische Bergwanderweg sind das meiste Jahr über, oft auch im Sommer, mit Schnee und Eis bedeckt – also entsprechend vorbereitet sein!
Es gibt einige Braunbären in Slowenien, v. a. im mittleren südlichen Karstgebiet.

SPARTIPPS

Aus Westeuropa kommend, ist Slowenien billig, aus Osteuropa, eher teuer. Doch die meisten Berghütten des Landes sind kostenlos und normale Zeltplätze günstig, überall vorhanden und

Nächtigen am Ufer des schönen Bleder Sees (links) oder in der futuristischen Skuta Mountain Hut in den Steiner Alpen (unten)

von hohem Standard. Bei Bahnfahrten gewährt der Slowenien Pass von Interrail (www.interrail.eu) Rabatte.

DIE BESTEN REGIONEN

Nordwestslowenien

Mit dem zauberhaften Bleder See, dem Triglavski-Nationalpark, der die Julischen Alpen und Sloweniens höchsten Berg umfasst, ist dies der Hotspot für Touristen. Am Bleder See gibt's tolle Glampingplätze, schöne Zeltplätze dagegen meist an den Flüssen, die aus den Bergen herabrauschen.

Steiner Alpen

Diese Kalksteinkette bildet den südöstlichsten Teil der Alpen und wird von Besuchern weit weniger frequentiert als die Julischen Alpen. Das Kletterparadies beherbergt abgeschiedene Bleiben wie die schicke Skuta Mountain Hut.

Südwestküste

Die 47 km Adriaküste Sloweniens sind schön, aber überlaufen. Nach dem Strandbesuch macht man sich am besten auf in die istrischen Berge mit ihren malerisch-verschlafenen Karstlandschaften. Hindurch führt die beliebte Parenzana-Kajakroute.

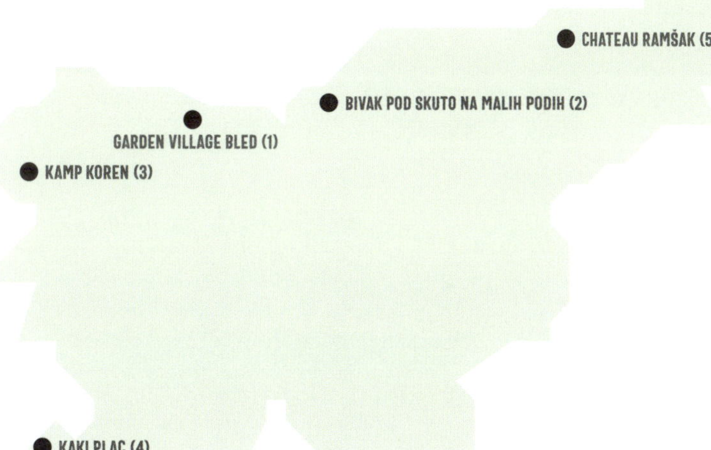

GARDEN VILLAGE BLED

BLEDER SEE, OBERKRAIN

Der Name Garden Village ist kein Werbetrick: Die weitläufige Anlage ist eingebettet in eine beruhigende Pflanzenwelt und liegt dabei nur 300 m entfernt von Sloweniens landschaftlichem Touristenziel Nummer eins, dem Bleder See. Doch trotz der postkartenreifen Ausblicke auf das blaugrüne Gewässer mit der Inselkirche vor der Kulisse der Julischen Alpen bleibt es rund um das Öko-Resort mit seinem Wald und Bach am schönsten.

Eintauchen in die Natur – ob im Pier Tent am Bach, im Tree Tent oben in den Bäumen oder in den Tree Houses. Bei einem der Baumhäuser ragen die Stämme mitten durch den Raum. Zur Anlage gesellen sich sechs Glampingzelte mit Balkon, Terrasse oder Minigarten zum Genießen der ländlichen Idylle am Bleder See. Insgesamt verfügt die Anlage über eine größere Auswahl an Unterkünften als viele slowenische Dörfer.

Da alles durch Holzstege miteinander verbunden ist, wirkt der schicke Komplex wie eine vornehme Lodge am Amazonas. Es gibt auch ein gediegenes Restaurant (einige der Zutaten stammen aus dem eigenen Garten), einen Wellnessbereich, einen Strand und Pool, ein Kneipp-Becken und Trinkwasser aus einem Tiefbrunnen.

Das mittlere Südufer des Bleder Sees wusste auch schon der ehemalige jugoslawische Staatschef Tito zu schätzen: Er hatte seine Ferienvilla gleich die Straße runter.

KURZINFOS

Diese ökofreundliche Anlage inmitten grüner Vegetation mit einem plätschernden Bach am Bleder See ermöglicht es den Gästen, mit der Natur auf Tuchfühlung zu gehen.

Wann: ganzjährig
Ausstattung: Bettzeug, Strom, Heizung, Dusche, Toilette, Müllentsorgung, Leitungswasser, WLAN
Zugang: mit dem Auto oder Fahrrad; Bus bis Bled Mlino, 350 m nördlich
Kontakt: www.gardenvillagebled.com

BIVAK POD SKUTO NA MALIH PODIH (SKUTA-BERGHÜTTE)

STEINER ALPEN, OBERKRAIN

Slowenien beherbergt drei alpine Gebirgsketten: die Julischen Alpen, die Karawanken und die Steiner Alpen, Letztere mit den interessantesten Berghütten. Diese Kalksteinkette mit ihren steilen Bergspitzen umfasst 28 Zweitausender. Eine der schönsten Klettertouren führt auf die Skuta (2532 m). Unterhalb des Gipfels befindet sich nicht nur der einzige verbliebene Gletscher Sloweniens, sondern auch die Skuta-Berghütte, die vielleicht am schwersten zugängliche Berghütte des Landes, sicher aber die extravaganteste.

Von Weitem scheint die 10-Personen-Hütte fast über der Felsnase, auf der sie thront, zu schweben. Am eindrucksvollsten sind die großen Glasgiebel, die futuristisch schimmern und einen starken Kontrast zu der 250 Mio. Jahre alten Felslandschaft drum herum bilden, die sich reizvoll in ihnen spiegelt. Drinnen hat man den Eindruck, gleich den Hang hinunterzupurzeln, sollte man mal von der Schlafplattform fallen.

Die Hütte wird meist von Bergsteigern genutzt und kann nicht reserviert werden. Hier oben sollten nur erfahrene und entsprechend ausgerüstete Bergfexe unterwegs sein.

KURZINFOS

So ähnlich wie ihre athletischen Bergsteigergäste vollführt diese Hütte mit ihren bodentiefen Giebelfenstern einen Balanceakt an einem der mit Felsen übersäten Hänge des dritthöchsten Bergs der Steiner Alpen.

Wann: ganzjährig
Ausstattung: keine
Zugang: zu Fuß; Bus bis Kamniška Bystrica, 9 km südlich
Kontakt: www.pd-ljmatica.si

KAMP KOREN

KOBARID, GORIŠKA

Das türkisgrüne Wasser der Soča (ital.: Isonzo) strömt durch Nordwestslowenien von den Julischen Alpen hinab, um sich schließlich in den Golf von Triest zu ergießen. Im Lauf der Jahrtausende hat der Fluss mit die schönsten Landschaften des Landes geschaffen. Die schluchtartigen Kalksteinufer sind heute von dunklen Wäldern und gelegentlichen Siedlungen gesäumt. Die Farbe des Wassers ist von der Quelle bis zur Mündung so himmlisch aquamarin, dass der Fluss Einzug in die Dichtung gehalten hat und in einem der *Chroniken von Narnia*-Filme als Kulisse diente. Wie wär's also damit, so nah am Fluss zu campen, dass man ihn im Zelt plätschern hört?

Im tollen Kamp Koren angekommen, findet man schnell weitere Argumente, die für den Aufenthalt sprechen. Nicht nur liegt die Anlage an der Soča, sondern auch inmitten eines Walds, der sich in die nahen Berge hochzieht. Dies war zudem der erste umweltfreundliche Campingplatz Sloweniens, mit solarbeheiztem Wasser, Bioprodukten und anderen nachhaltigen Dingen. Für Sportjunkies gibt es einen Boule- und Volleyballplatz, Kletterwände, einen Spielplatz und Fahrradverleih. Kajaker können direkt in den Fluss einsetzen.

KURZINFOS

Von ihrem Zeltstellplatz am Ufer der schönen Soča können sich Kajakfahrer gleich ins Wasser stürzen. Deshalb ist dieser Platz für Paddler in Slowenien der schönste.

Wann: ganzjährig
Ausstattung: Strom, Dusche, Toilette, Müllentsorgung, Leitungswasser, WLAN
Zugang: mit dem Fahrrad oder Auto; Bus bis Kobarid, 1,3 km nördlich
Kontakt: www.kamp-koren.si

Baden in freier Natur

Der Fels, das Wasser. Der Wind, die Wellen. Das Eis, die Elemente. Das Zusammenzucken, wenn man ins Wasser steigt, das Hochgefühl, wenn man rauskommt. Beim „Wild Swimming“ kann man wunderbar in die Natur eintauchen!

Baden in der freien Natur ist im Trend, aber eigentlich schon seit Urzeiten üblich. Und das Schöne ist, dass es quasi überall möglich ist – in Flüssen und Seen, unter Wasserfällen und an der Küste. Die positiven Effekte sind unumstritten: Der Kopf wird frei, das Immunsystem gestärkt, und die Endorphine sprudeln.

In Europa ist dieses Vergnügen fast überall möglich. Für ein echtes Kältebad bieten sich in Schottland z. B. der River Etive und der gleichnamige See bei Glencoe an – sensationell! Doch auch die Küste ist mit Badespots übersät. In Pembrokeshire in Wales wurde das Coasteering erfunden, eine Mischung aus Springen, Schwimmen, Kraxeln an Klippen und Klettern durch Höhlen. Auch in den Julischen Alpen in Slowenien kann man wunderbar in der freien Natur schwimmen, besonders z. B. am Bleder See, aber auch im abgelegeneren Bohinj-See (Wocheiner See) im Triglavski-Nationalpark. In den Ländern des Nordens laden Eislöcher und die kühle Ostsee zu einem Bad nach dem Saunagang ein. Wer es lieber wärmer mag, für den sind die griechischen Inseln und die Seen und warmen Quellen Italiens genau richtig.

Ein paar Sicherheitstipps: an der Küste Gezeiten und Strömungen checken, sich erst ein paar Minuten akklimatisieren, aus dem Wasser steigen, bevor man anfängt zu zittern, und nie alleine schwimmen. Wild Things Publishing (www.wildthingspublishing.com) produziert eine schöne Buchreihe und Apps zu Großbritannien, Spanien, Italien und Frankreich.

KAKI PLAC
ISTRIEN

KURZINFOS

In einer relaxten und rustikalen Anlage auf alten Anbauterrassen oberhalb der Küste Sloweniens entspannen – hier campt man in interessanten istrischen Unterständen, in Mietzelten oder im eigenen Zelt.

Wann: April–Okt.
Ausstattung: Bettzeug (Schuppen), Feuerstelle, Küche, Dusche, Toilette, Müllentsorgung, Leitungswasser
Zugang: mit dem Fahrrad; Bus bis zur Ulica Borcev NOB, Lucija, 1,6 km westlich
Kontakt: www.kaki-plac.si

Die sehr entspannte Anlage zieht sich über vom Wald zurückeroberte und entsprechend wild anmutende Terrassen, auf denen einst Oliven und Wein wuchsen. Vielleicht das Schönste an diesem Fleck Erde ist seine entspannte Atmosphäre: Das Flair steht im krassen Gegensatz zur fortschreitenden Erschließung der Küste in trubeligen Urlaubsorten wie Potorož und Piran.

Die einfachste Unterkunft bieten istrische Unterstände; fertig aufgebaute Zelte mit bequemen Betten auf Holzpodesten unter offenen Konstruktionen aus Holz und Stroh. Man kann auch Zelte und Luftmatratzen leihen (Schlafsack mitbringen!), und es gibt genügend Stellplätze fürs eigene Zelt. Die Betreiber Simon und Marina möchten ihren Gästen authentisch-rustikale Aufenthalte bieten, so sind die Plätze begrenzt und liegen weit auseinander. Auf den Terrassen ist Privatsphäre garantiert. Insgesamt spricht die Anlage sowohl Abenteurer als auch Familien an.

Zu den Stellplätzen gehören Feuerstellen, Bänke und Hängematten. Kakibäume spenden Schatten. Dank Outdoor-Küche muss man das Paradies kaum verlassen. Kaki Plac liegt nicht weit vom Parenzana-Weg, einer Mountainbikeroute zwischen Triest und dem slowenischen und kroatischen Istrien. Mit Leihrädern ist man in einer halben Stunde unten am Strand. Oder man erkundet die Karsthügel weiter landeinwärts.

CHATEAU RAMŠAK

MARIBOR, UNTERSTEIERMARK

Maribor ist zwar die zweitgrößte Stadt Sloweniens, doch schon in wenigen Minuten ist man in den schönen Hügeln des wichtigsten Weinbaugebiets des Landes, der slowenischen Steiermark. Genau hier serviert das Chateau Ramšak zum renommierten Wein des Hauses kultiviertes Weingut-Glamping.

Die Anlage verspricht das wohl luxuriöseste Verwöhncamping in Slowenien, vielleicht sogar in Europa. Auf einer mit Bäumen gespickten Wiese neben den Weinstöcken führen Holzwege zu sechs Zelten und einem Baumhaus, jedes mit Terrasse, Whirlpool und einer Inneneinrichtung, die manches Hotel erblassen lässt. Willkommensdrinks und köstliches Frühstück runden das Ganze ab, bei Bedarf ergänzt durch eine Weinmassage oder eine Verkostung der vor Ort gekelterten Weine.

Natürlich kann man auch wunderbar die üppig-grüne Umgebung genießen, dem Gesang der Vögel lauschen oder nach einer Weintour mit Ausblick auf die Rebenidylle entspannen. Abenteuerlustige können den längsten Wanderweg Sloweniens in Angriff nehmen, den Slowenischen Bergwanderweg: Er führt ab Maribor durch den Norden und Westen des Landes bis nach Ankaran am Meer.

Vom Bahnhof von Maribor geht man über die Patrizanska cesta bis zur Šentiljska cesta, fährt zwei Haltestellen mit dem Bus Richtung Norden und geht schließlich 1 km die Počehovska ulica hinauf zum Eingang des Chateau Ramšak.

KURZINFOS

Auf diese noble Glampinganlage anstoßen: auf die grünen Weinhänge und den Ausblick auf die glitzernden Hügel – und natürlich auch auf den Rebensaft selbst!

Wann: ganzjährig
Ausstattung: Bettzeug, Feuerstelle, Heizung, Dusche, Toilette, Müllentsorgung, Leitungswasser, WLAN
Zugang: mit Auto, Fahrrad oder Bus, dann zu Fuß; Bus bis zur Počehovska ulica, 1 km südöstlich
Kontakt: www.chateauramsak.com

REGISTER

K

Kajak & Kanu fahren

Küsten & Seen

AUTOREN UND DANKSAGUNG

Luke Waterson
Luke, Reisejournalist und Schriftsteller mit Vorliebe für Abenteuer und Kulinarisches, ist spezialisiert auf Outdoor-Abenteuer in Großbritannien, Skandinavien, Osteuropa und auf einsame Gegenden in Lateinamerika. Er ist an 60 Lonely-Planet-Büchern beteiligt und schreibt auch für andere Publikationen, darunter die *Sunday Times* und der *Telegraph*. Außerdem ist er Mitbegründer der Reise-Website https://undiscovered-wales.co.uk.

Danksagung
Besonderen Dank schulde ich Liam Campbell und Sarah Dee (Irland); Steve Robertshaw (Schweden); Virpi Aittokoski (Finnland); PlanetSlowakia.sk und Authentic Slowakia; Jack Farthing (Slowenien); Dorota Wojciechowska, Michal Maj und Adelina Antoszewska (Polen); Simona-Elena Bordea, Bianca Stefanut, Iulian Cozma und Simion von Romania Tourism. Außerdem danke ich meiner Koautorin Kerry Walker und den Herausgebern Matt und Robin für die super Zusammenarbeit: Gemeinsam haben wir ein klasse Buch geschaffen.

Kerry Walker
Kerry ist am glücklichsten, wenn sie draußen in der Natur ist: einen Berg hochklettert, campt oder den Sternenhimmel betrachtet. In den letzten 15 Jahren hat sie Dutzende Reiseführer und Bücher für Lonely Planet geschrieben. Für zahlreiche Zeitschriften und Zeitungen steuert sie Texte und Fotos bei. Aktuelles zu ihrer Arbeit auf www.kerryawalker.com.

Danksagung
Ein riesiges Dankeschön an all die naturliebenden Einheimischen und kenntnisreichen Tourismus-angestellten, die *Unter freiem Himmel* zum Leuchten gebracht haben. Besonderer Dank gilt Harald Hansen (Innovation Norway), Marine Teste (Atout France), Marta Moya (We Are Lotus), Mara van Rees (Deutsche Fremdenverkehrszentrale) und Martina Jamnig (Österreichische Fremdenverkehrszentrale). Last but not least, danke ich meinem Koautor Luke Waterson für seine Anregungen und Einblicke sowie Robin Barton und Matt Phillips für den tollen Auftrag.

Titel der englischen Ausgabe:
Under The Stars
März 2022
Herausgegeben von Lonely Planet Global Limited
www.lonelyplanet.com

Autoren: Kerry Walker & Luke Waterson
Mit einem Beitrag von: Jordana Manchester

VP Publishing: Piers Pickard
Commissioning Editor & Editor: Matt Phillips
Art Director: Daniel Di Paolo
Layout Designer: Jo Dovey
Image Research: Kerry Walker, Luke Waterson & Matt Phillips
Proofing and Indexing: Polly Thomas
Print Production: Nigel Longuet

Verlag der deutschen Ausgabe
MAIRDUMONT GmbH & Co. KG
Marco-Polo-Straße 1, 73760 Ostfildern
www.mairdumont.com, www.lonelyplanet.de
Projektbetreuung: Andrea Wurth
Produktion: Bintang Buchservice GmbH
www.bintang-berlin.de
Übersetzung: Sabine Bösz, Gunther Mühl, Inga-Brita Thiele
Lektorat: Marco Lehmbeck
Abbildungen: Fotos © wie angegeben
1. Auflage 2022
ISBN 978-3-8297-3196-6
Printed in China

Das Papier in diesem Buch wurde nach den Forest Stewardship Council®-Richtlinien zertifiziert. FSC® fördert die umweltfreundliche, sozialverträgliche und wirtschaftlich tragfähige Bewirtschaftung des weltweiten Waldbestands.